本书由江苏高校优势学科建设工程资助出版

老子原义

徐山◎著

齊魯書社

图书在版编目（CIP）数据

老子原义/徐山著. --济南:齐鲁书社,2021.5
ISBN 978-7-5333-4443-6

Ⅰ.①老… Ⅱ.①徐… Ⅲ.①道家②《道德经》—研究 Ⅳ.①B223.15

中国版本图书馆CIP数据核字(2021)第060269号

责任编辑：贺　伟
装帧设计：刘羽珂

老子原义
LAOZI YUANYI
徐山　著

主管单位	山东出版传媒股份有限公司
出版发行	齐鲁书社
社　　址	济南市英雄山路189号
邮　　编	250002
网　　址	www.qlss.com.cn
电子邮箱	qilupress@126.com
营销中心	（0531）82098521　82098519　82098517
印　　刷	日照日报印务中心
开　　本	720mm×1020mm　1/16
印　　张	16.25
插　　页	3
字　　数	250千
版　　次	2021年5月第1版
印　　次	2021年5月第1次印刷
印　　数	1—2000
标准书号	ISBN 978-7-5333-4443-6
定　　价	56.00元

自　序

我从1985年春节期间在苏州购得陈鼓应《老子注译及评介》一书开始，迄今研读《老子》已有35年了。

2002年出版《胎儿期记忆：人的精神文化原型的发现》（［韩国］新星出版社2002年版）一书，其中“第四章中国传统文化两大主干道家和儒家的经典文本的分析”，内容涉及“用胎儿期记忆和与之相关的虚空记忆的心理视角透视《老子》《论语》《庄子》《孟子》四书，中国传统文化的旨趣是宣扬仁爱、自由的人性与和平安宁的社会，并以此来抗衡种种恐惧”，并从“对现实中的恐惧的体验、‘道’与胎儿期记忆和虚空记忆、‘道’与上帝、无为与不争”等角度分析《老子》文本。

2008年11月，校读完《老子》简本、帛本和今本，自感“吾得老子矣”。

2014年12月，核对北大汉简《老子》。

已经撰写的有关《老子》专题研究和训诂考释方面的论文有：

（1）《〈老子〉的分析》（《弘道》2007年第3期）

（2）《〈老子〉含有“不”“无”否定词的句子价值取向》（《弘道》2008年第4期）

（3）《〈老子〉“白—黑”颜色词的价值取向》（《弘道》2010年第1期）

（4）《〈老子〉第二十三章“希言自然”文脉梳理》（《弘道》2015年第1期）

（5）《以无知为知——〈老子〉“知不知”辨正》（《中国社会科学报》2015年7月7日第2版哲学版）

（6）《〈老子〉“故去彼取此”和“以此”辨正》（《弘道》2016年第1期）

（7）《〈老子〉“故大制不割”辨正》（《安徽大学学报（哲学社会科学版）》2017年第1期）

（8）《〈老子〉“宠辱若惊”辨正》（《光明日报》2017年3月25日第11版国学版）

（9）《〈老子〉“报怨以德”与“和大怨”文脉梳理》（《弘道》2017年第1期）

（10）《〈老子〉训诂三则》（《光明日报》2018年7月28日11版国学版，具体内容为“始制有名、鱼不可脱于渊、以其无死地”）

（11）《〈老子〉“下知有之”辨正》（《周易研究》2019年第2期）

（12）《〈老子〉“莫若啬”辨正》（《兰州学刊》2019年第8期）

（13）《〈老子〉“道可道，非常道”辨正》（《弘道》2019年第3期）

（14）《〈老子〉第二章“是以圣人处无为之事”文脉梳理》（《兰州学刊》2020年第12期）

（15）《〈老子〉“其无正”辨正》（《东方哲学》第十五辑，2021年）

（16）《〈老子〉“前识者”辨正》

（17）《〈老子〉“人之所畏，不可不畏”辨正》

（18）《〈老子〉四处“反”均为“相反”义考》

（19）《〈老子〉结构分析》（《弘道》2020年第3期）

上述研究主要探讨了《老子》三个方面的问题：老子的心理状态、《老子》的文本结构、老子的价值取向和思维原则。

一、老子的心理状态

老子自云，“我有三宝，持而保之。一曰慈，二曰俭，三曰不敢为天下先”（第六十七章），这是老子思想的原核，此其一也。

老子是典型的隐君子，“以自隐无名为务”（《史记·老子韩非列传》）。作为隐士来说，老子有足够的时间去内省，去发现自我，认识自我，此其二也。

老子由身退进而退至内视，“载营魄抱一，能无离乎？专气致柔，能婴儿乎？涤除玄览，能无疵乎”（第十章），“致虚极，守静笃。万物并作，吾以观复”（第十六章），以禅定实践获得了虚空记忆的体悟，此其三也。

老子以虚空记忆的独特角度建构自己的“道”思想，并将虚空记忆“永恒的、不可言状的”同时又是“虚空、无”的性质投射到他自己的思想体系“道”上，从而以“道”统摄自然、社会、个人的各个层面。如有关“道”的描写：“视之不见名曰夷，听之不闻名曰希，搏之不得名曰微。此三者，不可致诘，故混而为一。其上不皦，其下不昧。绳绳不可名，复归于无物。是谓无状之状，无物之象，是谓惚恍。”（第十四章）有关“德”的描写：“孔德之容，惟道是从。道之为物，惟恍惟惚。惚兮恍兮，其中有象；恍兮惚兮，其中有物。窈兮冥兮，其中有精；其精甚真，其中有信。”（第二十一章）有关得“道”之士的描写：“古之善为士者，微妙玄通，深不可识。夫唯不可识，故强为之容：豫兮若冬涉川，犹兮若畏四邻，俨兮其若客，涣兮若冰之将释，敦兮其若朴，旷兮其若谷，混兮其若浊。”（第十五章）有关老子自己的描写：“荒兮其未央哉！众人熙熙，如享太牢，如春登台。我独泊兮其未兆，如婴儿之未孩，儽儽兮若无所归。众人皆有余，而我独若遗。我愚人之心也哉！沌沌兮！俗人昭昭，我独昏昏。俗人察察，我独闷闷。澹兮其若海，飂兮若无止。众人皆有以，而我独顽似鄙。我独异于人，而贵食母。”（第二十章）从中可以看出“道”“德”“得道之士”“老子”四者由“道”统摄而同一的性质。此其四也。

经由上述四个阶梯，老子完成了从思者到思想家的嬗变。

二、《老子》的文本结构

《老子》一书的主旨是论“道”，论“道”作为全书的主线贯穿始终。

《老子》一书本不分章，全书结构可以析分为九个段落，每个段落始于形而上的“道”的阐发，继而阐述形而下的各种问题，意尽之处则再次回归主线“道”，从而开启另一个新段落。《老子》前三章为全书的总纲，完成了三个核心概念“道”“无”“无为”的解题，并梳理了三者之间自洽的逻辑关系。《老子》最后五章为全书的结语。

有诸多实例说明《老子》分章之弊，同一段落的文脉应注意跨章文脉的梳理；当然，在已分章的一章之内，要追问每个句子和上下句的句义关系，对每个论点自身的提出、展开论述、小结的过程进行梳理，同时还要注意话题的转移、衔接的方式，寻找出老子的行文思路。王弼本《老子》如果去掉那些分章而连读，那么无分章的文本顺序即存原本之旧，而帛书本则改动了《老子》结构。郭店楚简《老子》对应于王弼本《老子》不能割裂的完整文脉，其内容则有部分缺少，由此表明郭店楚简《老子》的性质是摘抄本。

三、老子的价值取向和思维原则

老子的价值取向和思维原则，用他自己的话一言以蔽之，即在《老子》全书结语部分出现的总结语“正言若反”（第七十八章）。所谓“正言若反”，义为（老子认为是）正常的言论好像（与世俗价值）相反。在作为老子“道”的核心思想的“正言若反”中，老子创造性地将“道”的核心价值高度概括为与世俗价值相反的“反”。老子自我阐明了老子式“正言”的产生途径，老子是世俗价值的颠覆者，老子式的“正言”是在世俗价值的判断基础上加以否定而产生的。

要弄明白《老子》一书究竟说了什么，这本是读《老子》的题中应有之义。惜乎多年来对上述三个问题不甚明朗，导致《老子》研究的棘手局面。

本书分为《〈老子〉释义》和《〈老子〉综论》两个部分。《〈老子〉释义》吸收前贤的研究成果，并在自己研读心得的基础上，对《老子》全书（王弼本）做了注释、今译、按语等工作，以求抵达《老子》的原义。

《〈老子〉综论》则收录前面提到的19篇论文，是我近年来有关《老子》研究的综合成果。

卷后附录《〈庄子〉的分析》一文。庄子也是虚空记忆的成功实践者，《庄子》书中虚空记忆的痕迹十分显豁。《〈庄子〉的分析》对《庄子·内篇》七篇逐篇逐节进行了分析，庄子用虚空记忆的特征指导个人、人际关系、人和自然的关系，以实现个人自由和社会和平的人类福祉，而这一点对于理解老子“虚空记忆”的先驱性质是有裨益的。

谨此为序。

徐　山

2020年11月于苏州

目　录

《老子》综论

附录

《老子》释义

上篇

一　章

《老子》全书第一个字“道”，正是老子思想的“道”。《老子》一书的主旨是论“道”。首章开门见山地论述老子思想的“道”，确立了核心概念“无”在老子思想框架中的地位，并以从“道（常道）”到“无（常无）”“有（常有）”的演化顺序展开论述，至全章结尾处又点明了从“常无”“常有”到“道”的可回溯的门径。本章详说，参见《〈老子〉综论》（十三）《〈老子〉“道可道，非常道”辨正》。《老子》第一章、第二章和第三章应连读，构成了开篇的第一个大段落。《老子》前三章为全书的总纲，完成了三个核心概念“道”“无”“无为”的解题，分别涉及道体、道动、道用三个方面，并梳理了三者之间自洽的逻辑关系。

道可道，	（我老子思想）“道”（如果是）可以言说的，
非常道；	就不是永恒常在的“道”；
名可名，	（我老子思想用“道”命的）名（如果是）可以命名的，
非常名。	就不是永恒常在的名。
无，名天地之始；	（“道”的）“无”（这个词），（用来）命名天地的初始；
有，名万物之母。	（“道”的）“有”（这个词），（用来）命名万物的本原。

故常无，欲以观其妙；	所以（“道”的）永恒常在的“无”，将用来观照“道”的微妙；
常有，欲以观其徼[1]。	（“道”的）永恒常在的“有”，将用来观照“道”有规律地运行。
此两者同出而异名，	这（“常无”和“常有”）两者，同出（于“道”）而名称有异，
同谓之玄，	都可以说是幽深的，
玄之[2]又玄，	（“常无”和“常有）极其幽深，
众妙之门。	是（“道”的）一切微妙的门户。

二　章

从《老子》一书的结构来看，前三章从第一章老子思想的“道”为起点，老子对事物对立面的认识完成了重心转移，落实在了“无”“无为”上，形成了和世俗完全不同的、相反的价值体系。经由推论链推导出“是以圣人处无为之事”，并以“圣人处无为之事”的原则，分别在第二章论及对待万物时应顺应自然而不妄为，以及在第三章论及应以无为治理社会。“夫唯弗居，是以不去”作为小结句，强调了圣人以无为而不是有为（妄为）对待万物后的实际效果。本章详说，参见《〈老子〉综论》（十四）《〈老子〉第二章“是以圣人处无为之事”文脉梳理》。

天下皆知美之为美，	天下的人都知道美的事物为美，
斯恶已；	这说明已知（“美”的对立面）“恶”了；
皆知善之为善，	都知道善的东西为善，
斯不善已。	这说明已知（“善”的对立面）“不善”了。

① 《说文》：“徼，循也。”“循，顺行也。”即“徼”的本义为顺着走。

② 高亨《老子注译》：“之，犹而也。”

故有无相生，	所以有和无是（对立）相生的，
难易相成，	难和易是（对立）相成的，
长短相形①**，**	长和短是（对立）相形容的，
高下相倾，	高和下是（对立）相倾靠的，
音声相和，	音和声是（对立）相和谐的，
前后相随。	前和后是（对立）相随从的。
是以圣人处无为之事，	所以（老子理想中的得“道”之人）圣人用“无为”去处事，
行不言之教；	用“不言”去教导；
万物作焉而不辞②**，**	万物兴起而不管理（它们），
生而不有，	生养（万物）而不占有（它们），
为而不恃，	（对万物）有所为而不依赖（它们），
功成而弗居。	功成而不居（功）。
夫唯弗居，	正因为（圣人）不居（功），
是以不去。	所以（他）不离开（功）。

三　章

本章论及在“圣人处无为之事”的原则下，应以无为治理社会。“为无为，则无不治”作为小结句，强调了社会需靠圣人的无为才会得到治理，同时也说明社会存在种种问题的症结与世俗的“有为（妄为）”有关。本章详说，参见《〈老子〉综论》（十四）《〈老子〉第二章“是以圣人处无为之事”文脉梳理》中的第五节“第三章义承第二章：‘圣人’以无为治理社会”的内容。

---

① 高亨《老子注译》：“形，王弼本作‘较’，河上公本作‘形’，帛书甲乙本均作‘刑’。形、刑古通用。按‘较’字误，形与生、成、倾押韵，可证。今据河上公本改。”高说可从。

② 高亨《老子注译》：“辞借为治。治，理也。不治，听其自然。”另外，第三十四章“万物恃之而生而不辞”，高亨《老子注译》：“辞，《说文》：‘辞，籀文作𤔲。’此当读为‘司’，管理也。”另外，“不辞”，帛书乙本作“弗始”，“万物作焉而弗始”，义为万物兴起而不创造它们。

不尚贤，	不尊重贤人，
使民不争；	使人民不争；
不贵难得之货，	不重视难得的财货，
使民不为盗；	使人民不偷盗；
不见可欲，	不显现可以引起贪欲的东西，
使民心不乱。	使人民的心不乱。
是以圣人之治，	所以圣人治（国），
虚其心，	使人民的心里虚空，
实其腹，	而填实他们的肚子，
弱其志，	使人民的意志薄弱，
强其骨，	而增强他们的筋骨，
常使民无知无欲；	常使人民没有知识，没有欲望；
使夫智者不敢为也；	使那些智者不敢（妄）为；
为无为，	以无为行事，
则无不治。	就没有什么不可治理的了。

四　章

从第四章至第十三章，构成《老子》的第二个大段落。本章首句中的“道冲”二字即道是虚空的，义承前面第一章论及的“道—无”话题而展开论述。“道冲，而用之或不盈”之说，包含了三方面的内容：“道”的虚空性质，当源于老子自身的虚空记忆的实践；而这种虚空是可以用的；并且不管怎么用这种虚空，它永远还是呈现为虚空状（即永远可以用下去、用之不竭之义）。“道”产生万物，又产生上帝，说明了道的本源性、能产性。本章在论述过程中的“似”“不知”“象”诸词，渲染了第一章所论及的“道”不可言说、“玄之又玄”的色彩。

道冲[1]**，** 道如同器皿是虚空的，

而用之或不盈。 而用了它，它还是不盈满（呈虚空状）。

渊兮似万物之宗， 渊深啊，（它）似乎是万物的宗主，

挫[2]**其锐，** 摧折它们的锐锋，

解其纷， 消解它们的纷扰，

和其光[3]**，** 调和它们的光亮，

同其尘[4]**。** 混同它们的尘埃。

湛兮似或存， 深湛啊，（它）似乎是存在的，

吾不知谁之子， 我不知道它是谁的儿子，

象帝之先。 好像在上帝之前（就有了）。

五　章

在第一章的开始部分，就指出“道—天地—万物”之间的关系。在第四章论及“道—万物”之后，本章接着转入“天地”话题。“天地不仁”的命题，隐含着“道不仁”的前提。而“圣人不仁”，则是仿效天地。上一章“道冲（盅）”以器皿作喻，说明“道”是虚空的；本章则以“橐籥”作喻，说明“天地之间”和“道”一样，也是虚空的，并且也是用之不竭的。“多言数穷”，旨趣和第二章中的圣人“行不言之教”相关。“守中”的“中”，义承如同器皿的“道”之中和如同橐籥的“天地”之中，指的是虚空，“守中”即持守虚静。

---

① 高亨《老子注译》：“冲，傅奕本、《说文》引均作‘盅’。《说文》：‘盅，器虚也。’引申为虚。”

② 《说文》：“挫，摧也。”

③ 和其光（其义可参见第五十八章的“光而不耀”），义承前面的“挫其锐”，均以含敛立说。和其光，其旨在于使光不耀。

④ 同其尘（其中的“尘”有纷尘义），义承前面的“解其纷”的“纷”。同其尘，其旨在于使尘不扬。

天地不仁，	天地是不仁的，
以万物为刍狗[①]**；**	把万物当作刍狗；
圣人不仁，	圣人是不仁的，
以百姓为刍狗。	把百姓当作刍狗。
天地之间，	天地之间，
其犹橐籥乎？	不正是像个风箱吗？
虚而不屈[②]**，**	虚空，但不会穷竭，
动而愈出。	越动，出来的（风）就越多。
多言数穷，	多说话，会屡屡受困，
不如守中。	还不如持守虚静。

六　章

本章承上一章“天地”话题，称“地”中虚空之“谷”（川谷）为“神”。“谷神”虽是虚空，然而是“不死”“玄牝（生殖力）”“绵绵若存，用之不勤”，这样的对比论述和第四章的“道冲（盅）”、第五章的“橐籥”的论述手法是相同的。第四章、第五章和第六章这三章对第一章中提及的“道—无”话题展开了讨论，其章旨均为强调虚空之用。

谷神[③]**不死，**	川谷之神不死，
是谓玄牝。	这叫作玄妙的母体。
玄牝之门，	玄妙的母体之门，

---

① 高亨《老子注译》：“刍狗，刍，草也。用草扎成的狗，叫作刍狗。古人用来祭神，扎成后用匣子装着，用花布盖上。祭祀时，由祭者恭敬地把它摆在神前，祭完后，就扔掉，人们要用脚踩它，把它烧掉（见《庄子·天运》）。老子用这个比喻，取义在于人对于刍狗没有爱憎，刍狗是由于客观条件的变化而受到尊重或遭到抛弃。”

② 高亨《老子注译》：“屈，尽也。”

③ 《说文》：“谷，泉出通川为谷。”即川谷、山谷。“谷神”，称“谷”为“神”，实因川谷虚空且不死永存，用之不竭。

是谓天地根。	这叫作天地的根源。
绵绵若存，	连绵不断，好像存在的，
用之不勤①。	用了它，它还是不劳苦（呈原状）。

七　章

本章首句“天长地久”，义承上一章的“不死”话题，再转入“天地”加以讨论。章末的“以其无私”“故能成其私”，其立意和第二章章末的“功成而弗居。夫唯弗居，是以不去”相同。

天长地久。	天地长久（存在）。
天地所以能长且久者，	天地所以能既长且久，
以其不自生，	是因为它不是为了自己而生，
故能长生。	所以能长久存在。
是以圣人后其身而身先，	因此圣人把自身放在后面，反而其身能占先，
外其身而身存。	把自身置于度外，反而其身能安存。
非以其无私邪?	不正是由于他无私吗?
故能成其私。	所以（反而）能成全其私。

八　章

本章首句“上善若水”义承第七章的“圣人”；其中“水”的形象，和前面第六章的“谷神”的“谷”有关联。接近于“道”的“上善”有诸

---

① 不勤，不劳苦。“用之不勤”，义为用了它，它还是不劳苦（呈原状），即可以永远地用它，用之不竭。

多特点："利万物""不争""处众人之所恶"，还有"居善地"等七善，其中最根本的即"不争"。

上善若水。	上等的善像水一样。
水善利万物而不争，	水善于利万物而不争，
处众人之所恶，	处于众人所厌恶的地方，
故几[①]于道。	所以近于道。
居善地，	居住善于（选择）地方，
心善渊，	内心善于（深沉）如渊，
与善仁，	交往善于仁爱，
言善信，	说话善于诚信，
正[②]善治，	为政善于治理，
事善能，	做事善于（发挥）能力，
动善时。	行动善于（把握）时机。
夫唯不争，	正因为不争，
故无尤。	所以没有过失。

九　章

本章义承上一章"不争"而申论之。"持而盈之，不如其已"，可对照第四章的"道冲，而用之或不盈"；"揣而棁之，不可长保"，可对照第四章的"挫其锐"；"金玉满堂，莫之能守"，可对照第三章的"不贵难得之货"；"功遂身退"，可对照第七章的"圣人后其身而身先"。

持而盈之，	持有并使它盈满，

① 几，近。
② 正，通"政"。

不如其已[1]。	不如停止（这样做）。
揣而棁之[2]，	捶击并使它尖锐，
不可长保。	不可长久保持。
金玉满堂，	金玉满堂，
莫之能守。	没有人能守住它。
富贵而骄，	富贵而又骄傲，
自遗其咎。	自己遗留祸患。
功遂身退，	功业完成，引身而退，
天之道[3]。	是天的“道”。

十　章

本章义承上一章“身退”，由“身退”进而退至内视，返回内心。“营魄抱一”，指禅定后进入虚空记忆状态。“能无离乎”，进入该状态后，就不愿意离开而一直驻守其中。“天门开阖，能为雌乎”，参见第二十八章的“知其雄，守其雌，为天下溪”。

载营魄抱一[4]，	围绕魂抱持“道”，
能无离乎？	能不离开吗？
专[5]**气致柔**，	集聚精气，达到柔和，
能婴儿乎？	能像婴儿吗？

---

① 已，止。

② 《说文》：揣，“一曰捶之”。棁，通“锐”。王弼注：“既揣末令尖，又锐之令利，势必摧衄。”

③ 天之道，自然的规律。

④ 载，句首语气词。营，《说文》：“营，匝居也。”段玉裁注：“匝居，谓围绕而居。”引申为环绕。“营魄”和“抱一”，都是动宾结构；“营”“抱”两词，词义相近。高亨《老子注译》：“一，指道。”

⑤ 专，专一，集中。

涤除玄览，	清除（杂念），玄妙内观，
能无疵乎？	能没有瑕疵吗？
爱民治国，	爱民治国，
能无知乎？	能没有知识吗？
天门[①]开阖，	天门开合，
能为雌乎[②]？	能守雌吗？
明白四达，	明白通达四方，
能无为乎？	能无为吗？
生之畜之，	生万物养万物，
生而不有，	生养（万物）而不占有（它们），
为而不恃，	（对万物）有所为而不依赖（它们），
长而不宰，	使（万物）生长而不主宰（它们），
是谓玄德。	这叫作玄妙的德。

十一章

本章义承上一章内视虚空的话题，进而论述“无”的作用。本章章旨和前面第四章、第五章和第六章强调虚空之用是一致的。前面的第四章、第五章和第六章分别论及“道”“天地之间”以及自然中的“谷”，而本章则是以“车”“器”“室”这三种人制作出来的器物为例，强调“无”的作用。

三十辐共一毂，	三十根辐条凑集到一个毂，
当其无，	有了毂中的空无，

① 高亨《老子注译》：“天门，目耳口鼻。这是人身上天赋的自然门户，所以老子称作天门。开阖，指视、听、言、食、嗅的动作。”

② “能为雌乎”，王弼本作“能无雌乎”。王弼在该句下注：“言天门开阖能为雌乎？”可见王弼所注的原文当作“能为雌乎”，帛书乙本作“能为雌乎”，据改。

有车之用。	才有车的作用。
埏埴以为器[①]**，**	揉和陶土，制作器皿，
当其无，	有了器皿中的空无，
有器之用。	才有器皿的作用。
凿户牖以为室，	开凿门窗，建造房屋，
当其无，	有了房屋中的空无，
有室之用。	才有房屋的作用。
故有之以为利，	所以“有”而有利，
无之以为用[②]**。**	“无”而有用。

十二章

本章义承上一章“无”而有用的话题，转入世俗的贪欲、占有欲问题。“圣人为腹不为目”，和前面第三章中的“圣人之治……实其腹……常使民无知无欲”的做法相同，表明老子不仅希望人民应如此，圣人自己就是如此。“不为目”，因“为目”而“令人目盲”；文中以“为目”概括了能导致诸如“耳聋”“口爽”“心发狂”“行妨”贪欲结果的其他做法。章末的“故去彼取此”，其行文性质属于一个论点已有结论并准备进入另一新的相关论点的承上启下句，其中“去彼”的“彼”即上文所论的且在“是以”句中已点明的内容，而“取此”的“此”所代替的内容则出现在下文，即下一章的首句“宠辱若惊，贵大患若身”。王弼本《老子》的分章，致使章与章之间原来固有的文脉被割裂了。有关“故去彼取此”一句的详说，参见《〈老子〉综论》（六）《〈老子〉“故去彼取此”和“以此”辨正》。

---

① 河上公注：“埏，和也。埴，土也。和土以为饮食之器。”

② 王弼注：“木、埴、壁所以成三者，而皆以无为用也。言无者，有之所以为利，皆赖无以为用也。”

五色[①]令人目盲，	五色使人眼瞎，
五音[②]令人耳聋，	五音使人耳聋，
五味令人口爽[③]，	五味使人口伤，
驰骋畋猎令人心发狂，	驰骋打猎使人心发狂，
难得之货令人行妨。	难得的财货使人的品行受到损害。
是以圣人为腹不为目，	因此圣人只求腹饱，不求五色（之类的贪欲），
故去彼取此。	所以去除前面提到的“为目”（之类的贪欲），而采取下面提到的“宠辱若惊，贵大患若身”的做法。

十三章

本章应和上一章连读。上一章章末的“故去彼取此”的主语为“圣人”，之后紧接着的“宠辱若惊”一句，其主语仍是“圣人”。沿着“故去彼取此”的文脉，“宠辱若惊”一句当理解为（圣人要采取）看重屈辱（的态度），就像（圣人看重对人们的贪欲追求）感到心惊（那样）。言下之意，“宠辱”显得既自然又必要。本章和上一章连读，“去彼取此”的具体取舍内容就清楚了，从中可以看出老子心目中的“圣人”和世俗之人之间的根本对立之处。“贵大患”，实因患及其身。“以身为天下”，强调自足之身当如虚空性质的天下，不汲汲于身外之利，进一步肯定了前面行文所包含的“贵大患若身”的“贵身”看法。在本章“宠辱若惊”等含有比喻义“若”的句型中，“若”前面的部分为老子提出的和众人价值观不同的观点，而“若”后面的部分则是以常人易懂的事理作喻。本章章旨为老子论

---

① 五色，指青、赤、白、黑、黄五种颜色。
② 五音，指宫、商、角、徵、羽五个音阶。
③ 五味，指酸、苦、辛、咸、甘五种味道。《广雅·释诂》：“爽，伤也。”

述了圣人应“宠辱”“贵大患”“贵以身为天下”。本章详说，参见《〈老子〉综论》（六）《〈老子〉“故去彼取此”和“以此”辨正》和《〈老子〉综论》（八）《〈老子〉“宠辱若惊”辨正》。

宠辱若惊[1]，	（圣人要采取）看重屈辱（的态度），就像（圣人看重对人们的贪欲追求）感到心惊（那样），
贵大患若身[2]。	（圣人）看重大的祸患，就像（看重）自身（那样）。
何谓宠辱若惊？	什么叫作（圣人要采取）看重屈辱（的态度），就像（圣人看重对人们的贪欲追求）感到心惊（那样）？
宠为下[3]，	看重作为卑下的屈辱，
得之若惊，	（不管）是得到屈辱，
失之若惊[4]，	还是失去屈辱，都像（圣人看重对人们的贪欲追求）感到心惊（那样看重屈辱），
是谓宠辱若惊。	这就叫作（圣人要采取）看重屈辱（的态度），就像（圣人看重对人们的贪欲追求）感到心惊（那样）。
何谓贵大患若身？	什么叫作（圣人）看重大的祸患，就像（看重）自身（那样）？

① “宠辱”为动宾结构，其中的“辱”即屈辱义，为前面第十二章人们所追求的“五色”“五音”“五味”“驰骋畋猎”“难得之货”之类自以为是光耀的东西的反面。然而为众人所不齿的“辱”，是圣人看重的。《老子》第七十八章“受国之垢，是谓社稷主”，即“宠辱”之义。驚（简化字作“惊”），《说文·马部》：“马骇也。”本义为马受到刺激而惊骇，引申义则为人受到刺激而心惊。由于“宠辱若惊”中的“辱”和“惊”同属表达情绪的词，所以两者可以类比，“宠辱若惊”义即“宠辱若宠惊”。所谓“宠辱若惊”的“惊”，正是圣人对前面第十二章中人们追求感官刺激和贪欲而变的“目盲、耳聋、口爽、发狂、行妨”感到心惊的高度概括。老子认为这种对人们的贪欲追求感到心惊自然是要重视的（宠惊），进而强化了十二章章末“去彼”的必要性。

② 吴澄《道德真经注》：“贵，犹重也。货财之富，人以为大利，反观之则大患也。”

③ 宠为下，用替换法来解释“宠辱”的“辱”义，“辱”即“为下”之义。

④ “得之若惊，失之若惊”即“得辱若惊，失辱若惊”。所谓“得辱、失辱”，义指不管是得还是失，即在任何情况下都要“宠”，重申“宠辱”的必要性。

吾所以有大患者，	我所以有大的祸患，
为吾有身，	是因为我有自身，
及吾无身，	（如果）等到我没有自身（的时候），
吾有何患？	我还有什么祸患呢？
故贵以身为天下，	所以（圣人）看重把自身当作天下，
若可寄天下；	就像（圣人看重）能够寄寓于天下（那样）；
爱以身为天下，	（圣人）珍重把自身当作天下，
若可托天下。	就像（圣人珍重）能够寄寓于天下（那样）。

十四章

从第十四章至第二十四章，构成《老子》的第三个大段落。前面第十章论及内视进入虚空记忆的状态，本章则是将体悟到的虚空记忆特征投射到“道”上。“道”虽然是“无状之状”“惚恍”，却能“御今之有”“知古始”。

视之不见名曰夷①，	看它看不见叫作“夷”，
听之不闻名曰希，	听它听不到叫作“希”，
搏②之不得名曰微。	摸它摸不着叫作“微”。
此三者不可致诘③，	这三者不可以招来追问，
故混而为一。	所以是混同为一的。
其上不皦，	它的上面不明亮，
其下不昧④。	它的下面不暗昧。

---

① 之，指“道”，章末的“执古之道”“是谓道纪”，点明了本章的论“道”之旨。夷，陆德明《经典释文》引钟会注：“夷，灭也。”

② 《说文》：“搏，索持也。”段玉裁注：“索持，谓摸索而持也。”

③ 致，使之至。诘，问。

④ “其上不皦，其下不昧”，任继愈《老子绎读》：“因为任何有形体的东西，由于光线投射的关系，它的上面显得亮些，下面显得有阴影，而‘道’不同于具体东西，则无所谓上面、下面。”

绳绳[1]不可名，	运动无穷无尽，不可命名，
复归于无物。	复归于没有物体。
是谓无状之状，	这叫作没有形状的形状，
无物之象，	没有物体的形象，
是谓惚恍[2]。	这叫作惚恍。
迎之不见其首，	迎接它，（却）看不见它的头，
随之不见其后。	跟随它，（却）看不见它的后面。
执古之道，	把握古已有之的“道”，
以御今之有。	来驾驭当今所有的事物。
能知古始，	能知道远古初始，
是谓道纪。	这叫作“道”的纲纪。

十五章

本章义承上一章，描绘的“古之善为士者”为得“道”之士，其“微妙玄通，深不可识”，和上一章“道”的性质一致。“混兮其若浊”是勉强为“古之善为士者”描绘的第七种容貌，而其后的“孰能浊以静之徐清”一句，其中“浊”的话题紧接上句。“孰能浊以静之徐清”，其反问句表明世俗之人不能行“浊以静之徐清”之事，唯有“古之善为士者”能之。“孰能浊以静之徐清”和“孰能安以久动之徐生”两句，指出得“道”之士外在容貌混沌像浊水，而同时能以静之法，做到外浊而内清；而内既安（静），则动之而生，故由清静发轫之动、之生，终无南辕北辙之虞。“夫唯不盈，故能蔽不新成”，其中的“能蔽（敝）”义为能守敝，和前面十三章章首的“宠辱（看重屈辱）”的旨趣相同，而“蔽不新成”之义在第二十二章“敝则新”和第四十五章“大成若缺”中亦有表达。

---

① 河上公注：“绳绳者，行动无穷极也。”

② 河上公注：“一忽忽恍恍，若存若亡，不可见之也。”

古之善为士者，	古时候的得“道”之士，
微妙玄通，	精微玄妙通达，
深不可识①。	深得不可标识。
夫唯不可识，	正因为深得不可标识，
故强为之容：	所以勉强描绘它的容貌：
豫兮②若冬涉川，	犹豫啊，像冬天涉水过河，
犹兮若畏四邻，	顾虑啊，像害怕四周的邻国，
俨兮其若客③，	恭敬啊，像客人，
涣④兮若冰之将释，	涣散啊，像冰将要融化，
敦兮其若朴，	敦厚啊，像未经加工的木材，
旷兮其若谷，	空旷啊，像川谷，
混兮其若浊。	混沌啊，像浊水，
孰能浊以静之徐清？	谁能（外呈）浊水（时）使它静止而慢慢澄清？
孰能安以久动之徐生⑤？	谁能在安静中长久促动它而慢慢生长？
保此道者不欲盈，	保持这种“道”的人不求盈满，
夫唯不盈，	正因为不盈满，
故能蔽⑥不新成。	所以能敝旧而不求新求成。

① 识，郭店楚简、帛书甲乙本均作“志”。识（zhì），标识。

② 此句首字“豫”和下句首字“犹”，为连绵词“犹豫”的分用，义即迟疑不决。高亨《老子注译》：“兮，王弼本作‘焉’，据河上公本、傅奕本改。”高说可从。

③ 高亨《老子注译》：“客，王弼本误作‘容’，据河上公本、傅奕本、帛书甲乙本改。《尔雅·释诂》：‘俨，敬也。’”高说当从。

④ 《说文》：“涣，流散也。”

⑤ 高亨《老子注译》：“此二句……上句紧承上文‘混兮其若浊’，是说水浊而转化为清。下句也承上文‘旷兮其若谷’，是说谷虚转化为有物。（五章：‘虚而不屈，动而愈出。’）”

⑥ 蔽，通“敝”。

十六章

本章义承上一章，“守静”“归根曰静”，其路径是先有“致虚极”（进入虚空记忆）的体悟。“顶真”辞格在本章中有两种类型，第一种为含有“曰”字的类型，“夫物芸芸，各复归其根。归根曰静，是谓复命。复命曰常，知常曰明”，其中的“是谓复命”，为“静曰复命”之义。该顶真句的含义为“归根曰静，曰复命，曰常”。“曰”字类型具有解释描写被解释词的性质特点的功能，如“归根”的性质特点，则是从三个方面逐一去解释。“顶真”辞格的第二种类型为用同一个非“曰”字去系联，比如用同一个起加强肯定作用的副词“乃”去系联，如本章“知常容，容乃公，公乃王，王乃天，天乃道，道乃久，没身不殆”。“顶真”辞格的这两种类型，其相同点都是采用递进的形式，其意旨重点则落在顶真链的末端。有关《老子》“顶真”辞格的详说，参见《〈老子〉综论》（十八）《〈老子〉四处“反”均为“相反”义考》中的第三节内容。

致虚极，	使虚空到达极点，
守静笃。	坚守清静。
万物并作，	万物一起兴作，
吾以观复。	我用来观看（它们的）复返。
夫物芸芸[①]**，**	万物众多，
各复归其根。	各自复归它们的根本。
归根曰静，	复归根本叫作“静”，
是谓复命。	这叫作“复命”（复返天命）。
复命曰常，	“复命”叫作“常”（永恒规律），
知常曰明。	懂得“常”叫作“明”。
不知常，	不懂得“常”，
妄作凶。	妄为则凶。

① “夫物芸芸”一句，楚简本作“天道员员”，其中“员”为“圆”的本字。

知常容，	懂得“常”才能包容，
容乃公，	包容才能公正，
公乃王，	公正才能称王，
王乃天，	称王才能符合自然，
天乃道，	符合自然才能符合“道”，
道乃久，	符合“道”才能长久，
没身不殆。	终身没有危险。

十七章

本章义承上一章。“太上……其次……其次……其次……”为惯用句式，其中的“太上”为“最好”义。“下知有之”，其中的“之”所代替的名词是上一章章末出现的“道”。“太上，下知有之”应理解为“最好的情形，则是就连次等聪明的人都有‘道’”。“悠兮其贵言”一句从文脉发展来看，一方面点明了上文最次的情形“下知”对“道”产生“信不足”的原因，另一方面道“贵言”又遭到百姓的普遍漠视，导致下文：“功成事遂，百姓皆谓：‘我自然。’”其中，“我自然”，义就是我自己达到这样的（即非外力使之然）。按照老子的观点，“功成事遂”，理应“道”使之然，然而百姓则干脆漠视“道”的存在，而认为“我自然”。对比前文“下知”对待“道”有从最好到最次的四种不同情形，从“百姓皆谓”可知，百姓对待“道”其实只有一种态度。本章详说，参见《〈老子〉综论》（十一）《〈老子〉“下知有之”辨正》。

太上，	最好（的情形），
下知有之；	则是就连次等聪明的人都有“道”；
其次，	次一等（的情形），

亲而誉之；	则是（“下知”虽然做不到有“道”，但能）亲近“道”、赞誉“道”；
其次，	再次（的情形），
畏之；	则是（“下知”不能亲近“道”、赞誉“道”，而是）畏惧“道”；
其次，	最次（的情形），
侮之。	则是（“下知”连畏惧“道”都做不到，而是）轻侮“道”。
信不足，	（对“道”的）信任不足，
焉有不信[①]**。**	于是才有（对“道”的）不信任。
悠兮其贵言[②]**！**	迟疑审慎啊！“道”矜贵其言（不轻易出言）。
功成事遂，	功成事就，
百姓皆谓：“我自然。”	百姓都说：“是我自己达到这样的。”

① “信不足，焉有不信”，王弼本作“信不足焉，有不信焉”。王念孙《读书杂志》：“王弼本第十七章‘信不足焉，有不信焉’，河上公本无下‘焉’字。念孙案：无下‘焉’字者是也。‘信不足’为句，‘焉有不信’为句。焉，于是也。言信不足，于是有不信也。”王念孙之说至确。验之郭店楚简《老子》，作“信不足，安又（有）不信”，帛书《老子》甲本作“信不足，案有不信”，帛书《老子》乙本作“信不足，安有不信”，北京大学所藏的西汉中期竹简本《老子》亦作“信不足，安有不信”。其中的“安”或“案”，义同“焉”，都是连词，为“于是”义。王弼本第十七章“信不足焉，有不信焉”应根据出土的简帛诸本校为“信不足，焉有不信”，义即（对“道”的）信任不足，于是才有（对“道”的）不信任。此句是解释前文最次的情形轻侮道的原因。

② “悠兮其贵言”，其中的“悠”，郭店楚简《老子》作“猷”，读作“猶（犹）”。帛书《老子》乙本作“猶（犹）”，北京大学所藏的西汉中期竹简本《老子》亦作“猶（犹）”。“悠”当读为“犹”，义同王弼本《老子》第十五章“犹兮若畏四邻”中的“犹”。“犹兮若畏四邻”，河上公注：“其进退犹犹如拘制，若人犯法，畏四邻知之也。”王弼注：“四邻合攻中央之主，犹然不知所趣向者也。上德之人，其端兆不可睹，意趣不可见，亦犹此也。”“犹”为迟疑审慎之义。“悠兮其贵言”中的代词“其”作“其贵言”部分的主语，所代替的名词仍是“道”。“其贵言”即道之矜贵其言。“悠兮其贵言”，义即迟疑审慎啊，道不轻易出言。所谓“贵言”旨趣，又见《老子》第二十三章：“希言自然。”河上公注：“‘希言’者，是爱言也。爱言者，自然之道。”

十八章

本章首句“故大道废”，是前面第十七章所展现的最次的情形中“下知”对“道”的不信任感以及百姓对“道”的漠视态度的评价，同时本章又进一步具体描绘了“大道废”以后随之而来的病态的社会现象。有关本章在文脉发展中的作用，参见《〈老子〉综论》（十一）《〈老子〉“下知有之”辨正》。

故大道废[①]**，**	所以大“道”废弃，
有仁义；	才有仁义；
智慧出[②]**，**	智慧出现，
有大伪；	才有大的伪诈；
六亲[③]**不和，**	六亲不和，
有孝慈；	才有孝慈；
国家昏乱，	国家昏乱，
有忠臣。	才有忠臣。

① 王弼本原作“大道废”，在郭店楚简《老子》中为“古（故）大道發（废）”。王弼本“大道废”一句在帛书《老子》甲本、乙本则均作“故大道废”。北京大学所藏的西汉中期竹简本《老子》，对应于王弼本《老子》第十七章、第十八章以及第十九章的三章是不分章的，而王弼本“大道废”一句亦应作“故大道废”。从上述情况可知，“故大道废”当存《老子》之旧，而王弼本《老子》“大道废”则已脱“故”一字，当补出“故”字。此外，由于“故大道废”的“故”为推论标识，表明“故大道废”之后的内容和前文即王弼本《老子》第十七章的内容关系紧密，所以从分章角度而言，郭店楚简《老子》和北京大学所藏的西汉中期竹简本《老子》在“故大道废”一句前不分章的处理是正确的。

② “智慧出”，王弼本原作“慧智出”。此句王弼注曰：“故智慧出则大伪生也。”可见王弼所注的原文当作“智慧出”。另帛书《老子》乙本作“知（智）慧出”，据改。

③ 王弼注：“六亲，父子、兄弟、夫妇也。”

十九章

上一章论及因为“大道废”才“有仁义”，阐明“仁义”为无道局面的伴随品，即在“大道废”之前的“大道”中，“仁义”还没有产生；“仁义”对于“大道”而言，是多余的东西。本章紧接上章，进一步论述对于得“道”之士或归复“道”来说，当抛弃“圣”“智”“仁”“义”“巧”“利”之类。首句中的“绝圣”之义，可对照前面第三章的首句“不尚贤”。本章详说，参见《〈老子〉综论》（十七）《〈老子〉“人之所畏，不可不畏”辨正》中的第二节内容。

绝圣弃智，	断绝圣贤，抛弃智慧，
民利百倍；	人民将得利百倍；
绝仁弃义，	断绝仁，抛弃义，
民复孝慈；	人民将回复到孝慈；
绝巧弃利，	断绝技巧，抛弃私利，
盗贼无有。	盗贼就没有了。
此三者以为文不足，	（“绝圣弃智”“绝仁弃义”“绝巧弃利”）这三者作为行文还嫌不够，
故令有所属①：	所以使（此三者）有所连接（接着说）：
见素抱朴②，	表现纯素，抱持质朴，
少私寡欲。	减少私心，减少欲望。

---

① 故令有所属，其中的“属”当用其本义。《说文·尾部》：“属，连也。”即“属”的本义为连属、连接义。陆德明《经典释文》：“属，之欲反。”即“故令有所属”中的“属”，今音读作zhǔ。“故令有所属”，义为所以使（此三者）有所连接，即接着说，把前面行文不够的地方再说全了。由于前文为“绝圣弃智”“绝仁弃义”“绝巧弃利”“三者”，所以接着“三者”而说的仍为三句，而所连接的“见素抱朴，少私寡欲，绝学无忧”三句（下一章章首的“绝学无忧”应属于本章），作为进一步的论说，也起到了对本章小结的作用。

② 高亨《老子注译》：“丝不染色为素，木不加工为朴，比喻人的自然德性。”

二十章

章首的“绝学无忧”应属于上一章。“唯之与阿”，义承第十七章“太上，下知有之”等有关对待“道”的四种呈递减状态的话题。“人之所畏”中的“畏”就是第十七章“畏之”的“畏”，“人之所畏”的“畏”的对象和第十七章“畏之”的“之”一样，指的是“道”。“人之所畏，不可不畏”，义为人们畏惧的“道”，（我也）不可以不畏惧。本章从章首至“人之所畏，不可不畏”为该章的第一个层次，而从“荒兮，其未央哉”开始至章末为第二个层次。“荒兮，其未央哉”，句中的“其”和本章前面第一个层次论述的对象一样，指代的是“道”，“荒兮，其未央哉”义为“道”广大啊，无边无际啊。第二个层次的行文顺序为：先描写“道”，再详尽对比“众人”和“我”全然相反的容貌。从“澹兮其若海，飂兮若无止”至章末，作为小结部分，又再次描写“道”（“澹兮其若海，飂兮若无止”），并强调了“我独异于人，而贵食母”。“食母”义承前面的“婴儿”，“贵食母”义为重视吸收“道”的滋养。当然，为何“我”老子“独异于人”，紧接的下一章首句“孔德之容，惟道是从”则回答了这个问题。因为“道之为物”，具有恍惚、窈冥的容貌，所以得“道”的有德之人则随从“道”的容貌而显得两者相仿。相反地，众人在“道”废之中远离了“道”，也就不可能具备“道”的品质，这样老子自然就和众人格格不入了。玩味本章的前后两个层次，第一个层次末的“人之所畏，不可不畏”在“畏道”态度上，老子和人们有一致之处，但也仅此而已。从第二层次开始，笔锋一转，在描写“道”之后突显老子和众人的不同之处，从而吐露出老子和众人迥异的真实心声。本章详说，参见《〈老子〉综论》（十七）《〈老子〉“人之所畏，不可不畏”辨正》。

绝学无忧。　　　　断绝学问，则没有忧虑。

唯之与阿①，	同意和怒斥，
相去几何？	相差多少？
善之与恶，	（对“道”采取同意的态度所导致的）善和（对“道”采取怒斥的态度所导致的）恶，
相去若何？	（两者的）差别究竟如何？
人之所畏，	人们畏惧的（“道”），
不可不畏。	（我也）不可以不畏惧。
荒兮，其未央②哉！	“道”广大啊，无边无际啊！
众人熙熙③，	众人欢欢喜喜，
如享太牢④，	就像享食太牢，
如春登台。	就像春天登上高台。
我独泊兮其未兆，	我独淡泊啊，没有征兆，
如婴儿之未孩⑤，	就像婴儿还不会笑，
儽儽⑥兮若无所归。	疲倦啊，就像无家可归。
众人皆有余，	众人都有多余，
而我独若遗。	而我独若有所失。
我愚人之心也哉！	我只有愚人的心啊！
沌沌兮！	混混沌沌啊！
俗人昭昭，	世人明白，
我独昏昏。	我独昏昧。
俗人察察⑦，	世人严苛，

① 《说文》：“唯，诺也。”“唯”的本义为应答声。刘师培曰：“阿当作诃。《说文》：‘诃，大言而怒也。’诃俗作呵。”刘说当从。阿，帛书甲本作“诃”，帛书乙本作“呵”。“唯”“阿”词义相反，所以“唯之与阿”的“唯”的确切含义为表示同意的应答声。“唯之与阿”，义即同意和怒斥。

② 《广雅·释诂》：“央，尽也。”

③ 河上公注：“熙熙，淫放多情欲也。”

④ 高亨《老子注译》：“太牢，食品中牛羊猪三牲之肉备具，叫作太牢。”

⑤ 孩，同“咳”。《说文》：“咳，小儿笑也。从口，亥声。孩，古文咳，从子。”

⑥ 《说文》：“儽，垂皃。一曰懒懈。”

⑦ 《尔雅·释言》：“察，清也。”

我独闷闷。	我独浑噩。
澹兮其若海，	“道”安静啊像大海，
飂兮若无止[①]**。**	像高风啊没有止境。
众人皆有以[②]**，**	众人都有用处，
而我独顽似[③]**鄙。**	而我独愚鲁而又鄙陋。
我独异于人，	我独与别人不同，
而贵食母[④]**。**	而重视吸收“道”（的滋养）。

二十一章

本章紧接上一章，回答了上一章中的“我”之容何以至此，实因已属“孔德之容”（大德之容）；又因大德需随从“道”，而“道”具有如此之容的性质，所以“孔德之容”亦仿此。章末的“吾何以知……哉？以此”为一问一答的惯用句型，而“以此”作为对疑问句“吾何以知……哉”的回答，其答案在“以此”之后，即指示代词“此”所代替的内容在其下文，即第二十二章的首句。有关“吾何以知……哉？以此”的详论，参见《〈老子〉综论》（六）《〈老子〉“故去彼取此”和“以此”辨正》中的第二节“‘以此’辨正”的内容。

孔[⑤]**德之容，**	大德的容貌，
惟道是从。	随从的只是“道”。
道之为物，	“道”作为物，
惟恍惟惚。	是恍恍惚惚（似有似无）的。

---

① 帛书甲本这两句作：“忽呵，其若（海）。望（恍）呵，其若无所止。”《说文》：“飂，高风也。”

② 王弼注：“以，用也。”

③ 高亨《老子注译》：“似当读为以，以犹而也。”

④ 河上公注：“母，道也。”

⑤ 河上公注：“孔，大也。”

惚兮恍兮，	惚惚恍恍啊，
其中有象；	其中有形象；
恍兮惚兮，	恍恍惚惚啊，
其中有物。	其中有物体。
窈兮冥兮，	幽深啊，暗昧啊，
其中有精；	其中有精质；
其精甚真，	这精质非常真实，
其中有信。	其中有信验。
自古及今，	从古到今，
其名不去，	它的名字不会除去，
以阅众甫[①]。	用来观察万物的初始。
吾何以知众甫之状哉？	我根据什么知道万物初始的情状呢？
以此。	是根据下面的“曲则全”。

二十二章

本章紧接上一章。上一章论及道“惟恍惟惚”，但又是“有象”“有物”“有精”“有信”，即老子描绘道之状。道之名从古至今一直存在，且用来观察万物的初始。上一章的文脉沿着道之状、道与众甫的关系进而追问“众甫之状”而展开，而“吾何以知众甫之状哉？以此”的自问自答，其中的“此”所代替的即下文本章的首句“曲则全”。作为新论点的首句，回答了“众甫之状”为“曲”“枉”“洼”“敝”“少”，但实质上唯有如此才能“全”“直”“盈”“新”“得”。其后的“古之所谓‘曲则全’者”，表明老子对“众甫之状”的描述是有所本的。联系上一章和本章这前后两章，从话题“道→众甫→众甫之状”的推进可知两章的论点是相关的，而前者向后者的切换则是由“吾何以知众甫之状哉？以此”一问一答的过渡来完成的。

---

① 王弼注：“众甫，物之始也。”

在世俗的眼光里，“曲”则不全，在对待“曲—全”这一对立面时，世俗重视、肯定的是“全”。而“曲则全”的命题和世俗价值完全相反，“曲则全”将立足点放在被世人认为带有负面性质的“曲”（不全）上面。“曲则全”和老子式的“正言若反”是一致的。由于道生万物，所以万物起始时所携带的“曲则全”特性当来自作为本源的道，即道本身就具有“曲则全”的特性。本章详论，参见《〈老子〉综论》（六）《〈老子〉“故去彼取此”和“以此”辨正》中的第二节“‘以此’辨正”，以及《〈老子〉综论》（十八）《〈老子〉四处“反”均为“相反”义考》中的第三节“‘远曰反’辨正”的内容。

曲则全，	弯曲则会保全，
枉则直，	屈枉则会伸直，
洼则盈，	低洼则会盈满，
敝则新，	敝旧则会更新，
少则得，	少则会得到，
多则惑。	多则会困惑。
是以圣人抱一为天下式[①]。	因此圣人抱持“道”作为天下的法式。
不自见，	不自我表现，
故明；	所以显明；
不自是，	不自以为是，
故彰；	所以彰显；
不自伐[②]，	不自己夸耀，
故有功；	所以有功；
不自矜[③]，	不自高自大，
故长。	所以长久。
夫唯不争，	正因为不争，

① 《说文》：“式，法也。”
② 伐，夸耀。
③ 河上公注：“矜，大也。”

故天下莫能与之争。	所以天下没有人能与他相争。
古之所谓"曲则全"者，	古人所谓的"弯曲则会保全"，
岂虚言哉?	难道是空话吗?
诚全而归之[1]。	是真能以保全的结果还给他的。

二十三章

本章章首的"希言自然"应结合上一章理解。"希言自然"义承上一章"道"的话题，并将"不自见""不自是""不自伐""不自矜"高度概括为"希言"。"希言自然"，义即（"道"）少说话，本来就是这样的。"飘风不终朝，骤雨不终日"为首句论及的"道""希言"在自然界的表现。"天地尚不能久，而况于人乎"，该反问句通过类比，说明连天地都是"希言"的，人更应该做到"希言"。"信不足，焉有不信"不仅回答了上句"失者"的原因，纵观全章文脉的发展，该句还呼应了章首的"希言自然"，也正是因为章首"道"的"希言"，才导致了对"道"的不信任。本章详论，参见《〈老子〉综论》（四）《〈老子〉第二十三章"希言自然"文脉梳理》。

希言自然[2]。	（"道"）少说话，本来就是这样的。
故飘风[3]不终朝，	所以狂风刮不到一早晨，
骤雨不终日。	暴雨下不到一整天。
孰为此者?	谁造成这样（飘风不终朝，骤雨不终日）的?
天地。	是天地。
天地尚不能久，	天地（间飘风不终朝，骤雨不终日）尚且不能

① 高亨《老子正诂》："乃其实能全，而以全归之。"并在《老子注译》中译为："是真能以保全的结果还给他的。"

② 河上公注："希言者，谓爱言也。爱言者，自然之道。"

③ 河上公注："飘风，疾风也。"

	持久，
而况于人乎？	何况人呢？
故从事于道者，	所以从事于“道”的人，
道者同于道，	（遵循“希言”做法的）求“道”的人则与“道”相同，
德者同于德，	（遵循“希言”做法的）求“德”的人则与德相同，
失者同于失。	失去（“希言”做法的）的人则与失去（“道”）相同。
同于道者，	（遵循“希言”做法的）与“道”相同的人，
道亦乐得之；	“道”也乐于得到他；
同于德者，	（遵循“希言”做法的）与“德”相同的人，
德亦乐得之；	德也乐于得到他；
同于失者，	（失去“希言”做法的）与失去（“道”）相同的人，
失亦乐得之。	失去也乐于得到他。
信不足，	（对“道”的）信任不足，
焉有不信①。	于是才有（对“道”的）不信任。

二十四章

本章义承前面两章的话题，章首的“企者不立，跨者不行”，强调了“多则惑”，应像“希言”所含有的“少”那样；对于“道”而言，本章提及的六种人的行为属于“余食赘行”，即像（过分的）丰食，是多余的行

① “信不足，焉有不信”，王弼本作“信不足焉，有不信焉”。该句已在前面的第十七章中出现过。王弼本第十七章“信不足焉，有不信焉”应根据出土的简帛诸本校为“信不足，焉有不信”，同理，本章亦应校为“信不足，焉有不信”。

为，“物或恶之，故有道者不处”。

企者不立[①]**，**	踮起脚跟的人，是站不久的，
跨[②]**者不行，**	跨越前行的人，是走不远的，
自见者不明，	自我表现的人则不能显明，
自是者不彰，	自以为是的人则不能彰显，
自伐者无功，	自己夸耀的人则没有功劳，
自矜者不长。	自高自大的人则不能长久。
其在道也，	这些从“道”（的角度看），
曰余食赘行[③]**。**	可说是（过分的）丰食，多余的行为，
物[④]**或恶之，**	人们厌恶这些，
故有道者不处。	所以有“道”的人不（以此）自居。

二十五章

从第二十五章至第三十一章，构成《老子》的第四个大段落。“吾不知其名，字之曰道”，其中涉及古人姓名上的起名取字问题。“强为之名曰大，大曰逝，逝曰远，远曰反”，为“顶真”辞格。“顶真”辞格的“曰”字类型，具有解释描写被解释词的性质特点的功能，本章“强为之名曰大，大曰逝，逝曰远，远曰反”即此类型，其含义为道“曰大”“曰逝”“曰远”“曰反”，即道具有四个方面的性质特点。要注意这种类型的两个层面，其一，四个“曰”是从四个不同角度去解释描写“道”的性质特点的，“大”“逝”“远”“反”彼此之间并不构成因果逻辑关系，而且各自构成的道“曰大”、道“曰逝”、道“曰远”、道“曰反”的命题理由已在之前的文脉

---

① 企，踮起脚跟。王弼注：“物尚进则失安，故曰‘企者不立’。”
② 《说文》：“跨，渡也。”段玉裁注：“谓大其两股间，以有所越也。”
③ 《说文》：“余（餘），饶也。”“饶，饱也。”赘，累赘，多余的。
④ 高亨《老子注译》：“物，指人。”

中涉及，否则这样的命题就有突兀之感。有关道“曰大”即道是“大”的，第十八章：“故大道废，有仁义。”有关道“曰逝”即道是“逝”（运行）的，此运行义即本章前面的“周行而不殆”的概括。有关道“曰远”即道是“远”（深远）的，第二十一章：“道之为物，惟恍惟惚。惚兮恍兮，其中有象；恍兮惚兮，其中有物。窈兮冥兮，其中有精。”其中的“窈”，《说文》：“窈，深远也。”其二，位于顶真链末端的道“曰反”，该结论则是运用此顶真句式的意旨所在。道“曰反”即道是“反”的，应理解为道是相反的，其具体含义为我老子思想的“道”是（与世俗价值）相反的。道“曰反”命题的理由已在之前的第二十一章和第二十二章中论及，所以“相反”义用法的“反”一词正是万物“曲则全”亦即道“曲则全”表述的高度概括。此外，道“曰反”处于顶真链的最后，由此可以看出道“曰大”“曰逝”“曰远”“曰反”这四个命题中道“曰反”在老子心目中实际上是最为重要的。

因为“道”是大的，所以由“道”产生的“天”“地”“王”也有大的性质。“人法地，地法天，天法道，道法自然”，亦为递进形式的“顶真”辞格，其意旨重点则落在顶真链的末端。“人法地，地法天，天法道，道法自然”，义即“人法地”“法天”“法道”“法自然”，其结论则为“人法自然”。由于“自然”为“道”的属性，所以“人法自然”（“自然”为老子思想“道”的属性）也就包含了“人法道”（“道”为老子思想之名）。这样，不仅“道”“天”“地”“王”均有“大”的性质，而且“道”“天”“地”“人（王是人之主也）”都应效法自然，其中“道”“天”“地”三者本来就是效法自然的，这里则是强调了“人（王是人之主也）”理应效法自然，以除人之非“自然”之弊。本章详论，参见《〈老子〉综论》（十八）《〈老子〉四处“反”均为“相反”义考》中的第三节“‘远曰反’辨正”的内容。

有物混成，	有物混然而成，
先天地生。	先于天地产生。

寂兮寥[1]兮，	寂静啊，空虚啊，
独立而不改[2]，	独立而不改变，
周行[3]而不殆，	到处运行而没有危险，
可以为天下母。	可以做天下的本原。
吾不知其名，	我不知道它的名，
字之曰道，	给它取字叫作“道”，
强为之名曰大，	勉强给它起名叫作“大”，
大曰逝[4]，	“大”叫作逝，
逝曰远，	逝叫作远，
远曰反。	远叫作反。
故道大，	所以“道”是大的，
天大，	天是大的，
地大，	地是大的，
王亦大。	王也是大的。
域中有四大[5]，	宇宙中有四大，
而王居其一焉。	而王居其中之一啊。
人法地，	人效法地，
地法天，	地效法天，
天法道，	天效法“道”，
道法自然[6]。	“道”效法自然。

① 河上公注：“‘寥’者，空无形。”

② “独立而不改”，王弼本原作“独立不改”。奚侗《老子集解》：“‘而’字依开元刻增，与下句偶。”此句帛书《老子》乙本中间有“而”字，据改。

③ 王弼注：“周行无所不至。”

④ 《说文》：“逝，往也。”

⑤ 域中有四大，河上公注：“八极之内有四大。”

⑥ 自然，自己如此。

二十六章

本章义承上一章“王”“法自然”（无为）的话题，强调“圣人”既“重”且“静”。“是以圣人终日行不离辎重”，是因为“重为轻根”，所以圣人选择了“辎重”；又因为“静为躁君”，所以圣人选择了安静地坐在辎重中而不急躁行走。同时还批评了“万乘之主”“以身轻天下”。

重为轻根，	重是轻的根本，
静为躁[①]君，	安静是急躁的主宰，
是以圣人终日行不离辎重[②]；	因此圣人终日行路而不离开辎重；
虽有荣观[③]，	（途中）虽有荣华之观，
燕处超然。	（圣人）仍能安处（辎重内）而超然。
奈何万乘[④]之主，	为什么拥有万乘的君主，
而以身轻天下？	而以其自身轻举妄动于天下？
轻则失本，	轻则失去（重的）根本，
躁则失君。	急躁则失去（安静的）主宰。

二十七章

本章章首“善行”义承上一章“圣人终日行不离辎重”，进而再对前面第二十五章的“法自然”（无为）展开论述。“善行无辙迹”，行路通常总会留下车辙马迹，而老子思想则认为“善行”者并不行路，亦即大行不行，因而大行无辙。“圣人常善救人，故无弃人”，是因为世俗之人救人救物，

---

① 躁，《说文》：“趮，疾也。”段玉裁注：“按今字作躁。”

② 高亨《老子注译》：“辎重，有篷壁的车叫辎重，是古代的轿车，贵族乘坐。”

③ 吴澄《道德真经注》：“虽有荣华之境，可以游观。”蒋锡昌《老子校诂》：“此言道中虽有荣华之境，可供游观，然彼仍有安随辎重之旁，超然物外，而不为所动也。”

④ 高亨《老子注译》：“万乘，一万辆兵车。”

同时已有被弃之人、被弃之物；圣人大救不救，实乃救所有人、所有物，当然也就没有被弃之人、被弃之物。

善行无辙迹，	善于行路，没有辙迹，
善言无瑕谪[①]，	善于言谈，没有疵病，
善数不用筹策[②]，	善于计数，不用筹策，
善闭无关楗[③]而不可开，	善于闭门，没有门闩，却（使人）不能开，
善结无绳约而不可解[④]。	善于打结，没有绳子，却（使人）不能解。
是以圣人常善救人[⑤]，	因此圣人常善于救人，
故无弃人；	所以没有被遗弃的人；
常善救物，	常善于救物，
故无弃物，	所以没有被遗弃的物，
是谓袭明[⑥]。	这叫作因袭“明”。
故善人者，	所以善人，
不善人之师；	是不善人的老师；
不善人者，	不善人，
善人之资[⑦]。	是善人的资财。
不贵其师，	不尊重那个老师（善人），
不爱其资，	不爱惜那个资财（不善人），

---

① 高亨《老子注译》：“瑕谪，疵病。”

② 高亨《老子注译》：“筹策，几寸长的竹片，古人用来计算物数。”

③ 高亨《老子注译》：“关楗，《说文》：‘关，以木横持门户也。楗，岠（拒）门也。’关楗即门闩。今通作键。”

④ 高亨《老子注译》：“约，也是绳。”吴澄《道德真经注》：“行者必有辙迹在地，言者必有瑕谪可指，计数者必用筹策，闭门者必用关键，结系者必用绳约，然皆常人所为尔。有道者观之，则岂谓之善哉？善行者以不行为行，故无辙迹；善言者以不言为言，故无瑕谪……举五事为譬，以起下文圣人善救之意。”

⑤ 吴澄《道德真经注》：“圣人之救人救物，以不救为救。……凡七‘善’字，有道者谓之善，世俗不知其善也。”“圣人之救人救物，以不救为救”之说，亦即大救不救，可参照前面第五章“圣人不仁”。

⑥ “袭明”的“明”，义同前面第十六章“知常曰明”中的“明”。

⑦ 《说文》：“资，货也。”

虽智大迷，	虽然（自以为）聪明，（其实是）大迷惑，
是谓要妙。	这叫作精要微妙。

二十八章

本章仍承前面第二十五章的“法自然”的话题。章末“故大制不割”，其字面义即大手笔地截割木材（反而）是不割。“大制不割”四字格句型属于《老子》第七十八章论及的“正言若反”的表达形式。“故大制不割”作为本章的小结句，其“大制”对应于前文的“朴散成器”之义，而“不割”则对应于前文的“圣人用之则为官长”之义，并且以“正言若反”的四字格形式表达了本章朴散归朴的章旨。本章详论，参见《〈老子〉综论》（七）《〈老子〉“故大制不割”辨正》。

知其雄，	知道雄，
守其雌，	守住雌，
为天下溪[1]。	做天下的溪沟。
为天下溪，	做天下的溪沟，
常德不离，	永恒的“德”就不会离失，
复归于婴儿。	复归到婴儿（的状态）。
知其白，	知道白，
守其黑，	守住黑，
为天下式。	做天下的法式。
为天下式，	做天下的法式，
常德不忒，	永恒的“德”就不会差误，
复归于无极。	复归到（本源“道”）无终极（状态）。
知其荣，	知道荣耀，

① 溪，本为“谿”，《说文》：“谿，山渎无所通者。”今简体字作“溪”。

守其辱，	守住屈辱，
为天下谷。	做天下的川谷。
为天下谷，	做天下的川谷，
常德乃足，	永恒的“德”就会充足，
复归于朴。	复归到朴木未经加工雕琢（的状态）。
朴散则为器，	原本是未加工成器的整木料（被分散）做成各种器物，
圣人用之则为官长，	圣人使用这些器物并成为它们的长官，
故大制不割[①]**。**	所以大手笔地截割木材（反而）是不割。

二十九章

本章紧接上一章，强调“天下神器，不可为也”。章末“圣人”三“去”，可参照第六十七章“我有三宝”中的“二曰俭”。

将欲取天下而为之，	将要取得天下并对天下有所为，
吾见其不得已。	我看他是得不到的。
天下神器，	天下是神圣的器物，
不可为也；	不可以有所为；
为者败之，	有所为的人就会败坏天下，
执者失之。	执持的人就会失去天下。
故物[②]**或行或随，**	所以事物有的前行，有的后随，

① 《说文》：“制，裁也。”“制”字的早期形体左旁为断木状，其形体义是以刀截割木状，“制”的本义为截割木材，而“制”的裁衣义为引申义，后来形体上又分化出“製”字来承担“制”的裁衣义。“故大制不割”中的“制”，用的正是“制”一字的本义，即截割木材义，此“制”义承上文的“朴散”而来。另外，“制”和“割”在“截割”义上又是同义词关系。“故大制不割”，其字面义即所以大手笔地截割木材（反而）是不割。

② 物，高亨《老子注译》中的译文作：“一切事物（主要指人）。”

或歔或吹[1]，	有的嘘暖，有的吹寒，
或强或羸，	有的刚强，有的羸弱，
或载或隳[2]。	有的载车，有的坠车。
是以圣人去甚，	所以圣人去除过甚，
去奢，	去除奢侈，
去泰[3]。	去除骄泰。

三十章

本章义承上一章“将欲取天下而为之”的话题，进而论及“不以兵强天下”。“是谓不道”，义即“物壮”不符合“弱者道之用”（第四十章）之旨。

以道佐人主者，	用“道”辅佐人君的人，
不以兵强天下。	不以兵力逞强于天下。
其事好还：	用兵这件事容易得到还报：
师之所处，	军队驻扎的地方，
荆棘生焉；	荆棘丛生；
大军之后，	大战之后，
必有凶年。	必有凶荒之年。
善有果而已[4]，	善于有战果就休止，

---

① 《说文》：“歔，欷也。一曰出气也。”段玉裁注：“与《口部》‘嘘’略同。”“或歔或吹”中的“歔”，通“嘘”。高亨《老子注译》：“缓吐气使物温为嘘，急吐气使物寒为吹，义正相反。”

② 王弼本该句作“或挫或隳”。高亨《老子注译》：“挫，河上公本作‘载’……河上公本作‘载’较好。载犹乘也，指乘车。隳，即堕也，坠也，坠落车下。载，与堕义正相反。”高说可从，今据改。

③ 王弼注：“凡此诸‘或’，言物事逆顺反覆，不施为执割也。圣人达自然之至，畅万物之情，故因而不为，顺而不施。除其所以迷，去其所以惑，故心不乱而物性自得之也。”

④ 高亨《老子注译》：“已，止也。”

不敢以取强。	不敢以（兵力）逞强。
果而勿矜，	有战果而不要自负，
果而勿伐，	有战果而不要自夸，
果而勿骄，	有战果而不要骄傲，
果而不得已，	有战果也是（出于）不得已，
果而勿强。	有战果而不要逞强。
物壮则老，	事物盛壮了就要衰老，
是谓不道，	“物壮”叫作不符合“道”，
不道早已①。	不符合“道”就要早死。

三十一章

本章继续上一章有关“兵”的话题，明确指出“兵者”，“有道者不处”。《老子》一书中“夫唯……是以（故）……”的句子颇多，“夫唯”后所接的内容正是老子要强调而需进一步论述的。有关“夫唯……是以（故）……”的句型讨论，参见《〈老子〉综论》（五）《以无知为知——〈老子〉“知不知”辨正》中的第二节内容。

夫唯②兵者，	正因为兵器，
不祥之器，	是不祥的器物，
物或恶之，	人们厌恶它，
故有道者不处。	所以有“道”的人不据有。
君子居则贵左，	君子平居则以左为贵，
用兵则贵右。	用兵则以右为贵。

---

① 不道早已，河上公注：“不行道者早死。”

② 唯，王弼本作“佳”。王念孙《读书杂志》：“佳，当作隹，字之误也。隹，古‘唯’字也。唯兵为不祥之器，故有道者不处。上言‘夫唯’，下言‘故’，文义正相承也。八章云：‘夫唯不争，故无尤。’……皆其证也。”其说当从。

兵者，	兵器，
不祥之器，	是不祥的器物，
非君子之器，	不是君子的器物，
不得已而用之，	不得已而用它，
恬淡为上。	以恬淡为最好。
胜而不美，	胜利而不要赞美，
而美之者，	如果赞美胜利，
是乐杀人。	这就是乐于杀人。
夫乐杀人者，	那些乐于杀人的人，
则不可以得志于天下矣。	就不可以得志于天下。
吉事尚左，	吉事崇尚左，
凶事尚右。	凶事崇尚右。
偏将军居左，	偏将军在左边，
上将军居右，	上将军在右边，
言以丧礼处之①。	（这是）说以丧礼来处理它。
杀人之众，	被杀的人众多，
以哀悲泣②**之，**	要以悲哀来莅临他们，
战胜，	战胜了，
以丧礼处之。	要用丧礼来处理它。

三十二章

从第三十二章至第三十三章，构成《老子》的第五个大段落。“始制有名”中的“制”和前面第二十八章的“故大制不割”中的“制”的词义相同，用的都是“制”一词截割木材的本义。有关“始制有名”的详论，参

① 河上公注：“上将军居右，丧礼尚右，死人贵阴也。”
② 高亨《老子注译》：“泣，读为涖（音立），与莅、蒞同，临也。”

见《〈老子〉综论》（十）《〈老子〉训诂三则》中的“一、始制有名”的内容。“名亦既有，夫亦将知止”，“止”者，止于“道”中；不“止”而过此以往，则外于“道”。此时是否能“止”，关系到万物的运动方向。万物有名以后，则应知止而不争，知止而无为，知止正其时也。“譬道之在天下，犹川谷之于江海”，义承前面“止”的话题，即天下万物皆在“道”之中，万物的运动方向是“自宾”，犹如川谷与江海的关系而归于“道”。

道常无名，	“道”永远是无名的，
朴虽小，	质朴，虽然小，
天下莫能臣也。	天下没有人能以（“道”）为臣。
侯王若能守之，	侯王如果能守住它，
万物将自宾。	万物将自动宾服。
天地相合，	天和地相结合，
以降甘露，	就降下甘露，
民莫之令而自均。	人民没有谁命令它们，而（甘露）自然就均匀。
始制[①]有名，	（“常无名”的“道”）开始朴散成器，（万物）有名，
名亦既有，	名也已经有了，
夫亦将知止[②]，	那也将要知道停止，
知止所以不殆[③]。	知道停止，所以没有危险。
譬道之在天下，	给道存在于天下打个比喻，
犹川谷之于江海。	犹如川谷（归）于江海。

① 制，参见本书第37页注①。

② 王弼注：“过此以往，将争锥刀之末，故曰‘名亦既有，夫亦将知止’也。”

③ “知止所以不殆”一句，王弼本作“知止可以不殆”，而王弼注引用原文时作“故‘知止所以不殆’也”。另外，帛书乙本作“知止所以不殆”，今据改。

三十三章

本章承上一章中的“知”而转入新的话题。在八种人之中，两两对照，所要强调的是后者。“知足者富，强行者有志”，“知足者富”指的是物质方面，而“强行者”则在精神方面不满足而“强行”。“不失其所者久，死而不亡者寿”，“不失其所”，义指不失去自己处所，这仅是保持不死的状态，只能叫作活得长久，而算得上真正长寿的人是指身死而其精神不朽。得“道”有先后，而“道”的永恒延续超越了身死之限，“死而不亡者寿”，有关长寿的精神标准超越了世俗的年岁标准。

知人者智，	了解别人的人叫作智，
自知者明。	了解自己的人才算明。
胜人者有力，	战胜别人的人叫作有力，
自胜者强。	战胜自己的人才算刚强。
知足者富，	知道满足的人叫作富有，
强行者有志。	顽强实行的人才算有志。
不失其所者久，	不失去自己处所的人叫作长久，
死而不亡者寿。	身死而（其“道”）不亡才算长寿。

三十四章

从第三十四章至第五十章，构成《老子》的第六个大段落。章末“以其终不自为大，故能成其大”，和前面第七章章末“非以其无私邪？故能成其私”的论述手法相同。

大道泛[①]兮，	大“道”泛滥啊，

---

① 泛，本作“氾”，《说文》：“氾，滥也。”今简体字作“泛”。

其可左右。	它可以（流遍）左右。
万物恃之而生而不辞①，	万物依赖它生存而（它）不管理，
功成不名有。	（它）功成了而不称为有（功）。
衣养②万物而不为主，	包育万物而不做主宰，
常无欲，	永远没有欲望，
可名于小；	可以称为小；
万物归焉而不为主，	万物归附它而（它）不做主宰，
可名为大。	可以称为大。
以其终不自为大，	由于它始终不自以为大，
故能成其大。	所以能成全它的大。

三十五章

本章承上一章“大道”之“大”，继而以“大象”展开论述。

执大象③，	掌握大“道”，
天下往。	天下人都归往。
往而不害，	归往而不伤害，
安平太④。	于是（天下）平和安泰。
乐与饵⑤，	音乐和美食，
过客止。	（使）过客止步。
道之出口，	（而）“道”说出口，
淡乎其无味，	它淡淡的，没有味道，

① 辞，参见本书第5页注②。
② 高亨《老子注译》：“衣，犹包也。衣包裹人身，引申有包意。衣养即包育。”
③ 河上公注：“象，道也。”
④ 高亨《老子注译》：“王引之《经传释词》：‘安，犹乃也。’太，读为泰，通也。”
⑤ 《说文》：“饵，粉饼也。”

视之不足见，	看它却不可以看见，
听之不足闻，	听它却不可以听到，
用之不可既[①]。	用它却不可以用尽。

三十六章

本章义承上一章“大象（大‘道’）”，章首的“将欲歙之”，主语是“道”。章末的“鱼不可脱于渊，国之利器不可以示人”，是从弱和强两个不同角度分别申说前面的“柔弱胜刚强”的。老子贵柔，主张“弱者道之用”（第四十章）、“守柔曰强”（第五十二章），而老子式的“弱”即“守弱”的特点就是要避免向世俗的“强”转化，因为世俗的“强”，如老子所言，“强梁者不得其死”（第四十二章），“坚强者死之徒”（第七十六章）。换言之，老子式的“弱”，非弱也，实强也；而世俗的所谓“强”，非强也，实弱也。正因为如此，本章章前有“将欲弱之，必固强之”之说，即天道将弱之（使之败），则姑且先使之强，因为当下逞强之物，自将转弱（自败）。正因为是“柔弱胜刚强”，所以弱者无需强（“鱼不可脱于渊”，即鱼在渊看似柔弱但可幸存，此时非要逞强而脱于渊，则自赴死地），而强者需弱之（“国之利器不可以示人”，即国之利器示人，虽示强但已涉凶义，故应隐藏而呈弱状）。有关“鱼不可脱于渊”的详论，参见《〈老子〉综论》（十）《〈老子〉训诂三则》中的“二、鱼不可脱于渊”的内容。

将欲歙[②]**之，**	（天道）将要收敛它，
必固张之；	必定（先）姑且扩张它；
将欲弱之，	（天道）将要削弱它，
必固强之；	必定（先）姑且加强它；

① 《广雅·释诂》：“既，尽也。”
② 歙，收敛。

将欲废之，	（天道）将要废除它，
必固兴之；	必定（先）姑且兴起它；
将欲夺之，	（天道）将要夺取它，
必固与之。	必定（先）姑且给予它。
是谓微明。	这叫作幽微的“明”。
柔弱胜刚强。	柔弱胜过刚强。
鱼不可脱于渊，	鱼不可以脱离深渊，
国之利器不可以示人。	国家锐利的器物不可以显示于人。

三十七章

本章再论“道”的“无为”。章首“道常无为而无不为”，亦即“道”大为不为。

道常无为而无不为。	“道”永远无为，然而没有什么不是（“道”）所为。
侯王若能守之，	侯王如果能守住它，
万物将自化。	万物将自然化育。
化而欲作，	化育而欲望发生，
吾将镇之以无名之朴。	我将用“无名之朴”（“道”）来镇住它。
无名之朴，	（用）“无名之朴”（来镇住它），
夫亦将无欲。	那也将没有欲望。
不欲以静，	没有欲望而静下来，
天下将自定。	天下将自然安定。

下篇

三十八章

本章义承上一章“道常无为而无不为”而进一步论及“上德无为而无以为”。本章章旨应结合上一章才能正确理解。对于原本是连贯的文脉来说，《老子》的分章则固化了某些割裂式的理解，而第三十七章和第三十八章之间既是分章点又是分篇点的情况则加重了割裂的程度，致使“前识者”一直得不到确诂。“前识者”的“识”为标识义，即今音读成 zhì。“前识者”是指在“道”“德”“仁”“义”“礼”递减的价值序列中前于“礼”所标识的对象，具体则是仁和义。本章详说，参见《〈老子〉综论》（十六）《〈老子〉“前识者”辨正》。章末的“故去彼取此”，其行文性质属于一个论点已有结论并准备进入另一新的相关论点的承上启下句，其中“去彼”的“彼”为上文所论的且在“是以”句中已点明的内容，即“彼”指的上文中的“薄”“华”；而“取此”的“此”所代替的内容则出现在下文，即“此”指的是第三十九章的首句“昔之得一者……”。“得一”即“得道”之义。三十九章中的小结句“故贵以贱为本，高以下为基”，赋予“贱”“下”以正面含义，正和第三十八章的“薄”“华”构成对比。有关“故去彼取此”一句的详说，参见《〈老子〉综论》（六）《〈老子〉“故去彼取此”和“以此”辨正》。

上德不德[①]**，**	上德不（表现）德，
是以有德；	所以有德；
下德不失德，	下德不失去德，
是以无德。	所以没有德。
上德无为而无以为，	上德无为而没有（什么）拿来作为，
下德无为而有以为[②]**。**	下德无为而有（凭借或原因）拿来作为。
上仁为之而无以为，	上仁有为而没有（什么）拿来作为，
上义为之而有以为，	上义有为而有（凭借或原因）拿来作为，
上礼为之而莫之应，	上礼有为而没有人回应它，
则攘臂而扔之[③]**。**	就卷袖伸臂强拉人家。
故失道而后德，	所以失去"道"而后（才有）德，
失德而后仁，	失去德而后（才有）仁，
失仁而后义，	失去仁而后（才有）义，
失义而后礼。	失去义而后（才有）礼。
夫礼者，	礼，
忠信之薄而乱之首。	是忠信的浅薄、祸乱的开端。

① 河上公注："不德者，言其不以德教民，因循自然，养人性命，其德不见，故言不德也。"

② 结合第三十七章和第三十八章内容连贯的两章内容，可以完整地认识"道""德""仁""义""礼"价值序列中每一项内容的特征。为了醒目起见，第三十七章和第三十八章两章中有关"道""上德""下德""上仁""上义""上礼"所标识出来的性质制成表一（见第三十八章文后表一）。

为了区别起见，上述价值序列中六项所标识的性质理应是不一样的，然而王弼本《老子》第三十八章中"下德"和"上义"所标识的性质都是"为之而有以为"。有关"下德为之而有以为"一句，马其昶《老子故》认为："'无为'旧作'为之'，误同'上义'句。傅本又误同'上仁'句。注家强为之说，皆非是，今为正之；德有上下，其无为一也。以其不失德，故虽无为之中，而仍有以为。"马氏改"下德为之而有以为"为"下德无为而有以为"，其说当从。另外，帛书《老子》甲本、乙本均无王弼本《老子》"下德为之而有以为"一句，而以"上德""上仁""上义""上礼"的次第论述。帛书《老子》甲本、乙本"上德""上仁""上义""上礼"看似整齐，但是由于《老子》第三十八章章首将"德"已划分为"上德""下德"两类，其后仍应从"上德""下德"的两个不同等级分别标识其性质，所以帛书《老子》甲本、乙本在"上德""上仁"两句之间无王弼本《老子》"下德"一句，当是删者所为。对表一修正后制成表二（见第三十八章文后表二）。

③ 高亨《老子注译》："《广韵》：'揎（卷）袂（袖）出臂曰攘。'攘臂，即伸出胳膊，卷起衣袖。陆德明说：'扔，引也。'"

前识者[①]**，**	前于（“礼”）所标识的对象（仁和义），
道之华而愚之始。	是“道”的虚华而愚昧的开始。
是以大丈夫[②]**处其厚，**	所以大丈夫处于淳厚，
不居其薄；	不居于浅薄；
处其实，	处于朴实，
不居其华。	不居于虚华。
故去彼取此。	所以去除前面提到的“薄”“华”，而采取下面提到的“昔之得一者”的做法。

表一　王弼本《老子》第三十七章和第三十八章的有关内容

序号	标识的对象	标识的性质
1	道	无为而无不为
2	上德	无为而无以为
3	下德	为之而有以为
4	上仁	为之而无以为
5	上义	为之而有以为
6	上礼	为之而莫之应

表二　王弼本《老子》第三十七章和修正过的第三十八章的有关内容

序号	标识的对象	标识的性质
1	道	无为而无不为
2	上德	无为而无以为
3	下德	无为而有以为
4	上仁	为之而无以为
5	上义	为之而有以为
6	上礼	为之而莫之应

---

① 王弼注：“前识者，前人而识也，即下德之伦也。”今按：王弼注认为“前识者”为先于人而认识，此说不确。“前识者”的“识”当为标识义，即今音读成 zhì。“前识者”是指在“道”“德”“仁”“义”“礼”递减的价值序列中前于“礼”所标识的对象，具体则是指仁和义。

② 河上公注：“大丈夫谓得道之君也。”

三十九章

本章应和上一章连读。上一章章末的“故去彼取此”的主语为“大丈夫”，之后紧接着的“昔之得一者”一句，其主语仍是“大丈夫”。“侯王得一以为天下贞（正）”，其中的“正”义同第五十七章“以正治国，以奇用兵”中的“正”。“以正治国，以奇用兵”，“正”即正常义，“奇”即不正，同时强调了“正”“奇”的应用范围，即治理国家应该用正常义的“正”亦即无为之道。有关这个“正”的用法，参见《〈老子〉综论》（十五）《〈老子〉“其无正”辨正》。

昔之得一①者：	自古得到“一”的：
天得一以清，	天得到“一”而清明，
地得一以宁，	地得到“一”而安宁，
神得一以灵，	神得到“一”而灵异，
谷得一以盈，	川谷得到“一”而盈满，
万物得一以生，	万物得到“一”而生长，
侯王得一以为天下贞②。	侯王得到“一”而成为天下正常（的无为之道）。
其致之：	抑或招来这些：
天无以清将恐裂，	天没有（什么）拿来清明，将恐怕要崩裂，
地无以宁将恐发③，	地没有（什么）拿来安宁，将恐怕要塌陷，
神无以灵将恐歇，	神没有（什么）拿来灵异，将恐怕要消歇，

① 高亨《老子注译》：“一，道的别名，即宇宙的本体。《说文》：‘惟初太始，道立于一。’”

② 蒋锡昌《老子校诂》：“‘贞’为‘正’之假，其谊专指清静之道言……‘为天下贞’，即四十五章‘清静为天下正’，言为天下清静之模范也。”

③ 发，通“废”。

谷无以盈将恐竭，	川谷没有（什么）拿来盈满，将恐怕要涸竭，
万物无以生将恐灭，	万物没有（什么）拿来生长，将恐怕要灭亡，
侯王无以贵高将恐蹶。	侯王没有（什么）拿来高贵，将恐怕要颠覆。
故贵以贱为本，	所以贵以贱为根本，
高以下为基。	高以下为基础。
是以侯王自谓孤、寡、不榖[①]。	因此侯王自称“孤”“寡”“不榖”。
此非以贱为本邪？	这不就是以贱为根本吗？
非乎？	不是吗？
故致数舆无舆[②]。	所以招来几个声誉，（反而）没有声誉。
不欲琭琭[③]**如玉，**	不求贵如玉，
珞珞[④]**如石。**	宁可贱如石。

四十章

本章章首的“反者道之动”，义承上一章的内容。“反者道之动”中的“反”为相反义，“反者道之动”义即（与世俗价值）“相反”是“道”的运动方式。换言之，“道”的运动（与世俗价值）正相反，亦即“道”是以（与世俗价值）相反的方式运动的。作为话题的“反者”，正是上一章“故贵以贱为本，高以下为基”以及其后“故致数舆（誉）无舆（誉）”小结句旨趣的高度概括。就“贵—贱”“高—下”对立关系而言，按照世俗价值则应是以贵为本，以高为基，而老子认为“贵以贱为本，高以下为

① 《尔雅·释诂》：“榖，善也。”“不榖”，不善。
② 舆，通“誉”。
③ 琭琭，玉美貌。
④ 珞珞，石恶貌。

基”，恰恰与世俗价值相反；“致数舆（誉）”，义即招来几个声誉，对此世俗价值觉得是很光彩的事，即“致数舆（誉）”而有誉，然而老子却与世俗价值相反，认为“致数舆（誉）无舆（誉）”。“弱者道之用”，该句式仿上句的“反者道之动”，义即“弱”是“道”的功用。在对待“弱—强”对立关系问题上，老子通过观察实践已从世俗价值重心的“强”转移到“弱”，在立足于“弱”的同时，又将“弱”上升到“道”的理论高度。本章详说，参见《〈老子〉综论》（十八）《〈老子〉四处“反”均为“相反”义考》中的“二、‘反者道之动’辨正”的内容。

反者道之动，	（与世俗价值）“相反”是“道”的运动方式，
弱者道之用。	“弱”是“道”的功用。
天下万物生于有，	天下万物生于“有”，
有生于无。	“有”生于“无”。

四十一章

本章继续申述上一章“反者道之动”。“故建言有之”，实为老子自己立言。“道隐无名”，大“道”之大，却是幽隐而无名的，这也是“下士闻道，大笑之”的原因。章末“夫唯道，善贷且成”，进一步阐明上句“道隐无名”中的“道”的特质，即“道”的成功前提是“善贷”，这种善于施予的高尚精神，可参见《老子》书末第八十一章中的“圣人不积，既以为人已愈有，既以与人已愈多”。

上士闻道，	上等士人听到“道”，
勤而行之；	努力去实行它；
中士闻道，	中等士人听到“道”，

若存若亡；	好像存留好像丧失；
下士闻道，	下等士人听到“道”，
大笑之。	大大嘲笑它。
不笑，	不被嘲笑，
不足以为道。	（那就）不足以成为“道”。
故建言有之：	所以立言有这样的话：
明道若昧，	明亮的“道”好像暗昧，
进道若退，	前进的“道”好像后退，
夷道若纇[①]，	平坦的“道”好像不平，
上德若谷，	高尚的“道”好像（低下的）川谷，
大白若辱[②]，	大的洁白好像垢黑，
广德若不足，	宽广的德好像不足，
建德若偷[③]，	刚健的德好像偷惰，
质真若渝[④]，	质朴纯真好像污浊，
大方无隅，	大的方形没有棱角，
大器晚成，	大的器物晚些完成，
大音希声，	大的音乐声响稀少，
大象无形，	大的形象没有形体，
道隐无名。	“道”幽隐而无名。
夫唯道，	正因为“道”，
善贷[⑤]且成。	善于施予并且成功。

① 河上公注：“夷，平也。”《说文》：“纇，丝节也。”引申为不平。

② 高亨《老子注译》：“辱，傅奕本作黷。辱借为黷。《说文》无黷。《玉篇》：‘黷，垢黑也。’”

③ 俞樾《诸子平议·老子》：“‘建’当读为‘健’。《释名·释言语》：‘健，建也，能有所建为也。’是‘建’、‘健’音同而义亦得通。‘健德若偷’，言刚健之德，反若偷惰。”

④ 《说文》：“渝，变污也。”

⑤ 《说文》：“贷，施也。”

四十二章

本章义承上一章"道"的话题。"道生一，一生二，二生三，三生万物"，作为用同一个动词"生"字去系联的"顶真"辞格，其含义为"道生一，生二，生三，生万物"，展示了"道"由"无"生有，由少而多的能产性。"顶真"辞格采用递进的形式，其意旨重点则落在顶真链的末端，即"道生一，一生二，二生三，三生万物"，其意旨重点为"道""生万物"；而紧接的"万物负阴而抱阳，冲气以为和"，则阐明"万物"的具体生存方式。有关"顶真"辞格的讨论，参见《〈老子〉综论》（十八）《〈老子〉四处"反"均为"相反"义考》中的第三节"'远曰反'辨正"的内容。"人之所恶，唯孤、寡、不穀，而王公以为称"，呼应前面第三十九章中的"是以侯王自谓孤、寡、不穀"的话题。"故物或损之而益，或益之而损"，此结论和上一章章末的"善贷且成"一脉相承："善贷"者，自"损之"也；"且成"者，"而益"也。"强梁者不得其死"，即"或益之而损"之例，"强梁者"，欲"益之"也；"不得其死"者，"而损"也。

道生一①**，**	"道"产生一，
一生二，	一产生二，
二生三，	二产生三，
三生万物。	三产生万物。
万物负阴而抱阳，	万物背对阴而怀抱阳，
冲②**气以为和。**	交冲（阴阳两）气，用来形成和谐。
人之所恶，	人们所厌恶的，
唯孤、寡、不穀，	就是"孤""寡""不穀"，
而王公以为称。	而王公却用来作为自称。
故物或损之而益，	所以事物有的减损它，（它）反而增益，

---

① 王弼注："万物万形，其归一也。何由致一？由于无也。"
② 《说文》："冲，涌摇也。"

或益之而损。	有的增益它，（它）反而减损。
人之所教，	人们所教的话，
我亦教之：	我也教它：
“强梁[①]者不得其死”，	“强悍的人不得好死”，
吾将以为教父[②]。	我将用（这句话）作为施教的根本。

四十三章

本章首句中的“至柔”，为上一章章末“强梁”义之反。

天下之至柔，	天下最柔弱的东西，
驰骋天下之至坚。	驰骋于天下最坚硬的东西之中。
无有入无间，	无有能进入没有间隙的东西，
吾是以知无为之有益。	我因此知道“无为”的有益。
不言之教，	“不言”的教导，
无为之益，	“无为”的有益，
天下希及之。	天下很少能赶上它的。

四十四章

本章义承上一章的“无有”话题。“名”“货”“身”三者中，“身”最重要，而“名”“货”皆为身外之物；对于“名”“货”之类，应“知足”“知止”。

---

① 高亨《老子注译》：“强梁，叠韵连绵字。《庄子·山木》释文：‘强梁，多力也。’……此句是古人的话，又见《说苑·敬慎》所载的《金人铭》。”

② 吴澄《道德真经注》：“教父，犹曰教之本。”

名与身孰亲？	名声和身体哪一个亲近？
身与货孰多？	身体和财货哪一个重要？
得与亡孰病？	获得和丧失哪一个有害？
是故甚爱必大费，	所以过分吝惜必定大破费，
多藏必厚亡。	过多的储藏必定多丧失。
知足不辱，	知道满足，就没屈辱，
知止不殆，	知道停止，就没危险，
可以长久。	可以长久。

四十五章

本章仍承前面第四十三章的“无有”“无为”话题，且“大成若缺”等四言表达形式和前面第四十一章“故建言有之”论及的“明道若昧”等诸句相同。章末的“清静为天下正”，可参见前面第三十九章中的“侯王得一以为天下贞（正）”。

大成若缺，	大的成功好像缺损，
其用不弊[①]。	它的作用不会衰败。
大盈若冲，	大的盈满好像虚空，
其用不穷。	它的作用不会穷竭。
大直若屈，	大的正直好像屈枉，
大巧若拙，	大的灵巧好像拙笨，
大辩若讷。	大的辩才好像木讷。
躁胜寒，	躁动战胜寒冷，
静胜热，	安静战胜炎热，
清静为天下正。	清静成为天下正常（的无为之道）。

---

① 蔽，通“敝”。

四十六章

本章首句“天下有道”义承上一章章末的“清静为天下正”而申述之。“天下有道”，则战事停息；而“无道”引起祸咎，其根源则是“不知足”“欲得”。

天下有道，	天下有“道”，
却走马以粪[①]；	退下战马来送田粪；
天下无道，	天下无“道”，
戎马生[②]于郊。	战马生（驹）在郊外。
祸莫大于不知足，	祸患没有比不知满足再大的，
咎莫大于欲得。	罪过没有比贪得再大的。
故知足之足，	所以知道满足的这种满足，
常足矣。	就永远满足了。

四十七章

本章仍承前面第四十五章章末的“清静为天下正”。前面第十六章论及“守静”“归根曰静”，其路径是先有“致虚极”（进入虚空记忆）的体悟；本章“不出户，知天下；不窥牖，见天道”，描绘出禅定、内视后的心理效应。

---

① 高亨《老子注译》：“却，退下来。走马，善跑的马，指战马。粪，王弼注：‘治田粪也。’”

② 高亨《老子注译》：“生，产驹也。”

不出户，	不出门外，
知天下；	（就能）知道天下事；
不窥牖，	不望窗外，
见天道。	（就能）见知天“道”。
其出弥远，	那些人外出越远，
其知弥少。	知道的越少。
是以圣人不行而知，	因此圣人不出行就能知道，
不见而名[①]**，**	不见（事物）就能称说，
不为而成。	不作为就能成功。

四十八章

本章义承上一章章末的“不为”话题，因“无为”而“无事”。

为学日益，	从事学问的，（追求的是）一天天增加，
为道日损。	从事“道”的，（追求的是）一天天减损。
损之又损，	减损再减损，
以至于无为，	从而达到“无为”，
无为而无不为。	“无为”却没有什么不能为。
取天下常以无事，	取得天下常凭借无事，
及其有事，	到了有事（的时候），
不足以取天下。	就不足以取得天下。

① 高亨《老子注译》：“名，称说。”

四十九章

本章义承上一章的“无为”话题，论及圣人“为天下浑其心”，“皆孩之”。

圣人无常[①]心，	圣人没有固定不变的心意，
以百姓心为心。	以百姓的心意为心意。
善者吾善之，	善的人，我善待他，
不善者吾亦善之，	不善的人，我也善待他，
德[②]善。	以（这样的）“善”为“德”。
信者吾信之，	诚信的人，我信任他，
不信者吾亦信之，	不诚信的人，我也信任他，
德信。	以（这样的）“信”为“德”。
圣人在天下，	圣人在天下，
歙歙[③]为天下浑其心。	用浑和的态度，使天下（人）浑同其心。
百姓皆注其耳目[④]，	百姓都在专注他们自己的耳目，
圣人皆孩[⑤]之。	而圣人则都使他们像婴儿那样。

五十章

本章首句的“出生入死”的“出生”话题，承上一章章末中的“孩”联想而来。“入军不被甲兵”，义为加入军队也不披甲（持）兵，可参见第

① 高亨《老子注译》：“常，固定不变。”

② “德善”和其后的“德信”中的“德”，为名词的意动用法。

③ 高亨《老子注译》：“歙，读为翕（音西），合也。翕翕，浑（音魂）和貌。”

④ 王弼本无“百姓皆注其耳目”一句，但王弼注有“各用聪明。……百姓各皆注其耳目焉，吾皆孩之而已”。此外，河上公本、帛书甲乙本均有此句，今据补。高亨《老子注译》：“注，专用其精力也。”

⑤ 王弼注：“皆使和而无欲，如婴儿也。”

六十九章“执无兵”。章末的“以其无死地”，通过和“人之生，动之死地”的对比可以看出，“善摄生者”因为无“生生之厚”而能避死。本章章旨是“善摄生者”深知“生生之厚”会导致死亡，所以在老子思想中强调要“俭”，第六十七章：“我有三宝，持而保之。一曰慈，二曰俭，三曰不敢为天下先。”本章详论，参见《〈老子〉综论》（十）《〈老子〉训诂三则》中“以其无死地”一节的内容。

出生入死。	出（世）而生，入（地）而死。
生之徒①，	生长之类的人，
十有三；	占十分之三；
死之徒，	（走向）死亡之类的人，
十有三；	占十分之三；
人之生，	人生长着，
动之死地，	（却）动辄进入死亡之地，
亦十有三。	（这类人）也占十分之三。
夫何故？	这是为什么？
以其生生之厚。	因为这类人求生过度优厚。
盖闻善摄生者②，	听说善于保持生命的人，
陆行不遇兕虎，	在陆地上行走不会遇到兕牛和老虎，
入军不被甲兵③。	加入军队也不披甲（持）兵。
兕无所投其角，	兕牛没有地方能投它的角，
虎无所措其爪，	老虎没有地方能安放它的爪子，
兵无所容其刃。	兵器没有地方能容受它的锋刃。
夫何故？	这是为什么？
以其无死地。	因为他没有死亡之地。

① 徒，类属。

② 高亨《老子注译》：“盖，起语词。《说文》：‘摄，引持也。’”摄生是保持生命。

③ 河上公注：“不好战以杀人。”被，通“披”。“不被甲兵”，为“不披甲（持）兵”义，其中的“兵（即兵器义）”属于“连类而及”的语言现象。

五十一章

从第五十一章至第六十一章，构成《老子》的第七个大段落。新段落的话题标志是再次直接论“道”，不过本章首句和上一章仍有义连之处，即由话题“生”相连。

道生之[①]**，**	“道”生万物，
德畜之，	“德”蓄养万物，
物形之，	物体使之有形，
势成之。	情势成全万物。
是以万物莫不尊道而贵德。	因此万物没有不尊“道”而贵“德”的。
道之尊，	“道”尊，
德之贵，	“德”贵，
夫莫之命而常自然。	没有谁命令是这样而（它）自己本来就是这样的。
故道生之，	所以“道”生万物，
德畜之，	“德”蓄养万物，
长之育之，	长育万物，
亭之毒之[②]**，**	成熟万物，
养之覆之。	养护万物。
生而不有，	生养（万物）而不占有（它们），
为而不恃，	（对万物）有所为而不依赖（它们），
长而不宰，	使（万物）生长而不主宰（它们），
是谓玄德。	这叫作玄妙的德。

① 河上公注：“道生万物。”

② 高亨《老子注译》：“河上公本亭作成，毒作熟。按：亭读为成，毒读成熟。”

五十二章

本章由上一章“道生之”的“生”话题进而论及“道—万物”的“母—子”关系。“用其光，复归其明”，可参见第五十八章的“光而不耀”。

天下有始，	天下（万物）有初始（“道”），
以为天下母①。	（“道”）成为天下（万物）的母亲。
既得其母，	已经获得那母亲，
以知其子；	就能知道那儿子；
既知其子，	已经知道那儿子，
复守其母，	又守住那母亲，
没身不殆。	终身没有危险。
塞其兑②，	塞住百姓的嘴巴，
闭其门③，	关闭百姓（欲望）之门，
终身不勤。	终身不勤苦。
开其兑，	张开百姓的嘴巴，
济④**其事，**	助成百姓的事业，
终身不救。	终身不可救药。
见小曰明，	能看到微小叫作明，
守柔曰强。	能守住柔弱叫作强。
用其光，	运用他的光亮，

① 河上公注：“始，道也。道为天下万物之母。”

② 高亨《老子注译》：“其，指万民，下两句同。”“兑”的甲骨文字形为仰天祈祷状。《说文》：“兑，说也。”塞其兑，义即塞其口而使之不言。有关“不言”，老子多有论述，第二章“行不言之教”；第五十六章“知者不言，言者不知”；第七十三章“天之道，不争而善胜，不言而善应”。

③ 王弼注：“门，事欲之所由从也。”

④ 河上公注：“济，益也。益情欲之事。”

复归其明①，	复归于他（能看到微小）的明，
无遗身殃，	不遗留给自身灾殃，
是为习常②。	这就是因袭（“道”）的正常规律。

五十三章

本章承上一章的“道”，首句“使我介然有知”，其中“有知”的“知”即上一章所论及的“既得其母，以知其子；既知其子，复守其母”有关“道—万物”的“母—子”关系，并强调“我”“行于大道”，而“盗夸”“非道也哉”。

使我介然有知③，	假使我真诚地拥有（有关“道—万物”的“母—子”关系的）知识，
行于大道④，	就行走在大“道”上，
唯施⑤**是畏**。	畏惧的只是邪路。
大道甚夷，	大“道”很平坦，
而民好径。	而人民却喜欢小径。
朝甚除⑥，	朝廷很整洁，
田甚芜，	农田很荒芜，

---

① 吴澄《道德真经注》：“水镜能照物谓之光，光之体谓之明。用其照外之光，回光照内，复返而归藏于其内体之明也。”

② 高亨《老子注译》：“习，傅奕本、帛书甲本均做袭（乙本缺）。习读为袭。《小尔雅·广诂》：‘袭，因循也。’常，正常规律。”

③ 介，其甲骨文字形为侧立的人形，人形的两旁各有一小点（异文则为两旁各有两小点），表示焚人时的火花状。“介”的发生背景是燎祭雷神的仪式中被焚之人所扮演的沟通天人的中介角色，目的是向雷神祈求降雨，故“中介人”义为“介”的本义所在。《周易》“豫”卦二爻爻辞：“介于石，不终日，贞吉。”其中的“介于石”义即在石上祭祀祈求。（参见徐山《周易词义与结构分析》，中国书店2007年版，第222页）“介然”，本指祭祀祈求时的虔诚貌。

④ 高亨《老子注译》：“大道，指老子的道。”

⑤ 王念孙《读书杂志》：“施，读为迆。迆，邪也。”

⑥ 王弼注：“除，洁好也。”

仓甚虚；	仓库很空虚；
服文彩，	穿华丽的丝织衣服，
带利剑，	佩带锋利的宝剑，
厌[①]饮食，	饮足食饱，
财货有余，	财货有余，
是谓盗夸[②]。	这就叫作强盗头子。
非道也哉[③]！	多么无“道”啊！

五十四章

本章义承上一章，首句“善建者不拔，善抱者不脱”，其中所“建”所“抱”，为上一章论及的“大道”。“修之于身”，进而修之于“家”“乡”“国”“天下”，其逐级提高的序列，强调了以自身修“道”为本始，最终扩展到修“道”于天下。“吾何以知天下然哉？以此”，为一问一答的惯用句型，而“以此”作为对疑问句“吾何以知……哉”的回答，其答案在“以此”之后，即指示代词“此”所代替的内容在下文即第五十五章的首句“含德之厚，比于赤子”。其中“含德之厚”义承第五十四章的“其德乃真、余、长、丰、普”，接着以“赤子”为喻，强调了“精之至”“和之至”的特征。而作为“赤子”的反衬，“益生”“心使气”“物壮”之类则是无益的。联系第五十四章和第五十五章这前后两章，话题沿着“从自身修道开始最后达到修道于天下→从以身观身开始最后达到以天下观天下→知天下然”的文脉推进，而“吾何以知天下然哉？以此”的过渡句，很自然地导入另一相关的新论点。有关“吾何以知……哉？以此”的详论，参见《〈老

---

① 高亨《老子注译》：“厌，借为猒。《说文》：‘猒，饱也。’”

② 高亨《老子注译》：“夸，帛书甲本缺，乙本作‘杅’，《韩非子·解老》篇引作‘竽’。夸、杅、竽古通用。韩非说：‘竽也者，五音之长。故竽先则钟鼓皆随，竽唱则诸乐皆和。今大姦（奸）作……则小盗必和，故曰……盗竽。’那么，盗竽等于盗魁，强盗的头子。”

③ 河上公注：“人君所行如是，此非道也。复言‘也哉’者，痛伤之辞。”

子〉综论》（六）《〈老子〉“故去彼取此”和“以此”辨正》中的第二节“‘以此’辨正”的内容。

善建者不拔，	善于建立（大“道”）的人，（所建立的大“道”）拔不掉，
善抱者不脱，	善于抱持（大“道”）的人，（所抱持的大“道”）脱不掉，
子孙以祭祀不辍[①]**。**	子孙用（大“道”）祭祀不绝。
修之于身[②]**，**	修（大“道”）于一身，
其德乃真；	他的德就纯真；
修之于家，	修（大“道”）于一家，
其德乃余；	他的德就丰余；
修之于乡，	修（大“道”）于一乡，
其德乃长；	他的德就宽广；
修之于国，	修（大“道”）于一国，
其德乃丰；	他的德就丰厚；
修之于天下，	修（大“道”）于天下，
其德乃普。	他的德就普遍。
故以身观身，	所以以（自己的修“道”之）身来观察（他人之）身（修“道”与否），
以家观家，	以（自己的修“道”之）家来观察（他人之）家（修“道”与否），
以乡观乡，	以（自己的修“道”之）乡来观察（他人之）乡（修“道”与否），
以国观国，	以（自己的修“道”之）国来观察（他人之）国（修“道”与否），

① 高亨《老子注译》：“辍，帛书乙本作‘绝’。辍是停止，犹绝也。”

② 河上公注：“修道于身，爱气养神，益寿延年。其德如是，乃为真人。”

以天下观天下。	以（自己的修“道”之）天下来观察（他人之）天下（修“道”与否）。
吾何以知天下然哉？	我根据什么知道天下是这样的呢？
以此。	是根据下面的“含德之厚，比于赤子”。

五十五章

本章紧接上一章。修“道”者，含厚德；如赤子，“和之至”。

含德之厚，	含德深厚（的人），
比于赤子。	好比婴儿。
蜂虿虺蛇不螫，	蜂、蝎、毒蛇不螫（他），
猛兽不据①，	猛兽不抓（他），
攫鸟不搏。	鸷鸟不击（他）。
骨弱筋柔而握固。	筋骨柔弱而握拳牢固。
未知牝牡之合而全②作，	不知道男女的交合而小生殖器却勃起，
精之至也。	（是因为）精气到达极点。
终日号而不嗄③，	整天号哭而不会嘶哑，
和之至也。	（是因为）和谐到达极点。
知和曰常，	知道和谐叫作“常”，
知常曰明。	知道“常”叫作“明”。
益生曰祥④，	求生过度优厚叫作灾殃，
心使气曰强。	欲念支配气叫作逞强。

---

① 高亨《老子注译》：“据，兽用爪抓物为据。”

② 高亨《老子注译》：“全，傅奕本、帛书乙本作‘朘’（甲本缺）。全借为朘（音全）。《释文》引《说文》：‘朘，赤子阴也。’即小男孩的生殖器。”

③ 高亨《老子注译》：“嗄，河上公本作‘哑’，二字是一个字。”

④ 王弼注：“生不可益，益之则夭也。”益生，即前面第五十章中的求“生生之厚”义。祥，妖祥，灾殃。

物壮则老，	事物盛壮了就要衰老，
谓之不道，	“物壮”叫作不符合“道”，
不道早已。	不符合“道”就要早死。

五十六章

本章义承上一章“道”的话题。首句“知者不言”，为“知（‘道’）者不言”义。“故不可得而亲”，为“故不可得（‘玄同’）而亲”义。“故不可得而亲，不可得而疏；不可得而利，不可得而害；不可得而贵，不可得而贱”，义指得到“玄同”后，就没有“亲疏”“利害”“贵贱”之分。

知者不言[①]**，**	知道（大“道”）的人不说，
言者不知。	说的人不知道（大“道”）。
塞其兑，	塞住百姓的嘴巴，
闭其门，	关闭他们（欲望）之门，
挫其锐，	摧折他们的锐锋，
解其纷，	消解他们的纷扰，
和其光，	调和他们的光亮，
同其尘，	混同他们的尘埃，
是谓玄同。	这就叫作玄妙的混同。
故不可得而亲，	所以不可能得到（玄妙的混同）而亲近（谁），
不可得而疏；	不可能得到（它）而疏远（谁）；
不可得而利，	不可能得到（它）而有利于（谁），
不可得而害；	不可能得到（它）而加害于（谁）；
不可得而贵，	不可能得到（它）而尊贵（谁），

① 高亨《老子注译》此句译作“懂得大道的智者不讲话（行不言之教）”。楚简本此句和下一句作“智（知）之者弗言，言之者弗智（知）。”

不可得而贱。	不可能得到（它）而使（谁）卑贱。
故为天下贵。	所以被天下尊贵。

五十七章

本章义承上一章的“玄同”，强调“以正治国”，即用正常（的无为之道）治国。“吾何以知……哉？以此”为一问一答的惯用句型，指示代词“此”所代替的内容在其下文。有关“吾何以知……哉？以此”的详论，参见《〈老子〉综论》（六）《〈老子〉“故去彼取此”和“以此”辨正》中的第二节“‘以此’辨正”的内容。

以正治国，	以正常（的无为之道）治国，
以奇用兵，	以（不正常的）奇术用兵，
以无事取天下。	以无事取得天下。
吾何以知其然哉？	我根据什么知道它们是这样的呢？
以此：	是根据（下面的）这些：
天下多忌讳，	天下多忌讳，
而民弥①贫；	人民就越贫穷；
民多利器，	人民多锐利的武器，
国家滋②昏；	国家就越昏乱；
人多伎③巧，	人们多技巧，
奇物滋起；	奇异的事物就越产生；
法令滋彰，	法令越彰显，
盗贼多有。	盗贼就越多。

① 高亨《老子注译》：“弥，越。”
② 高亨《老子注译》：“滋，也是越。”
③ 高亨《老子注译》：“伎，与技同。”

故圣人云：	所以圣人说：
“我无为而民自化，	“我无为而人民自然化育，
我好静而民自正，	我好静而人民自然端正，
我无事而民自富，	我无事而人民自然富足，
我无欲而民自朴。”	我没有欲望而人民自然质朴。”

五十八章

本章章首义承上一章的“正”“奇”话题，而“其无正”中的代词“其”和上句“孰知其极”中的“其”一样，所指代的内容仍为“祸兮福之所倚，福兮祸之所伏”。“其无正”的“正”为“正”“奇”的“正”义。“其无正”回答了“祸”“福”两者转化的原因，即“祸”“福”两者的转化是（因为）没有（正常义的）“正”。小结句“是以圣人方而不割”，针对由于“祸”“福”两者转化问题而出现的“人之迷”困境，成功地清除了“割”原有的倾向，切断了“方”向其反面转化的条件之链，因而得以真正守住“方”的良性状态而同时免去世俗常见的“祸”“福”循环周期之累。本章详论，参见《〈老子〉综论》（十五）《〈老子〉“其无正”辨正》的内容。

其政闷闷[①]**，**	一国的政治混沌，
其民淳淳；	它的人民则淳朴；
其政察察，	一国的政治苛严，
其民缺缺[②]**。**	它的人民则狡诈。

---

① 王弼注：“言善治政者，无形无名无事，无政可举，闷闷然，卒至于大治，故曰‘其政闷闷’也。”高亨《老子注译》：“闷闷，傅奕本作闵闵（音民）。闷、闵均借为潤。潤潤，水浑浊。其政潤潤，是说国家的政治混混沌沌，没有制度、法律、教育、文化，不辨善恶，不用赏罚。”

② 高亨《老子注译》：“缺，帛书乙本同，甲本作‘夬’。缺夬均借为‘狭’。狭与狯同，狡诈也。”

祸兮福之所倚，	祸是福所倚靠的，
福兮祸之所伏。	福是祸所倾靠的。
孰知其极？	谁知道“祸”“福”两者转化的终极呢？
其无正。	“祸”“福”两者的转化是（因为）没有（正常义的）“正”。
正复为奇，	（“祸”“福”两者转化的原因是“无正”，是“奇”，正因为是“无正”，所以即便有了）“正”，又会转化为“奇”。
善复为妖。	（正因为是“无正”，所以即便有了）善，又会转化为邪恶。
人之迷，	人们（对上述“祸”“福”两者转化的无终极性、引发“祸”“福”两者转化的“无正”原因，以及由于“无正”而处在“奇”“妖”的不幸境地）的迷惑，
其日固久。	时日本来就很长久了。
是以圣人方而不割，	因此圣人方正但又不割伤人，
廉而不刿[①]，	有棱角但又不伤害人，
直而不肆，	直率但又不放肆，
光而不耀。	光亮但又不照耀。

五十九章

本章章首的“治人事天，莫若啬”，其中“治人”义承上一章一开始论述的“其政”，“事天”为事奉天之义，“莫若啬”义即什么都不如“啬”。作为最好的“啬”，正是上一章章末四句旨趣的高度概括，其中的“不割”

① 高亨《老子注译》：“《广雅·释言》：‘廉，棱也。’《说文》：‘刿，利伤也。’即用刀尖刺物。”

“不刿”“不肆”“不耀”的隐忍品质，其核心精神就是一个“啬”字。将“方而不割，廉而不刿，直而不肆，光而不耀”的圣人品质和“啬”一词的词义系统联系起来，就不难看出“莫若啬”的“啬”用的正是“啬”一词的本义，即（收获后的）敛藏义。用“啬”高度概括之后，又采用一系列顶真修辞手法展开论述，层层相扣，从而推导出章末的“是（复指上文论述的‘啬’）谓深根固柢，长生久视之道”的小结句。有关《老子》“顶真”辞格的详说，参见《〈老子〉综论》（十八）《〈老子〉四处“反”均为“相反”义考》中的第三节内容。本章详论，参见《〈老子〉综论》（十二）《〈老子〉“莫若啬”辨正》的内容。

治人事天，	治理人民事奉上天，
莫若啬[①]。	什么都不如“啬”。
夫唯啬，	正是因为是（收获后敛藏的）“啬”，
是以早服[②]；	所以要及早去做；
早服谓之重积德；	及早去做叫作多积德；
重积德则无不克；	多积德就无往而不胜；
无不克则莫知其极；	无往而不胜就没有人能知道取胜（力量）的终极；
莫知其极，	没有人能知道取胜（力量）的终极，
可以有国；	就可以拥有国家；
有国之母，	有了治国的根本，
可以长久；	就可以长久；
是谓深根固柢[③]，	这“啬”就叫作深根固柢，

---

① 《说文》：“啬，爱濇也。从来亩。来者亩而藏之，故田夫谓之啬夫。”“啬”的本义为收获，引申为“爱啬”“吝惜”义。结合“啬”字的甲骨文形体义，“啬”的本义可以进一步明确为收获敛藏。由于“啬”为多义词，后来又分化出“穑”字来承担“啬”的本义。《说文·禾部》：“穑，谷可收曰穑。从禾，啬声。”

② 王弼本该句作“是谓早服”。高亨《老子注译》：“是以，王弼本作‘是谓’，今据傅奕本、帛书乙本改（甲本缺）。”高说可从，今据改。《说文》：“服，用也。”段玉裁注：“《关雎》笺曰：‘服，事也。’”早服，及早地去从事。

③ 高亨《老子注译》：“根柢，树根向四边伸的叫作根，向下扎的叫作柢。”

长生久视之道。	而又长生久视的方法。

六十章

本章仍沿着前面五十七章开始的“治国”话题的文脉，提出“治大国若烹小鲜”的重要命题。“治大国”者，“以道莅天下”，则天下无伤也。

治大国若烹小鲜[①]。	治理大国如同煎小鱼。
以道莅[②]**天下，**	用“道”君临天下，
其鬼不神。	那些鬼就不灵怪。
非其鬼不神，	不是那些鬼不会灵怪，
其神不伤人。	而是那些鬼即便灵怪了也不伤人。
非其神不伤人，	不是那些鬼灵怪了不伤人，
圣人亦不伤人。	而是圣人也不伤人。
夫两不相伤[③]**，**	这样（圣人不伤鬼、鬼不伤人）两者不相伤，
故德交归焉。	所以德都归附于（圣人）。

六十一章

本章义承上一章“治大国”话题。在对待大国和小国的关系时，“大者宜为下”，即大国应该谦下。

---

① 河上公注：“鲜，鱼也。烹小鱼不去肠，不去鳞，不敢挠，恐其糜也。治国烦则下乱，治身烦则精散。”高亨《老子注译》：“治大国不可有为，如同煎小鱼不可翻动。”

② 莅，临。

③ 吴澄《道德真经注》：“交，皆也。天地之气不伤人者，以圣人不伤害天地之气也；圣人不伤害天地之气者，以其简静而民气和平也。两者不相伤，皆由圣人之德，故皆归德于圣人也。”

大国者下流，	大国要（居于）下流，
天下之交，	是天下的交汇，
天下之牝。	是天下的雌柔。
牝常以静胜牡，	雌柔常以安静战胜雄强，
以静为下。	以安静为谦下。
故大国以下小国，	所以大国用对小国谦下的方法，
则取小国；	就取得小国；
小国以下大国，	小国用对大国谦下的方法，
则取大国[①]**。**	就被大国所取（容纳）。
故或下以取，	所以有的谦下用来取得，
或下而取。	有的谦下而被取得。
大国不过欲兼畜人，	大国不过是想兼有蓄养别人，
小国不过欲入事人。	小国不过是想进入事奉别人。
夫两者各得其所欲，	这样（大国和小国）两者各自都得到自己所想的，
大者宜为下。	大国应该谦下。

六十二章

从第六十二章至第七十六章，构成《老子》的第八个大段落。“人之不善，何弃之有”之义，可参见第二十七章“是以圣人常善救人，故无弃人；常善救物，故无弃物”。“虽有拱璧以先驷马，不如坐进此道”，前后两句做对比，“虽有拱璧”，亦可坐驷马，还不如以静坐代之而进于此“道”。

---

① 王弼注：“大国纳之也。”取大国，为无标记的被动句，义即取于大国。帛书乙本作“取于大国”。

道者万物之奥[1]。	“道”是万物的藏所，
善人之宝，	善人的珍宝，
不善人之所保。	不善人所要保持的。
美言可以市[2]，	（善人）美好的言辞可以（好价）买卖，
尊行可以加人[3]。	尊贵的行为可以有益于人。
人之不善，	人不善，
何弃之有？	有什么可以遗弃的？
故立天子，	所以设立天子，
置三公[4]，	建置三公，
虽有拱璧以先驷马，	虽有拱抱的宝璧在先，驷马在后，
不如坐进此道。	还不如静坐而进于这个“道”。
古之所以贵此道者何？	古时候尊贵这个“道”的原因是什么？
不曰以求得，	不是说去求就可以得到，
有罪以免邪？	有罪就可以免除吗？
故为天下贵。	所以被天下尊贵。

六十三章

在上一章再论“道”之后，本章接着转入“无为”等话题。“为无为，事无事，味无味”为动宾结构，其句型特点为“名词（意动用法）+无+名词”，其中的两个“名词”是同字关系。与该句型类似的还有第六十四章的“欲不欲”“学不学”，该句型同样也是动宾结构，其构成特点为“动词（意动用法）+不+动词”，其中的两个“动词”是同字关系。“大小，多少”两句的句型特点都是“形容词1（意动用法）+形容词2”，其中的两个“形

① 《尔雅·释宫》：“西南隅谓之奥。”河上公注：“奥，藏也。道为万物之藏，无所不容也。”
② 王弼注：“美言之，则可以夺众货之贾，故曰‘美言可以市’也。”
③ 高亨《老子注译》：“加，犹益也。加人即有益于人。”
④ 高亨《老子注译》：“三公，周朝的三公是太师、太傅、太保。”

容词”是反义词关系。“报怨以德”的深层结构和前文的“大小，多少”乃至“为无为”是一样的。就“德”而言，“怨”为“无德”。老子有“德无德”（义即以无德为德）的观点，如第三十八章：“上德不德，是以有德。”“德无德”与“为无为”的结构相同。“德无德”具体落实到“怨”上，则有“德怨”，并与“大小，多少”的结构相同。“德怨”即以怨为德义，而世俗的报德以德再用老子的以怨为德进行置换以后，于是就产生了“报怨以德”。“报怨以德”作为高尚情怀，无论是从理念的角度还是从实践的角度，都是对“以怨报怨”恶性循环的否定。有关本章的详说，参见《〈老子〉综论》（九）《〈老子〉“报怨以德”与“和大怨”文脉梳理》中的“一、《老子》第六十三章‘报怨以德’文脉梳理”的内容。

为无为，	以无为当作为，
事无事，	以无事当作事，
味无味。	以无味当作味。
大小，	以小为大，
多少，	以少为多，
报怨以德。	用德报答怨恨。
图难于其易[①]**，**	谋划难事在它还是容易的（时候），
为大于其细。	做大事在它还是细小的（时候）。
天下难事必作于易，	天下的难事必定从容易开始，
天下大事必作于细。	天下的大事必定从细小开始。
是以圣人终不为大，	因此圣人始终不做大事，
故能成其大。	所以能成全他的大事。
夫轻诺必寡信，	轻率许诺必定很少守信，
多易必多难。	多（觉得事情）容易必定多困难。
是以圣人犹难之[②]**，**	因此圣人尚且把容易的当作困难的，

① 河上公注：“欲图难事，当于易时，未及成也。”

② 王弼注：“以圣人之才，犹尚难于细易，况非圣人之才，而欲忽于此乎？故曰‘犹难之’也。”难之，“难”为形容词的意动用法，“难之”即以之为难。

故终无难矣。	所以就终身没有困难了。

六十四章

本章义承上一章“易”话题而申述之，强调“圣人无为”“欲不欲”“学不学”。

其安易持，	事物安稳则容易保持，
其未兆易谋。	事物没有征兆则容易图谋。
其脆易泮[①]**，**	事物脆弱则容易分判，
其微易散。	事物微小则容易散开。
为之于未有[②]**，**	做事情在它未有（萌芽之时），
治之于未乱[③]**。**	治理国家在它未乱（之时）。
合抱之木，	合抱的大树，
生于毫末；	生长于细小的萌芽；
九层之台，	九层的高台，
起于累土[④]**；**	从一筐土筑起；
千里之行，	千里的远行，
始于足下。	开始于脚下。
为者败之，	有所为的人会失败，
执者失之。	执持的人会丧失。
是以圣人无为故无败，	因此圣人无为，所以不会失败，
无执故无失。	不执持，所以不会丧失。
民之从事，	人们做事，

① 高亨《老子注译》：“泮，借为判。《说文》：‘判，分也。’”
② 河上公注：“欲有所为，当于未有萌芽之时，豫塞其端也。”
③ 河上公注：“治身治国，当于未乱之时，豫闭其门也。”
④ 累，帛书乙本作“蔂”。蔂，土笼。

常于几[1]成而败之。 常在接近成功的时候而失败。
慎终如始， 在终了时像开始时一样谨慎，
则无败事。 就没有失败的事。
是以圣人欲不欲， 因此圣人以不欲当作欲，
不贵难得之货； 不重视难得的财货；
学不学， 以不学当作学，
复众人之所过[2]， 使众人从过失中返回，
以辅万物之自然， 以辅助万物的自然（状态），
而不敢为。 而不敢有所为。

六十五章

本章义承上一章“学不学”话题。老子在对待“愚—明”这一对立面时，其“愚”是老子式的“愚”，被老子赋予了正面价值，其“明”为世俗的“明”，是负面价值的。而经常认识老子式的“愚—明”关系的这一法则，就叫作“玄德”（玄妙的德）。“与物反矣”，义为玄德“与众人的世俗价值相反”。正是“玄德”遵循了“与众人的世俗价值相反”的原则，才达到“大顺”的境界。有关“与物反矣”的详论，参见《〈老子〉综论》（十八）《〈老子〉四处“反”均为“相反”义考》中的“四、‘与物反矣’辨正”的内容。

古之善为道者， 古时候善于为“道”的人，
非以明民， 不是使人民明智，
将以愚之。 将使人民愚昧。
民之难治， 人民（所以）难治，

---

① 《尔雅·释诂》：“几，近也。”
② 河上公注：“众人学问皆反，过本为末，过实为华。复之者，使返本实也。”

以其智多。	是因为他们的智巧多。
故以智治国，	所以用智巧治国，
国之贼[①]**；**	是国家的祸害；
不以智治国，	不用智巧治国，
国之福。	是国家的幸福。
知此两者亦稽式[②]**。**	知道（用智巧和不用智巧）这两者，也就是法则。
常知稽式，	常常知道这一法则，
是谓玄德。	这就叫作玄妙的德。
玄德深矣，	玄妙的德深啊，
远矣，	远啊，
与物反矣[③]**，**	与众人（的世俗价值）相反啊，
然后乃至大顺。	然后才达到大顺。

六十六章

本章义承上一章“治国”话题，圣人应下民、后民、不争。

江海所以能为百谷王者，	江海所以能够成为百谷之王，
以其善下之，	是因为它善于处在百谷的下面，
故能为百谷王。	所以能够成为百谷之王。
是以欲上民，	因此要想居于人民的上面，
必以言下之；	必须用言辞（表示）居于人民的下面；
欲先民，	要想走在人民的前面，

① 高亨《老子注译》：“贼，害也。”

② 高亨《老子注译》：“稽借为楷。《广雅·释诂》：‘楷，法也。’《说文》：‘式，法也。’楷式，法则。”

③ 物，指人。任继愈《老子绎读》将“与物反矣”一句译为“与世俗经验相反啊”。

必以身后之。	必须把自身放在人民的后面。
是以圣人处上而民不重，	因此圣人居于上面而人民不感到负重，
处前而民不害。	居于前面而人民不感到受害。
是以天下乐推而不厌。	因此天下人乐于推戴而不厌恶（他）。
以其不争，	因为他不争，
故天下莫能与之争。	所以天下没有人能够和他相争。

六十七章

本章承上一章的“下/后”之义而展开“我有三宝”的论述。“慈故能勇”，其中“慈”的世俗义为不勇，而老子认为“慈故能勇”，即不勇而勇，慈即是勇。“今舍慈且勇，舍俭且广，舍后且先，死矣!”世俗之人舍弃“慈”“俭”“后”，追求的所谓“勇”“广”“先”，其实已踏入死亡境地，表明老子和世俗之人对立的生死观。“夫慈，以战则胜”，从本章直到后面的第六十九章这三章，则围绕此论点详论之。

天下皆谓我道大，	天下人都说我的“道”是大的，
似不肖。	似乎不像（什么）。
夫唯大，	正因为（“道”）是大的，
故似不肖。	所以似乎不像（什么）。
若肖，	如果像（什么），
久矣其细也夫!	早就是细小的啊!
我有三宝，	我有三种法宝，
持而保之。	持守并保全它们。
一曰慈，	第一种叫作慈爱，
二曰俭，	第二种叫作俭啬，
三曰不敢为天下先。	第三种叫作不敢居于天下人的前面。

慈故能勇；	慈爱，所以能勇敢；
俭故能广；	俭啬，所以能宽广；
不敢为天下先，	不敢居于天下人的前面，
故能成器长。	所以能成为器物之长。
今舍慈且勇，	如今舍弃慈爱而（求）勇敢，
舍俭且广，	舍弃俭啬而（求）宽广，
舍后且先，	舍弃在后而（求）居先，
死矣[①]！	死啦！
夫慈，	那慈爱，
以战则胜，	用（它）作战就能胜利，
以守则固。	用（它）守卫就能巩固。
天将救之，	天要救谁，
以慈卫之。	就用慈爱来保卫他。

六十八章

本章义承上一章的“战/胜”话题，论及“不争之德”“配天”“古之极”。

善为士者不武[②]，	善于做将帅的人不勇武，
善战者不怒，	善于作战的人不发怒，
善胜敌者不与[③]，	善于战胜敌人的人不和敌人相争，
善用人者为之下。	善于用人的人对别人谦下。

① 吴澄《道德真经注》：“慈者似怯而不勇，乃所以为勇；俭者似狭而不广，乃所以能广；……舍而不用慈俭退后之宝，而刚强以为勇，侈肆以为广，锐进以求为先，则将不能保其生，皆死之徒也。”

② 王弼注：“士，卒之帅也。”

③ 王弼注：“不与争也。”

是谓不争之德，	这叫作不争的德，
是谓用人之力，	这叫作利用别人之力，
是谓配天，	这叫作配合天，
古之极。	是古时的最高准则。

六十九章

本章仍承上一章的“战/胜”话题，论及“不敢为主”“轻敌几丧吾宝”“哀者胜”。“行无行”，可参考第二十七章的“善行无辙迹”的表达方式，“行无行”亦即大行无行。

用兵有言：	用兵的有这样的话：
“吾不敢为主而为客[①]，	“我不敢采取攻势而采取守势，
不敢进寸而退尺。”	不敢前进一寸而（宁可）后退一尺。”
是谓行无行[②]，	这叫作有行列（阵势），但没有行列（阵势）可摆，
攘无臂，	奋举手臂，但没有手臂可举，
扔[③]无敌，	捉拿敌人，但没有敌人可捉，
执无兵。	执持兵器，但没有兵器可执。
祸莫大于轻敌，	祸害没有大于轻敌的，
轻敌几丧吾宝[④]。	轻敌几乎丧失了我的“三宝”。
故抗[⑤]兵相加，	所以（双方）举兵相加，

① 河上公注：“主，先也。我不敢先举兵。”
② 王弼注：“行，谓行陈也。”
③ 高亨《老子注译》：“扔，引也，捉也。”
④ 王弼注：“宝，三宝也。”
⑤ 王弼注：“抗，举也。”

哀者胜矣①。　　悲慈的一方则获胜。

七十章

本章为总结前文所论。“吾言甚易知，甚易行”，诸如第六十六章“以其不争，故天下莫能与之争”，第六十七章“慈故能勇”，第六十八章“善为士者不武”，第六十九章“哀者胜”之类；而所有这些“天下莫能知，莫能行”。有关“夫唯无知，是以不我知”中的“无知”，则指出了“天下莫能知”的原因。“无知”是从上句“言有宗，事有君”句义即（我的）言和行以道为旨归中概括而来的。从文脉推进的角度看，第六十五章反对“以智治国”，即主张老子式的“无知”，并上升为“稽式”“玄德”的高度，其后分别从第六十六章的老子治国之法、第六十七章的属于老子思想原核的“三宝”、第六十八章和第六十九章的老子军事观展开论述，而“夫唯无知”的“无知”正是贯穿上述文脉的取向所在。《老子》一书有不少有关“无知”的论述，并给予正面的价值评判，如“常使民无知无欲，使夫智者不敢为也”（第三章），“爱民治国，能无知乎”（第十章），又如“绝圣弃智，民利百倍”（第十九章），以及“绝学无忧”（第二十章）。由于“无知”和“愚”一词的词义是相通的，所以“愚”在《老子》书中也同样赋予了正面价值，如“我愚人之心也哉，沌沌兮”（第二十章），“古之善为道者，非以明民，将以愚之。民之难治，以其智多。故以智治国，国之贼；不以智治国，国之福”（第六十五章）。有关“夫唯无知，是以不我知”的讨论，参见《〈老子〉综论》（五）《以无知为知——〈老子〉“知不知”辨正》的内容。

吾言甚易知，　　我的言论很容易了解，

---

① 吴澄《道德真经注》：“哀者，慈心之见。……盖慈者之胜不慈，非战而败之，不战而屈之即胜也。”

甚易行。	很容易实行。
天下莫能知，	天下（却）没有人能了解，
莫能行。	没有人能实行。
言有宗，	（我的）言论有（“道”的）宗旨，
事有君①。	做事有（“道”的）纲领。
夫唯无知，	正因为（我奉行的是“道”的宗旨）无知（智），
是以不我知。	所以（天下人）不知道我。
知我者希，	知道我的人稀少，
则我者贵。	所以我就显得可贵。
是以圣人被②褐怀玉。	因此圣人外穿粗衣而内怀美玉。

七十一章

本章章首的“知不知”义承第七十章“无知”的话题。“知不知”义即以不知为知，属于该句型的还有前面第六十四章的“欲不欲”“学不学”。“知不知”具体指以（我奉行的“道”的宗旨）无知为知，其内容属于《老子》第七十八章论及的“正言若反”的表达形式。本章详论，参见《〈老子〉综论》（五）《以无知为知——〈老子〉“知不知”辨正》的内容。

知不知，	以（我奉行的“道”的宗旨）无知为知，
上；	最好；
不知知，	（天下人）以（我奉行的“道”的宗旨无知的）知为不知，

① 蒋锡昌《老子校诂》：“宗，主也。君，亦主也。主者何？即道是也。此言圣人之教，虽千言万语，然其宗旨，总不离道，故知易，行亦易也。”高亨《老子注译》：“君，主也，指纲领。”

② 高亨《老子注译》：“被，读为披，穿在身上。”

病。	则是病。
夫唯病病，	正因为是以（天下人的）病为病，
是以不病。	所以不病。
圣人不病，	圣人不病，
以其病病，	是因为圣人以（天下人的）病为病，
是以不病。	所以不病。

七十二章

本章义承前面第六十七章“今舍慈且勇”的话题再进一步论述，“民不畏威，则大威至”，呼应“今舍慈且勇，舍俭且广，舍后且先，死矣”中的“死矣”义。章末的“故去彼取此”，其行文性质属于一个论点已有结论并准备进入另一新的相关论点的承上启下句，其中“去彼”的“彼”指上文的“民不畏威”，而“取此”的“此”所代替的内容则出现在下文，即下一章首句中的“勇于敢则杀，勇于不敢则活”。其中“勇于敢则杀”义同本章首句“民不畏威，则大威至”，接着点明“勇于不敢则活”为“利”，并肯定了“天之道”“不争”的正面价值。本章章末的“故去彼取此”句作为惯用句型，其功能凸显了该句前后两个论点的对比论述效果。有关“故去彼取此”一句的详说，参见《〈老子〉综论》（六）《〈老子〉“故去彼取此”和“以此”辨正》。

民不畏威①，	人民不怕可畏之事，
则大威②至。	那么更大的可畏之事就来了。
无狎③其所居，	（人民）不要玩习于他们所处的（不怕可

① 吴澄《道德真经注》：“威，可畏者，损寿戕身之事。”
② 吴澄《道德真经注》：“大威，大可畏者，死也。”
③ 《说文》：“狎，犬可习也。”段玉裁注：“引申为凡相习之偁。”吴澄《道德真经注》：“狎，玩习。”

	畏之事)，
无厌其所生。	不要厌恶他们所生养的。
夫唯不厌，	正因为不厌恶，
是以不厌[①]**。**	所以不被厌恶。
是以圣人自知不自见，	因此圣人自知而不自我表现，
自爱不自贵。	自爱而不自显高贵。
故去彼取此。	所以去除前面提到的“民不畏威，则大威至”，而采取下面提到的“勇于敢则杀，勇于不敢则活”的做法。

七十三章

本章应和上一章连读。“勇于敢则杀”，申说上一章“民不畏威，则大威至”之义。“勇于敢”，乃“天之所恶”；而“天之道，不争而善胜”。

勇于敢则杀，	勇于敢做则遭杀，
勇于不敢则活。	勇于不敢做则活。
此两者，	这两者，
或利或害。	有的有利，有的有害。
天之所恶，	(“勇于敢”为) 天所厌恶，
孰知其故?	谁知道它的缘故?
是以圣人犹难之。	因此圣人尚且把知道它的缘故当作难事。
天之道，	天的“道”，
不争而善胜，	不争而善于胜利，
不言而善应，	不说而善于回应，
不召而自来，	不召唤而自己到来，

① “是以不厌”的“不厌”为无标记的被动句，义即不被厌恶。

繟[1]然而善谋。	松缓而善于谋划。
天网恢恢[2]，	天网广大，
疏而不失。	稀疏而不会有漏失。

七十四章

本章义承上一章“勇/杀”话题。“民不畏死”，实因“厌其所生”（第七十二章），而“奈何以死惧之?”统治者以死刑去恐吓人民，只能是恶循环。“常有司杀者杀”，即自有天道司杀；而“夫代大匠斲者，希有不伤其手矣”，即代天道而杀者，结果反噬其身。

民不畏死，	人民不怕死，
奈何以死惧之?	为什么用死来使他们恐惧?
若使民常畏死，	如果人民经常怕死，
而为奇者，	而为邪的人，
吾得执[3]而杀之，	我可以捕捉并杀掉他们，
孰敢?	谁还敢（为邪）?
常有司杀者杀[4]。	经常有专管杀人的去杀。
夫代司杀者杀，	那些代替专管杀人的去杀，
是谓代大匠斫。	这叫作代替大匠砍（木头）。
夫代大匠斫者，	那些代替大匠砍（木头）的人，
希有不伤其手矣。	很少有不砍伤自己的手的啊。

---

① 《说文》:“繟，带缓也。”引申为缓义。
② 《说文》:“恢，大也。”
③ 《说文》:“执，捕罪人也。”
④ 河上公注:“司杀者天，居高临下，司察人过。天网恢恢，疏而不失也。”

七十五章

本章义承上一章。人民“饥”“难治”，其根源是君上“食税之多”“有为”。在“民/上”这对矛盾体中，“上”是问题的主导方。“民之轻死”，可参照前面第五十章“动之死地”的内容。

民之饥，	人民饥饿，
以其上食税之多，	是因为他们的君上吃的赋税太多，
是以饥。	所以饥饿。
民之难治，	人民难治，
以其上之有为，	是因为他们的君上有为，
是以难治。	所以难治。
民之轻死，	人民轻死，
以其求生之厚，	是因为他们求生丰厚，
是以轻死[①]**。**	所以轻死。
夫唯无以生为者，	只有不以求生为事的人，
是贤于贵生。	这才胜于重视生命。

七十六章

本章义承上一章的“生/死”话题，论述“坚强者死之徒，柔弱者生之徒”。

人之生也柔弱，	人活着（的时候身体是）柔弱的，
其死也坚强。	他死了（身体）就坚硬。

---

① 河上公注：“人民所以轻犯死者，以其求生活之事太厚，贪利以自危。以其求生太厚之故，轻入死地也。”

万物草木之生也柔脆，	万物草木生长（的时候是）柔脆的，
其死也枯槁。	它死了就枯槁。
故坚强者死之徒，	所以坚强的东西属于死亡一类，
柔弱者生之徒。	柔弱的东西属于生存一类。
是以兵强则灭，	因此兵力逞强就会灭亡，
木强则折[①]。	树木强大就会被砍伐。
强大处下，	强大处在下面，
柔弱处上。	柔弱处在上面。

七十七章

从第七十七章至第八十一章，构成《老子》的第九个大段落，为全书的结语，对前述诸多论题的要点做了总结。新段落的话题标志是再次直接论道，不过本章和上一章仍有义连之处，即有上一章“上—下”话题与本章“高—下”相连。本章论及“天之道”的平均化趋势，而现实中的“人之道”则贫者愈贫，富者愈富，而唯有“道”者、圣人能遵循“天之道”，以无为的原则改变“人之道”的现实状况。

天之道，	天的“道”，
其犹张弓与[②]？	不是像拉开弓弦吗？
高者抑之，	（弦位）高就压低它，

---

① 王弼本此两句作“是以兵强则不胜，木强则兵”。高亨《老子注译》：“此两句，帛书甲本作‘兵强则不胜，木强则恒’。乙本作‘兵强则不朕（朕、胜通用），木强则竞（恒、竞通用）’。《列子·黄帝》篇、《淮南子·原道》篇并引作‘兵强则灭，木强则折’。《文子·道原》篇引作‘兵强即灭，木强即折’。按：此两句当作‘兵强则不胜，木强则不恒’。帛书脱一‘不’字。……胜、恒押韵。”蒋锡昌《老子校诂》：“《列子》‘不胜’作‘灭’，‘兵’作‘折’，当从。此文‘灭’‘折’为韵。”此两句异文甚多，今从蒋说，据《列子》《淮南子》而改。

② 高亨《老子注译》：“《说文》：‘张，施弓弦也。’……与，读为‘欤’，语气词。古人张弓，弦的位置高，则向下移，弦的位置低，则向上移，弦长有余，则剪去，弦短不足，则增补。”

下者举之，	（弦位）低就举高它，
有余者损之，	（弦）有余就减损它，
不足者补之。	（弦）不足就增补它。
天之道，	天的“道”，
损有余而补不足。	减损有余来增补不足。
人之道则不然，	人的道就不是这样，
损不足以奉有余。	减损不足的来供奉有余（的人）。
孰能有余以奉天下？	谁能把有余拿来供奉天下？
唯有道者。	只有有“道”的人。
是以圣人为而不恃，	因此圣人（对万物）有所为而不依赖（它们），
功成而不处，	功成而不居（功），
其不欲见贤。	他不想表现（自己的）贤能。

七十八章

本章的“柔弱”话题，义承上一章中的“下者”“不足者”。老子认为“弱之胜强，柔之胜刚”是人所皆知的浅显道理，却没有人实行，进而认为理想的君主要做到“受国之垢”“受国不祥”。章末的“正言若反”，义为（老子认为是）正常的言论好像（与世俗价值）相反，即老子式的“正言”是在世俗价值的判断基础上加以否定而产生的。“正言若反”四个字，不仅是由本章“柔弱”话题所体现的老子和世俗价值观相对立并在语言表达上展示的颠覆、否定姿态，也是全书从一开始老子就一以贯之的价值取向和思维原则。有关“正言若反”的详论，参见《〈老子〉综论》（十八）《〈老子〉四处“反”均为“相反”义考》中的“一、‘正言若反’辨正”的内容。

天下莫柔弱于水，	天下没有什么比水更柔弱的，

而攻坚强者莫之能胜，	而攻击坚强的东西没有什么能胜过水的，
以其无以易之[①]。	因为它（是）没有什么能代替它的。
弱之胜强，	弱胜强，
柔之胜刚，	柔胜刚，
天下莫不知，	天下没有人不了解，
莫能行。	（却）没有人能实行。
是以圣人云：	因此圣人说：
“受国之垢，	“承受全国的污垢，
是谓社稷主；	这才叫作国家的君主；
受国不祥，	承受全国的灾殃，
是为天下王。”	这才能成为天下之王。”
正言若反。	（我认为是）正常的言论好像（与世俗价值）相反。

七十九章

本章“和大怨”话题，义承七十八章中的“垢”“不祥”。前面第六十三章有“报怨以德”一句，该句是对“以怨报怨”恶性循环的否定。本章章首的“和大怨，必有余怨，安可以为善”，义为和解大怨，必然还有余怨，怎么能把（和怨）算作行善呢？而“圣人执左契，而不以（帛书甲本、乙本均有“以”字，当从）责于人”，有所施与而不求偿还，从而达到了无怨的境地，这样做才算得上是“为善”。换言之，六十三章提出的“报怨以德”，在本章又再上一个台阶，即“必也使无怨乎”，而无怨才更是大德所在。有关本章的详说，参见《〈老子〉综论》（九）《〈老子〉“报怨以德”

① 王弼本此句作“其无以易之”。帛书甲本、乙本均作“以其无以易之也”。蒋锡昌《老子校诂》：“‘以其无以易之’，《道藏》王本及诸本均脱上‘以’字。……‘以其’二字为《老子》习用之语。……‘其’上当增‘以’字。”蒋说可从，今据改。

与“和大怨”文脉梳理》中的“二、《老子》第七十九章‘和大怨’文脉梳理”的内容。

和大怨，	和解大怨，
必有余怨，	必然还有余怨，
安可以为善?	怎么能把（和怨）算作行善呢?
是以圣人执左契，	因此圣人握有契约存根，
而不以责于人①。	却不拿（它）来向人家讨债。
有德司契②，	有德的人掌管契约，
无德司彻③。	无德的人掌管税收。
天道无亲，	天“道”没有偏爱，
常与④**善人**。	常常帮助善人。

八十章

本章“小国寡民”话题，义承上一章的“圣人”。老子针对国大、民多、各种器械、远徙等引发的争利、交战的现实，描绘了老子随遇而安、淳朴不争的理想社会。

小国寡民。	小的国家，少的人民。

① 王弼本该句作“是以圣人执左契，而不责于人”，该句帛书甲本作“是以圣［人执］右介（契），而不以责于人”，帛书乙本作“是以圣人执左芥（契），而不以责于人”，北京大学所藏的西汉中期竹简本《老子》作“是以圣人执左契，而不以责于人”。今根据出土的简帛诸本将王弼本“是以圣人执左契，而不责于人”校改为“是以圣人执左契，而不以责于人”。高亨《老子注译》：“契，即契券。古代借贷财物（金钱、粮米等）均用契券。契券用竹木制成，中间刻横画，两边刻相同的文字，记财物的名称和数量等，劈为两片，左片称左契，刻有借贷者姓名，由财物主保存；右片称右契，刻有财物主的姓名，由借贷人保存。索物还物时，以两契相合为凭据。《说文》：‘责，求也。’追索借出的物为责。”

② 《广雅·释诂》：“司，主也。”

③ 《广雅·释诂》：“彻，税也。”

④ 高亨《老子注译》：“《吕氏春秋·乐成》高诱注：‘与，助也。’”

使有什伯人之器而不用①，	使（人民）有功效十倍百倍的器械而不使用，
使民重死而不远徙。	使人民重视死亡而不向远方迁徙。
虽有舟舆，	虽然有船和车，
无所乘之；	没有地方乘坐它；
虽有甲兵，	虽然有铠甲和兵器，
无所陈之。	没有地方陈列它。
使民②**复结绳而用之**。	使人民恢复结绳而用它（来记事）。
甘其食，	（人民）认为他们的饮食是香甜的，
美其服，	认为他们的衣服是美好的，
安其居，	认为他们的居所是安适的，
乐其俗。	喜欢他们的习俗。
邻国相望，	邻国之间互相望见，
鸡犬之声相闻，	鸡鸣狗吠的声音互相听到，
民至老死，	人民直到老死，
不相往来。	不互相往来。

八十一章

本章仍义承前面的“圣人”。“信言不美”，义为真诚的话不华美，且有暗示老子自我的用意，即我老子著此书，吾言乃信言，但不华美。而有关“美”“善”的话题，有和第二章章首遥相呼应的作用。“圣人不积，既以为

① 王弼本该句作“使有什伯之器而不用”。高亨《老子注译》：“‘什伯之器’，河上公本作‘什伯人之器’，帛书甲本作‘十百人器’，乙本作‘十百人之器’。亨按：当从乙本。‘十百人之器’，指一人用之等于十人百人的功效的器械，即功效十倍百倍的器械，如用弓箭打猎或战争便是。”高注中应作“帛书甲本作‘十百人之器’，乙本作‘十百人器’”。今从高说，据河上公本“什伯人之器”而改。

② 高亨《老子注译》：“民，王弼本作‘人’，傅奕本、帛书乙本均作‘民’（甲本缺），今据改。”当从。

人已愈有，既以与人已愈多”，其“为人”“与人”，正所谓“大积不积”，即不积财而大积德也。

信言不美，	真诚的话不华美，
美言不信。	华美的话不真诚。
善者不辩，	善良的人不巧辩，
辩者不善。	巧辩的人不善良。
知者不博①**，**	知道（大“道”）的人不广博，
博者不知。	广博的人不知道（大“道”）。
圣人不积②**，**	圣人不积（财），
既以为人己愈有，	尽量帮助别人，自己就更加富有，
既以与人己愈多③。	尽量给与别人，自己就更加增多。
天之道，	天的“道”，
利而不害④**；**	利（物）而不害（物）；
圣人之道，	圣人的“道”，
为而不争。	施为而不争。

① 河上公注：“知者，谓知道之士。不博者，守一元也。”

② 河上公注：“圣人积德不积财，有德以教愚，有财以与贫也。”

③ 高亨《老子注译》：“上既字，《战国策·魏策》引作‘尽’。《广雅·释诂》：‘既，尽也。’下既字义同。为，施也，即施予。与，帛书乙本作‘予’。按：与也是给予。”

④ 河上公注：“天生万物，爱育之，令长大，无所伤害也。”

《老子》综论

（一）《老子》的分析

［摘要］本文对《老子》中的老子思想做了结构性分析，并从四个方面加以探讨：（1）对现实中的恐惧的体验；（2）“道”与胎儿期记忆、虚空记忆；（3）“道”与上帝；（4）无为与不争。

《史记·老子韩非列传》：“老子脩道德，其学以自隐无名为务。居周久之，见周之衰，乃遂去。至关，关令尹喜曰：‘子将隐矣，强为我著书。’于是老子乃著书上下篇，言道德之意五千余言而去，莫知其所终。”从中可知，《老子》一书的写成，等于获得出关的通行证，所以老子尽可能在较短时间内完稿，形成了“五千余言”的精炼凝重的篇幅。由于周的衰败，老子的理想和现实相去甚远，所以有了著书前的流亡他乡之举，这标志着成熟的心灵和世俗的彻底决裂。

一、对现实中的恐惧的体验

十三章：“贵大患若身。”五十章：“盖闻善摄生者，陆行不遇兕虎，入军不被甲兵。”五十九章：“治人事天，莫若啬。”老子从生命历程中，体验生的欲望和死的恐惧相抗衡，于是活着和如何活着，便成为人生第一课题。

在造成死亡的各种原因中，尤其是未享天年的死亡原因中，战争是罪魁祸首，因而战争是死亡恐惧的直接发动者。三十章：“不以兵强天下。其事好还：师之所处，荆棘生焉；大军之后，必有凶年。”三十一章：“夫唯兵者，不祥之器。”四十二章：“强梁者不得其死。”六十九章：“用兵有言：吾不敢为主而为客，不敢进寸而退尺。”在人与人、国与国的交往中，原则是和平共处。因为战争无论对胜者还是负者而言，都是以牺牲生命为代价。即便是在不得已的情况下，老子认为也应采取“退”的守势。

二、“道”与胎儿期记忆、虚空记忆[①]

在人生最基本的生和死的对立之中，尤其是在现实的种种死亡恐惧的包围之下，老子在寻求个人解脱以及政治开明的途径。老子把理想归之于“道”。“道”一词本义为道路，引申出抽象义的方法途径。老子的“道”则是方法途径义的进一步抽象，指所达到的理想，是老子全部思想的浓缩。

老子的认识观，首先基于对自己的认识，即以内省内视法深入到自己的心灵深处。三十三章：“自知者明。”四十七章：“不出户，知天下。”五十二章：“用其光，复归其明。”五十四章：“以身观身。”

“道”的原型是胎儿期记忆和之前的虚空记忆。由于老子的内省实践，就势必回归胎儿期记忆，从而进入虚空记忆状态，这时的视觉心理感受就是虚空，就是无。

“道”有虚无的性质。四章：“道冲，而用之或不盈。”五章：“虚而不屈，动而愈出。”十六章：“致虚极，守静笃。”从中可见禅定状态。三十五章：“道之出口，淡乎其无味，视之不足见，听之不足闻，用之不足既。”

其实老子在第一章中就论及了对“道”的原型——虚空记忆的心理感受。“道可道，非常道；名可名，非常名。”作为永恒的虚空记忆是不可言状的。“无，名天地之始”，虚空记忆和睁眼所见以及梦中所见相比，视觉上是“无”，然而一旦抵达虚空记忆，视觉上的“无”便构成人的新的心理起点，进而用来解释天地之初的情景。“有，名万物之母”，虽说虚空记忆在视觉上是“无”，但从真实体验到的状态而言，虚空记忆本身是客观存在的，即“有”。同样，由于虚空记忆被认作是记忆之始，生命之始，推及“万物”身上，便成了“万物之母”。“故常无，欲以观其妙”，即常在虚空记忆之中，去内观该状态的妙处。“常有，欲以观其徼”，《说文》：“徼，循也。”“循，顺行也。”老子此处用“徼”字，是为了和上句的“妙”押韵。该句义为在前面谈及的“有”即虚空记忆中，去内观该状态的渐次推移。

---

① 人的精神起点始于胎儿期记忆，而且在个人历史和人类文化中均能看到胎儿期记忆所留下的强烈痕迹和影响的问题，而虚空记忆则是和胎儿期记忆密切相关的心理活动过程，详见徐山《胎儿期记忆——人的精神文化原型的发现》，［韩国］新星出版社 2002 年版。

“此两者，同出而异名”，“无”和“有”皆源于虚空记忆，不过是对虚空记忆从不同角度去命名而已。“同谓之玄”，字面上指“无”和“有”都可称之为深远，实指虚空记忆的深远的视觉特点。“玄之又玄，众妙之门”，指无限深远的虚空记忆的归结作用。

在虚空记忆中，时间和空间中的事件消失了，因此事件伴有的紧张情绪、矛盾对立也消失了，从而导出“道”的混一的性质。十四章：“视之不见名曰夷，听之不闻名曰希，搏之不得名曰微。此三者不可致诘，故混而为一。”混一，为“道”的不可分割性，所以“一”又成为“道”的同义语。二十二章：“圣人抱一为天下式。”三十九章：“昔之得一者：天得一以清，地得一以宁，神得一以灵，谷得一以盈，万物得一以生，侯王得一以为天下贞（正）。”混一的“道”本身无对立无矛盾，因而是“自均”的。三十二章：“民莫之令而自均。”由于虚空记忆的虚空本身只是包涵而不是主宰，所以老子在三十四章说：“衣养万物而不为主，常无欲，可名于小；万物归焉而不为主，可名为大。”又五十一章：“生而不有，为而不恃，长而不宰。”

老子在抵达虚空记忆之前，首先有强烈的回归母体而进入胎儿期记忆的愿望，其回归体验在第六章中有所记录：“谷神不死，是谓玄牝。玄牝之门，是谓天地根。绵绵若存，用之不勤。”其中“谷”的字形本义为女性生殖器状。“谷神不死”，指生育能力。“是谓玄牝”中的“玄”，指幽深，实为返回胎儿期记忆的门槛即产道的特征描述。“玄牝之门”，指已进入其“门”，即进入胎儿期记忆。“是谓天地根”，首先是自我生命的根源。“绵绵若存”，指连绵不断的胎儿期记忆就像真在那里似的。“用之不勤”，居于其中再无辛劳之感。二十章：“我独泊兮其未兆，如婴儿之未孩，儽儽兮若无所归。众人皆有余，而我独若遗。我愚人之心也哉！沌沌兮！俗人昭昭，我独昏昏。俗人察察，我独闷闷。”“众人皆有以，而我独顽且鄙。我独异于人，而贵食母。”老子处于和世俗相对立的情绪中，所以怀有强烈的回归胎儿期记忆的愿望。“我独泊兮其未兆”，指老子独处淡泊，然而胎儿期记忆的图像并没有一下子显示的征兆。“如婴儿之未孩”，不过心理上已倒退至出世不久的不会笑的婴儿。“若无所归”，脐带创伤的抛弃感。“我独若遗”，好像遗失了什么，其实遗失的就是胎儿期记忆中的胎盘记忆。“我独顽且鄙”，此刻描述的是返回胎儿期记忆中的自由自在的感觉。“贵食母”，表明对依赖脐带吸取母体营养来维系自我生命的生存方式的眷恋。

由于胎儿期记忆的吸引作用，更由于后来抵达的虚空记忆的吸引作用，老子成功地走上了心理回归之路。十四章：“复归于无物。是谓无状之状，无物之象，是谓惚恍。”十六章：“万物并作，吾以观复。”五十二章：“天下有始，以为天下母。既得其母，以知其子；既知其子，复守其母，没身不殆。”

三、“道”与上帝

上帝观早在老子时代之前就产生了。从商代的甲骨文字的形体意义中，我们已经重构出上帝的真相是自然界中居于天上的雷神。[①] 由上帝观念引发出的繁复的祭礼到了商代仍然如此。与此同时，中国文化至迟到周代，已确立起人的力量能够战胜天的力量的信心。

老子思想中并没有完整的上帝观，尤其是那种原始社会对上帝的恐惧崇拜心理。不过，“帝”这一词仍以文化传统观念沿承了下来，上帝形象中的惩罚作用也将转换进“道”之中。五章：“天地不仁，以万物为刍狗。”七十九章：“天道无亲，常与善人。”

老子在面临以自己体悟的虚空记忆为原型的“道”和传统观念“上帝”哪一个为世界本源的问题时，老子明确地提出“道”先于“上帝”。四章：“道冲……吾不知谁之子，象帝之先。”从而再次动摇了周代已经动摇了的上帝观念。

二十五章：“故道大，天大，地大，王亦大。域中有四大，而王居其一焉。人法地，地法天，天法道，道法自然。”从区分的角度，“道”“天”“地”“王（王是人之主也）”均是“大”的，但是同时又有递归的联系。所谓“道法自然”，是由于虚空记忆是自己成了那种状态的，即自然的，这

---

① 有关上帝的原型是雷神，以及雷神崇拜对中国文化各方面的深刻影响，诸多甲骨文反映了这一原始文化的问题，参见徐山《雷神崇拜——中国文化源头探索》，生活·读书·新知三联书店1992年版。

样“道”的本性亦是自然的。总之，“道”在时间空间的“域中”，而不在其外，“道”的状态是自己使之然的，无任何外力支配它。这里上帝的作用消失了，上帝的观念越来越成为一个思想化石。

四、无为与不争

老子对于事物的对立性质以及相反相成有着深刻的认识。二章：“有无相生。”五十八章：“祸兮福之所倚，福兮祸之所伏。孰知其极？其无正。正复为奇，善复为妖。”即人永远处在变动不居的状态之中。

由于虚空记忆的特征是“虚”“无”，老子又把它作为心灵常驻的目标，这样老子在对待矛盾体的两极时，偏向了常人所否定或忽视的一极，即所谓的负面价值的一极，并把它作为外在显示的状态。三十九章：“至誉无誉。”四十章：“弱者道之用。”四十一章：“大白若辱。”四十五章：“大成若缺，其用不弊。大盈若冲，其用不穷。大直若屈，大巧若拙，大辩若讷。”

虚空记忆成为老子心理的新源泉之后，外在显示出的状态一方面具有同样的虚空性质，另一方面具有和虚空记忆相同的包涵一切的性质。以虚和实而言，则有以虚生实、实以虚表、以虚击实、虚实归虚的虚实关系。十一章：“无之以为用。”二十六章：“静为躁君。”二十八章：“知其雄，守其雌”。三十六章：“柔弱胜刚强。”三十九章：“贵以贱为本，高以下为基。”

老子用无矛盾状态的虚空记忆作为一切矛盾的消亡之路，在对待国家治理、文化取向、个人修养诸问题上，老子同样立足于和虚空记忆性质相关的“无为”和“不争”上，以消除人的进攻性和人为的目的性。

针对君主在治理国家时因过多的干预而破坏了社会原有的正常发展的趋势，以及人为的干预的极端化导致战争悲剧的情况，老子呼吁“无为”的治国之法。十章：“爱民治国，能无为乎？”六十章：“治大国若烹小鲜。”

针对人们自我认定的文化价值观“仁”“义”“圣”“礼”之类，老子认为应予以摒除，因为这一切的设置，只能引起、加剧人之间的争斗。十八章：“故大道废，有仁义。”十九章：“绝圣弃智，民利百倍；绝仁弃义，民复孝慈；绝巧弃利，盗贼无有。”三十八章：“夫礼者，忠信之薄而乱之首。”

老子的理想人格应该是无私的，即不追求外在的物欲。七章：“圣人后其身而身先，外其身而身存。非以其无私邪？故能成其私。”十九章：“少私寡欲。”十二章：“圣人为腹不为目。”四十八章：“为学日益，为道日损。损之又损，以至于无为。”切断无止境的欲望，才有安宁。三十三章：“知足者富。”四十四章：“知足不辱，知止不殆，可以长久。”

老子把人生早期阶段的婴儿期的真纯无邪的趣味作为理想人格的回归，通过重塑去洗涤文明的污垢。十章：“专气致柔，能婴儿乎？”二十八章：“为天下溪，常德不离，复归于婴儿。”四十九章：“百姓皆注其耳目，圣人皆孩之。”

老子自己总结出自己的行动精髓，六十七章：“我有三宝，持而保之。一曰慈，二曰俭，三曰不敢为天下先。”其中“慈”源于回归母体的恋母情结，“俭”“不敢为天下先”则是去欲守静之旨。三宝中核心是“慈”。以慈爱之心对待别人，就是伟大的博爱精神。二十七章：“圣人常善救人，故无弃人。”六十三章：“报怨以德。”八十一章：“圣人不积，既以为人己愈有，既以与人己愈多。”

在八十章中，老子描绘出一幅理想社会的景象：“小国寡民。使有什伯人之器而不用，使民重死而不远徙。虽有舟舆，无所乘之；虽有甲兵，无所陈之。使民复结绳而用之。甘其食，美其服，安其居，乐其俗。邻国相望，鸡犬之声相闻，民至老死，不相往来。”老子的理想社会的原型是胎儿期记忆中的胎盘记忆。胎儿在母体羊膜中感到封闭式的安全，没有和外界接触后的侵扰感（所谓“民至老死，不相往来”），自由自在的自我随遇而安（所谓“甘其食”等，即不管吃什么都以为是甜美的）。由此，国家越小越好，其中的人民越少越好（所谓“小国寡民”）。因为人多了则多出矛盾冲突直至战争，所以要杜绝战争的可能性（所谓“使民重死而不远徙”“虽有甲兵，无所陈之”）。而人类物质文明的创造，妄增贪欲；更有甚者，创造物中有不少是直接服务于战争目的的，所以应返回人类尚未开化时的淳朴生活之中（所谓“使民复结绳而用之”）。

总之，老子的死亡恐惧已从个人的上升到社会的，而战争的死亡恐惧完全是人为的，既然是人为的就可以消除。一旦恐惧之根铲除了，人就能在和平的气氛中度过生命，享受生命应有的乐趣。面临死亡恐惧，老子完成了个人心理的回归，返回到了胎儿期记忆之中，进而迈向了虚空记忆。这样个人的心灵得到抚慰，人性中的贪欲得到遏制，人类社会有了一种理想，而慈爱则理所当然地成为人的精神核心。

（本文刊于《弘道》2007年第3期）

（二）《老子》含有“不”“无”否定词的句子价值取向

[摘要] 从《老子》一书含有“不”“无”否定词的句子分析入手，考察不同语法位置上的否定词所在句子的价值取向，从而充分认识老子思想及其表述上的特点。

《老子》一书中充满着各种对立体，如名词性质的“雄—雌”、动词性质的“有—无”、形容词性质的“刚强—柔弱”“贵—贱”等。在这些成对的反义词中，世俗的眼光是肯定前者，同时常常忽略了后者。而老子却不然，在了解前者的同时，将重点落实在后者，并充分挖掘后者的主导作用，如《老子》十一章：“有之以为利，无之以为用。”三十九章：“贵以贱为本，高以下为基。”五十二章：“守柔曰强。”七十六章：“柔弱处上。”这些与世俗世界不同的独特之处，在老子思想框架中占据了重要的位置。尤其是七十八章中的“正言若反”之说，则进一步促使我们从深层次去考虑老子思想赖以表达的肯定句以及否定句的价值取向问题。本文拟从《老子》一书含有“不”“无”否定词①的句子分析入手，考察在不同语法位置上否定词所在的句义，从而充分认识老子思想及其表述上的特点。

一、“不+动宾”结构

（1）不尚贤，使民不争；不贵难得之货，使民不为盗；不见可欲，使民心不乱。（三章）

例（1）中的“尚贤”“贵难得之货”“见可欲”等动宾结构，反映的是世俗认同的普遍价值，然而老子认为这样则会导致“争”“盗”“乱”。

---

① 《老子》书中的否定词包括“不”“无”“弗”“非”“未”“勿”“莫”等，从使用频率的角度而言，“不”“无”占了绝大多数，所以本文确定了含有“不”“无”两个否定词的句子作为研究对象。

“不尚贤”“不贵难得之货”“不见可欲”三个否定句，清楚地划分出老子和世俗之间的鸿沟。

类似于“不尚贤”这样的否定句思想，老子还用其中动词义和否定义相似的动宾结构来表达，如“绝圣弃智”“绝仁弃义”“绝巧弃利”（十九章）。

二、谓语部分为“形/动 1+而+不+动 2”

（2）是以圣人方而不割，廉而不刿，直而不肆，光而不耀。（五十八章）

例（2）“形+而+不+动”中连词“而”前面的部分“方”“廉”“直”“光”含正面价值意义，亦即老子所说的“正言”之类。而“方而不割”，其中形容词“方”和动词“割”的语义关系通常就是因为方正有棱角而割伤人。老子“不割”的否定形式，说明连词“而”前面的形容词作非世俗化理解，即一方面保留了形容词“方”词义的正面价值而使用它，同时又扬弃了因过分而会有损于正面价值的部分。换言之，老子在使用正面价值词义时，仍然有所限定，其限定的价值取向则为“正言”之“反”，即作为“方”的对立面“圆”的“圆融”性质，所以才有“不割”。

（3）生而不有，为而不恃，长而不宰，是谓玄德。（五十一章）

例（3）中“生而不有”，其中的两个动词“生”和“有”的语义关系通常就是生而有之，而老子的“生而不有”，表明在对待正面价值词义“生”时的限定立场。

（4）虚而不屈，动而愈出。（五章）

例（4）中的“虚”，其词义的世俗化理解为负面价值。“屈”为“竭”义。[①] 其中形容词“虚”和动词“屈”在语义上有相关性，即“虚”通常就会“屈”。老子的“不屈”，作为否定，其作用强调了“虚”的内涵和世俗理解是不一样的，义即“不屈”之“虚”。换言之，世俗化理解为负面价值的词义“虚”，经过老子的修正而赋予了积极意义。

---

① 陈鼓应：《老子注译及评介》，中华书局 1984 年版，第 81 页。

三、定语部分为“无/不+名/动”

(5) 是以圣人处无为之事，行不言之教。(二章)

例（5）中“处事”和“行教”，常人的做法就是“为”和“言”。这里“无/不+名/动”的定语形式“无为”和“不言”，不仅强调了否定形式“无/不+名/动”自身的语义价值，同时还展示了圣人“处事”和“行教”应有的方法。

四、动宾结构为“动+无+名”（其中“动”“名”同形）

(6) 为无为，事无事，味无味。(六十三章)

例（6）中“为无为”等为动宾结构，其中的谓语动词和否定形式的宾语成分中的名词同形。“为无为”，即以“无为”作为“为”的内容，和例（5）中“处无为之事”同义。

五、主谓结构为“形/动+者+不+动/形”

(7) 知者不言，言者不知。(五十六章)

例（7）主谓结构的“知者不言”，主语“知者”中的“知”和谓语中的动词成分“言”，在世俗的眼光里为共现关系，即“知者”多“言”。老子“不言”的否定形式，拆散了两者之间的关系，突出了“知者”内敛的一面。由于“知”和“言”不可共存，故两个成分的位置置换后，“言者不知”在老子思想中仍成立，而且“知者不言，言者不知”经过其中的成分位置置换后，构成了耐人寻味的格言。

(8) 企者不立，跨者不行，自见者不明，自是者不彰，自伐者无功，自矜者不长。(二十四章)

例（8）主语位置上的“动+者”的语义价值或是过分，如“企者”，或是属于外显自我之类，如“自矜者”，老子均以否定形式对待之。

六、分句1（不+动/形/名），分句2（动/形/名）

(9) 天地所以能长且久者，以其不自生，故能长生。(七章)

（10）上德不德，是以有德；下德不失德，是以无德。（三十八章）

（11）是以圣人终不为大，故能成其大。（六十三章）

例（9）、（10）、（11）属于同一种语义类型。其中例（9）的动词“生”、例（10）的名词“德”和例（11）的形容词“大”均为正面价值词义，但要达此境界，却必须首先以否定的形式出现，即“不自生”“不德”“不为大”。相反，如果直接以肯定的形式想达到正面价值词义的境界，结果反而事与愿违，即所谓的“下德不失德，是以无德”。老子对正面价值词义所倡导的否定形式，当为平时一贯的外在表现，惟有如此，正面价值词义才能真正得以实现。

七、“名/形”和“不/无+名/形”的对比

（12）天下……皆知善之为善，斯不善已。（二章）

例（12）中“善/不善”的前后对比，说明“不善”正来源于对“善”的认识，而认识前提则是因为已知“善—不善”之间的对立关系。

（13）圣人无常心，以百姓心为心。善者吾善之，不善者吾亦善之，德善。（四十九章）

例（13）中圣人“无心”和“以百姓心为心”的对比，强调了圣人心中无它，只是想百姓之所想。“德善”的“德”为名词的意动用法，“德善”义即以（这样的）“善”为“德”。世人可分成“善者”和“不善者”，两者虽然对立，而老子均善待之，体现了老子的博爱精神。

从上述的分析可以看到《老子》“不”“无”否定词所在句子的价值取向有这样几个特点：

（1）强调“无为”“不言”，如文前的不同语法位置上的（三）（四）（五）几种类型。

（2）否定词之后的词义如是世俗认同的普遍价值，老子或据以会导致贪欲的理由而否定之，如类型（一）；或有限定地使用正面价值词义，扬弃了过分的因而会有损于正面价值的部分，如类型（二）中的“方而不割”；否定词之后的词义如世俗化理解为负面价值，老子修正后则赋予了积极意义，如类型（二）中的“虚而不屈”。

(3) 要实现正面价值词义，必须首先以否定的形式出现，如类型(六)。

(4) 肯定和否定两者对比，类型（六）（七）均是。

（本文刊于《弘道》2008年第4期，收入本书时有两处改动）

（三）《老子》“白—黑”颜色词的价值取向

［**摘要**］从《老子》一书中分析老子的思想框架中的“白—黑”颜色词的价值取向，进而揭示出老子“白—黑”颜色观与世俗世界不同的一面。

白与黑是一对最为原始的颜色词，而这两个词早在殷商时代的卜辞里已经大量运用，如“白人”“白马”“白牛”“白豕”“白犬”以及“黑牛”“黑羊”“黑犬”等。由于颜色亮度的变化会影响人的情绪心理，所以人们对本来是自然属性的颜色亮度便赋予了评价标签，从而在特定的文化背景中颜色具有了独特的文化属性。本文拟从《老子》一书中分析老子的思想框架中的“白—黑”颜色词的价值取向，进而揭示出老子“白—黑”颜色观与世俗世界不同的一面。

今本《老子》二十八章：“知其雄，守其雌，为天下溪。为天下溪，常德不离，复归于婴儿。知其白，守其黑，为天下式。为天下式，常德不忒，复归于无极。知其荣，守其辱，为天下谷。为天下谷，常德乃足，复归于朴。”陈鼓应《老子注译及评介》认为：“［守其黑，为天下式。为天下式，常德不忒，复归于无极。知其荣］：这六句疑为后人所窜入。”并引用了易顺鼎、马叙伦、高亨、张松如等诸家之说。① 帛书《老子》乙本亦无“守其黑”等六句，即“知其白”后紧接着的是“守其辱”。“知其白，守其辱”相连，当为《老子》旧文。“辱”有“黑”义。《礼记·士昏礼记》“今吾子辱”，郑玄注：“以白造缁曰辱。”而“黑”义的“辱”字，又有后起“黷”字。《玉篇》：“黷，垢黑也。”虽然《老子》二十八章的旧文没有直接出现“白—黑”相对的语句，然而其中“白—辱”相对，其义就是“白—黑”相对，因此为了方便起见，下文则以“白—黑”相对来表述老子

① 陈鼓应：《老子注译及评介》，中华书局1984年版，第178—182页。

的颜色观。

所谓“知其白，守其辱”，即对“白—黑”对立体构成双方的态度为了解“白”却驻守于“黑”。《老子》一书中充满着各种对立体，如“有—无”“雄—雌”“刚强—柔弱”“贵—贱”等，在这些成对的反义词里，世俗的眼光是肯定前者，同时常常忽略了后者。而老子却不然，在了解前者的同时，将重点落实在后者，并充分挖掘后者的主导作用，如《老子》十一章：“有之以为利，无之以为用。”三十九章：“贵以贱为本，高以下为基。”

老子的“白—黑”颜色观，尤其是对黑色的重视，为许多问题的讨论提供了新的切入点。

“道”，作为老子思想的中心观念，其形象如《老子》二十一章：“‘道’之为物，惟恍惟惚。……窈兮冥兮，其中有精。”所谓“窈冥”即幽暗义，即“道”的整个背景的基调是黑暗的。

和黑色相关的还有“玄”。《老子》一章：“无……有……此两者，同出而异名，同谓之玄。玄之又玄，众妙之门。”“玄”本有“黑”义。《小尔雅·广诂》：“玄，黑也。”《说文·玄部》：“玄，幽远也。黑而有赤色者为玄。象幽而入覆之也。”《说文》“幽远”之义应是“黑”义的引申义，即“幽远”之物呈黑暗色而看不清。《老子》“同谓之玄”中的“玄”，义指“有—无”两者的幽深，然而从视觉感受而言，仍是黑色的，又因黑色看不清楚，故显得玄妙。

还有“玄德”一词。《老子》六十五章：“古之善为道者，非以明民，将以愚之。……知此两者亦稽式。常知稽式，是谓玄德。玄德深矣，远矣，与物反矣，然后乃至大顺。”王弼注：“‘明’谓多见巧诈，蔽其朴也。‘愚’谓无知，守其真顺自然也。”“明—愚”相对，“愚”即不明，和“黑”义相关。“明—愚”转换成“白—黑”颜色关系，从中看到的是“白（明、巧诈）—黑（愚、真朴）”的对应关系，而这种“玄德”里所包含的贬“白”褒“黑”的思想则是将前面提到的“知其白，守其辱”更彻底化了。

上述思想自然成为老子处世的表现方式。《老子》二十章：“众人昭昭，我独昏昏。”其中“昭昭”为光耀自炫义，而“昏昏”则是暗昧义。这里“白（众人、昭昭）—黑（我、昏昏）”颜色关系清楚地划分出世俗和老子之间的鸿沟。

《老子》四十一章：“明道若昧……大白若辱”。其中的“辱”，通“黣”，即黑义。“明道”在自我表现时却是以不明的“昧”出现的，同样，“大白”颜色也是以不白的黑色出现的。在“大白若辱”的命题背后，可以发现老子的“黑”色意向所包涵的丰富内容，既“黑”色既有本义层面上的“黑”义，还有本质为“大白”的表现形式意义。正因为如此，老子的“黑”色意向是世俗眼光难以看透的。

《老子》五十二章：“用其光，复归其明，无遗身殃，是为习常。”陈鼓应注：“‘光’是向外照耀，‘明’是向内透亮。”这里的“明”是内敛的、含蓄的。如果沿着老子的思路去探究这一“明”在老子“白—黑”世界的确切位置，它将是“昧（黑）”的自在形式而且“明”亦在其中，同时和世俗世界外在的所谓“明（白）”形成强烈的反差。

（本文刊于《弘道》2010年第1期）

（四）《老子》第二十三章“希言自然”文脉梳理

[**摘要**]《老子》第二十三章章首的“希言自然”应结合第二十二章理解。“希言自然”义承第二十二章“道”的话题，并将“不自见”“不自是”“不自伐”“不自矜”高度概括为“希言”。“希言自然”，义即（“道”）少说话，本来就是这样的。“飘风不终朝，骤雨不终日”为首句论及的“道”“希言”在自然界的表现。“天地尚不能久，而况于人乎”，该反问句通过类比，说明连天地都是“希言”的，人更应该做到“希言”。王弼本第十七章“信不足焉，有不信焉”应根据出土的简帛诸本校为“信不足，焉有不信”。“信不足，焉有不信”不仅回答了上句“失者”的原因，纵观全章文脉的发展，该句还呼应了章首的“希言自然”，也正是因为章首“道”的“希言”，才导致了对“道”的不信任。

一、问题的提出

“希言自然”一句出现在《老子》第二十三章章首，现将通行的王弼本《老子》第二十三章（有校改）引录如下：

> 希言自然。故飘风不终朝，骤雨不终日。孰为此者？天地。天地尚不能久，而况于人乎？故从事于道者，道者同于道，德者同于德，失者同于失。同于道者，道亦乐得之；同于德者，德亦乐得之；同于失者，失亦乐得之。信不足焉，有不信焉。（第二十三章）

章首的“希言自然”，河上公注：“希言者，谓爱言也。爱言者，自然之道。”王弼注：“听之不闻名曰希。下章言，道之出言，淡兮其无味也，视之不足见，听之不足闻。然则无味不足听之言，乃是自然之至言也。”河上公和王弼注“希言自然”，均得之。然而，“希言自然”作为论点在章首出现仍有突兀之感，此外，该论点下文又是如何展开论述，尤其是章末“信不足焉，有不信焉”，学者对其文脉的理解有分歧，所以《老子》第二十三章的文脉仍有进一步梳理的必要，从而揭示该章的章旨所在。

二、第二十三章章首“希言自然”应结合第二十二章理解

第二十三章章首“希言自然”，“希言”义即少说话，然而“希言”究竟针对什么而言，并未明说。王弼注“下章言”即通行的王弼本《老子》第三十五章的内容，王弼引第三十五章的内容，其目的是解释“希言”是“道”的“希言”。王弼的看法是可信的。

《老子》形成之初本不分章，西汉早期的马王堆3号墓出土的帛书《老子》乙本仍不分章。分章的出现是为了阅读的方便，如帛书《老子》甲本中为数不多的圆点符号，应含有分章的意味。北京大学所藏的西汉中期竹简本《老子》分七十七章（本文所讨论的数章内容在竹简本《老子》中也是分章的，且分章方法和通行本《老子》一致），而通行本《老子》则分八十一章。

为了正确把握第二十三章的文脉走向以及“希言自然”的确切含义，《老子》第二十二章和第二十三章应结合起来理解才能奏效。以下是通行的王弼本《老子》第二十二章的内容：

> 曲则全，枉则直，洼则盈，敝则新，少则得，多则惑。是以圣人抱一为天下式。不自见，故明；不自是，故彰；不自伐，故有功；不自矜，故长。夫唯不争，故天下莫能与之争。古之所谓“曲则全”者，岂虚言哉？诚全而归之。（第二十二章）

《老子》全书的思想框架，是以“道”来统摄自然和社会的。《老子》在展开讨论全书主旨时，行文时自然会涉及若干论点。在《老子》第二十三章前的诸章中，有许多章直接论述了“道”，至第二十一章“道之为物，惟恍惟惚”，则描述了“道”的形象，而第二十二章“是以圣人抱一为天下

式”，其中的“一”为“道”义，犹如第三十八章章首“昔之得一者：天得一以清，地得一以宁，神得一以灵，谷得一以盈，万物得一以生，侯王得一以为天下贞”中的“一”义。第二十二章的“抱一”义即守道，而“不自见，故明；不自是，故彰；不自伐，故有功；不自矜，故长”诸句，其中的“不自见”“不自是”“不自伐”“不自矜”，都和如何正确使用语言相关。

第二十三章章首的“希言自然”，义承第二十二章“道”的话题，并将“不自见”“不自是”“不自伐”“不自矜”高度概括为“希言”，再以“希言自然”作为新论点进一步展开论述。这样结合第二十二章的内容，可知第二十三章章首的“希言”义指“道”的“希言”。

“希言自然”，义即（“道”）少说话，本来就是这样的。《老子》一书多处提到类似“希言”的观点，如第二章“是以圣人处无为之事，行不言之教”，第五章“多言数穷，不如守中”，第十七章“悠兮其贵言”，以及第四十三章“不言之教，无为之益，天下希及之”。

三、《老子》第二十三章“希言自然”之后诸句的文脉梳理

下面来逐句讨论通行的王弼本《老子》第二十三章首句“希言自然”之后诸句的含义以及句与句之间的意义关系方式。

“故飘风不终朝，骤雨不终日”，该句在河上公章句本以及帛书《老子》甲本、乙本中均无“故”字，而北京大学所藏的西汉中期竹简本《老子》则同王弼本，作“故飘风不终朝，骤雨不终日”。王弼本《老子》“故飘风不终朝”的“故”为推论的语言标记。河上公注“飘风不终朝，骤雨不终日”：“飘风，疾风也。骤雨，暴雨也。言疾不能长，暴不能久也。”此句和首句“希言自然”的文脉关系如何，学者鲜有揭示，其实“飘风不终朝，骤雨不终日”当为首句论及的“道”“希言”在自然界的表现。“飘风”“骤雨”在发生时皆有大声响，犹如人的语言会发出声音，而“不终朝”“不终日”的不会持久义，说明“飘风”“骤雨”即便有声音，像人发声的语言那样，也是“希言”的。王弼本《老子》“故飘风不终朝”的“故”则是上下两句句义紧密相连的语言标记，当存其旧；而河上公章句本以及

帛书《老子》甲本、乙本中无“故”字，则表明已不明“飘风不终朝，骤雨不终日”之说是如何从首句“希言自然”推论出来的，故妄删“故”字。

“孰为此者？天地。天地尚不能久，而况于人乎”，帛书《老子》乙本作“孰为此？天地而弗能久，有（又）兄（况）于人乎？”北京大学所藏的西汉中期竹简本《老子》作“孰为此？天地弗能久，而兄（况）于人虖？”诸本中的异文，主要在于“天地”二字是否重复。首先，即便“天地”二字不重复，“孰为此”作为问句，其答案根据上下文应是“天地”。另外，“天地”二字的原始本疑其下有重文符号，而帛书《老子》版本的最初抄者因不慎而漏抄了重文符号。帛书《老子》在“孰为此”的问句后无“天地”答句，则显得文义不完整。作为答句的“天地”，义即与人相对的大自然，是对前文中属于大自然现象的“飘风”“骤雨”的概括。而“天地尚不能久”，即“天地（为此而）尚不能久”，旨在说明“天地”具有“希言”的本性。“孰为此者？天地。天地尚不能久，而况于人乎”，义即谁造成这样（的飘风不终朝，骤雨不终日）的？是天地。天地（间飘风不终朝，骤雨不终日）尚且不能持久，何况人呢？最后的反问句通过类比，说明连天地都是“希言”的，人更应该做到“希言”。

“故从事于道者，道者同于道，德者同于德，失者同于失。同于道者，道亦乐得之；同于德者，德亦乐得之；同于失者，失亦乐得之”，在这段论述中，关键字眼为“道者同于道”和“失者同于失”。此段文字以“故”作为推论，可知文义仍与前文论及的“希言”有关。“道者同于道”即遵循“希言”做法的道者则与道同在，具体的“希言”做法即第二十二章中已提及的“不自见”“不自是”“不自伐”“不自矜”；而“失者”即失道失德者，“失者”与“道者”“德者”的做法恰恰相反，当表现为“自见”“自是”“自伐”“自矜”的多言之类，其结果则只能是与失同在。

四、王弼本《老子》第二十三章章末“信不足焉，有不信焉”的异文情况

第二十三章章末的“信不足焉，有不信焉”，北京大学所藏的西汉中期竹简本《老子》中则作“信不足，安（焉）有不信”。

“信不足焉，有不信焉”，通行的王弼本《老子》第十七章亦有此相同

的句子。有关“信不足焉，有不信焉”，王念孙认为：“王弼本第十七章‘信不足焉，有不信焉’，河上公本无下‘焉’字。念孙案：无下‘焉’字者是也。‘信不足’为句，‘焉有不信’为句。焉，于是也。言信不足，于是有不信也。……又王弼本二十三章‘信不足焉，有不信焉’，河上公本亦有下‘焉’字。案：……正文亦以‘焉有不信’为句明矣。乃后人既以‘信不足焉’为句，而加‘焉’字于下句之末。”王念孙之说至确。

通行的王弼本《老子》第十七章“信不足焉，有不信焉”一句，郭店楚简《老子》作“信不足，安又（有）不信”，帛书《老子》甲本作“信不足，案有不信”，帛书《老子》乙本则作“信不足，安有不信”。北京大学所藏的西汉中期竹简本《老子》亦作“信不足，安有不信”。其中的“安”或“案”，义同“焉”，都是连词，为“于是”义。王弼本第十七章“信不足焉，有不信焉”应根据出土的简帛诸本校为“信不足，焉有不信”。同理，王弼本第二十三章末的“信不足焉，有不信焉”亦应校为“信不足，焉有不信”。

五、校定后的“信不足，焉有不信”和上文的文脉关系

经过校定后的“信不足，焉有不信”，义即（对“道”的）信任不足，于是才有（对“道”的）不信任。此句是解释前文“失者”即失道失德者的原因，正是因为对“道”的不信任，才造成了“失者”的情况。此外，“信不足，焉有不信”不仅回答了上句“失者”的原因，纵观全章文脉的发展，该句还呼应了章首的“希言自然”，也正是因为章首“道”的“希言”，才导致了对“道”的不信任。

帛书《老子》甲本、乙本第二十三章章末无“信不足，焉有不信”，表明抄录者对“信不足，焉有不信”和前文的文脉关系已不甚清楚而妄删之。另外，由于第二十三章章末的“信不足，焉有不信”在之前的第十七章中已经出现过，加上对该句的文脉又不明，所以有些学者认为该句为错简重出，如近人奚侗《老子集解》：“二句和上文不相应，已见第十七章，此重出。”朱谦之《老子校释》：“此二句已见第十七章，疑为错简重出。”其实在《老子》书中并非只是“信不足，焉有不信”这样的句子有重出现象，

除此之外还有不少句子也有重出现象，如“生而不有”，分别出现在第二章、第十章以及第五十一章；“挫其锐，解其纷，和其光，同其尘”，分别出现在第四章和第五十六章；“物或恶之”，分别出现在第二十四章和第三十一章；“为者败之，执者失之”，分别出现在第二十九章和第六十四章；“物壮则老”，分别出现在第三十章和第五十五章；“塞其兑，闭其门”，则分别出现在第五十二章和第五十六章。由此可见，因不明“信不足，焉有不信”的文脉作用，仅凭重出现象便得出“错简重出”的看法则不可信。

参考文献

北京大学出土文献研究所：《北京大学藏西汉竹书》（二），上海古籍出版社2012年版。

陈鼓应主编：《道家文化研究》第十七辑（郭店楚简专号），生活·读书·新知三联书店1999年版。

高明：《帛书老子校注》，中华书局1996年版。

国家文物局古文献研究室：《马王堆汉墓帛书》（一），文物出版社1980年版。

荆门市博物馆：《郭店楚墓竹简》，文物出版社1998年版。

彭裕商、吴毅强：《郭店楚简老子集释》，巴蜀书社2011年版。

王念孙：《读书杂志》，江苏古籍出版社2000年版。

奚侗：《老子集解》，上海古籍出版社2007年版。

朱谦之：《老子校释》，中华书局1984年版。

（本文刊于《弘道》2015年第1期）

（五）以无知为知——《老子》“知不知”辨正

［摘要］《老子》第七十一章章首的“知不知”应结合第七十章理解，“知不知”义承第七十章“无知”的话题。“知不知”义即以（我奉行的道的宗旨）无知为知，其内容属于《老子》第七十八章论及的“正言若反”的表达形式。为讨论“知不知”的确切含义，还需要对《老子》第七十一章的文脉重新加以梳理。

一、问题的提出

“知不知”见于《老子》第七十一章章首，现将通行的王弼本《老子》第七十一章引录如下：

> 知不知，上；不知知，病。夫唯病病，是以不病。圣人不病，以其病病，是以不病。（第七十一章）

章首的“知不知，上”，河上公注：“知道而言不知，是乃德之上。”王弼在“知不知，上；不知知，病”下注曰：“不知知之不足任，则病也。”以上河上公注和王弼注均有商榷之处。

“知不知”一句以及其后的“不知知”“病病”的构成有其特点，即词组中均含有相同的字，而类似的语言形式在《老子》一书中多处出现，学者对此语言现象研究尚嫌不足。“知不知”的内涵究竟是什么，仍有进一步研究的必要。要搞清这个问题，需要重新梳理《老子》第七十一章的文脉，揭示该章的章旨所在。

二、《老子》第七十一章章首“知不知”应结合第七十章理解

《老子》形成之初本不分章，西汉早期的马王堆3号墓出土的帛书《老子》乙本仍不分章。分章的出现是为了阅读的方便，如帛书《老子》甲本中为数不多的圆点符号，应含有分章的意味。北京大学所藏的西汉中期竹简本《老子》分七十七章（本文所讨论的数章内容在竹简本《老子》中也是分章的，且分章方法和通行本《老子》一致），而通行本《老子》则分八十一章。

为了正确把握第七十一章章首“知不知”的确切含义以及该章的文脉走向，《老子》第七十章和第七十一章应结合起来理解才能奏效。以下是通行的王弼本《老子》第七十章的内容：

> 吾言甚易知，甚易行。天下莫能知，莫能行。言有宗，事有君。夫唯无知，是以不我知。知我者希，则我者贵。是以圣人被褐而怀玉。（第七十章）

“吾言甚易知，甚易行。天下莫能知，莫能行”，王弼注：“可不出户窥牖而知，故曰甚易知也。无为而成，故曰甚易行也。惑于躁欲，故曰莫之能知也。迷于荣利，故曰莫之能行也。”王弼注得之。老子认为自己的思想言论是“易知”“易行”的而天下人却“莫能知，莫能行”，类似的观点还有：“弱之胜强，柔之胜刚，天下莫不知，莫能行。”（第七十八章）

“言有宗，事有君”，王弼注：“宗，万物之宗也。君，万事之主也。”今人蒋锡昌认为：“宗，主也。君，亦主也。主者何？即道是也。此言圣人之教，虽千言万语，然其宗旨，总不离道，故知易，行亦易也。”蒋说可采。有一点值得指出的是，“言有宗”的“言”，义承章首的“吾言”而进一步展开论述。“言有宗，事有君”，义即（我的）言和行有（“道”的）宗旨。

“夫唯无知，是以不我知”，“无知”为动宾词组，其中的“知”为名词，通“智”，而第七十章除“无知”以外其他的“知”，诸如“吾言甚易

知”“天下莫能知”以及“是以不我知”“知我者希”中的“知”，则均为动词用法。“夫唯……是以（故）……”为表示因果关系的固定格式，用来表示“正因为……所以……”之义。《老子》一书中有许多“夫唯……是以（故）……”这样的句子，如“夫唯弗居，是以不去”（第二章），“夫唯不争，故无尤”（第八章），“夫唯不可识，故强为之容”“夫唯不盈，故能蔽不新成”（第十五章），“夫唯不争，故天下莫能与之争”（第二十二章），“夫唯啬，是谓早服”（第五十九章），“夫唯大，故似不肖”（第六十七章），“夫唯病病，是以不病”（第七十一章），“夫唯不厌，是以不厌”（第七十二章）。

观察《老子》一书中“夫唯……是以（故）……”的句子，“夫唯”后所接的内容正是老子要强调而需进一步论述的。“夫唯”后所接内容的字数，有只接一字的，如“啬”“大”；“夫唯”后以接二字居多，如“弗居”“不争”“不盈”“不争”“病病”“不厌”；后接三字仅“不可识”一处。“夫唯”后出现的词或词组，和“夫唯”之前的文脉关系密切，有的是“夫唯”之前关键词语的重复，如“万物作焉而不辞，生而不有，为而不恃，功成而弗居。夫唯弗居，是以不去”（第二章），“古之善为士者，微妙玄通，深不可识。夫唯不可识，故强为之容”（第十五章），也有的是前文句义的概括，如“不自见，故明；不自是，故彰；不自伐，故有功；不自矜，故长。夫唯不争，故天下莫能与之争”（第二十二章），其中的“不争”即前文“不自见”“不自是”“不自伐”“不自矜”的概括。此外，由于“夫唯”后所接的内容是老子要强调的，所以“夫唯”后所接的词或词组如“啬”“大”、“弗居”“不争”“不盈”“不争”“病病”“不厌”以及“不可识”，其意义均属于应加以肯定的正面价值。

再来看第七十章“夫唯无知，是以不我知”的情况。“夫唯无知”中的“无知”，从前面讨论的“夫唯”后所接的词或词组的意义均属于应加以肯定的正面价值的情况中可知，“无知”不可能指天下人的“无知”，如果指的是天下人的“无知”的话，那么这样的“无知”词义则属于负面价值，这显然不符合《老子》一书有关“夫唯”后所接的词或词组的意义要求。

“夫唯无知”中的“无知”，虽然在前文中没有直接出现，但应是从上句“言有宗，事有君”句义即（我的）言和行以道为旨归中概括而来的，具体而言，老子对使用语言的态度为“不言”“贵言”“希言”，并且以无为处事，如“以圣人处无为之事，行不言之教”（第二章），“悠兮其贵言”（第七章），“希言自然”（第二十三章），以及“不言之教，无为之益，天下希及之”（第四十三章）。由于第七十章章首论及了“知”，而“知”一词有动词、名词的不同用法，所以从“言有宗，事有君”中并结合之前的“知”而概括出“夫唯”之后的“无知”话题。“无知”在《老子》书中属于值得肯定的正面价值。《老子》一书有不少有关“无知”的论述，如“常使民无知无欲，使夫智者不敢为也”（第三章），“绝圣弃智，民利百倍”（第十九章），以及“绝学无忧”（第二十章）。由于“无知”和“愚”一词的词义是相通的，所以“愚”在《老子》书中也同样赋予了正面价值，如“我愚人之心也哉，沌沌兮”（第二十章），“古之善为道者，非以明民，将以愚之。民之难治，以其智多。故以智治国，国之贼；不以智治国，国之福”（第六十五章）。

综上所述，“夫唯无知，是以不我知”，应理解为正因为（我奉行的是道的宗旨）无知（智），所以（天下人）不知道我。

“知我者希，则我者贵”，其中“则我者贵”，帛书《老子》乙本和北京大学所藏的西汉中期竹简本《老子》均作“则我贵矣”。“知我者希，则我者贵”，义即知道我的人稀少，所以我就显得可贵。

“是以圣人被褐而怀玉”，义即所以圣人外穿粗衣而内怀美玉。“圣人被褐”义承上句中的“知我者希”，而“怀玉”义承上句中的“贵”。

三、“知不知”正解

第七十一章章首的“知不知”紧连上章的文脉，是第七十章的核心句“夫唯无知，是以不我知”中的“无知”的进一步讨论。“知不知”的句型是动宾结构，其句型特点为“动词（意动用法）+不+动词”，其中的两个“动词”是同字关系，“知不知”义即以不知为知。属于该句型的还有第六十四章的“欲不欲”“学不学”。与该句型类似的还有第六十三章的“为无为，事无事，味无味”，该句型同样也是动宾结构，其构成特点为“名词

（意动用法）+无+名词”，其中的两个“名词”是同字关系。“为无为，事无事，味无味”中的首字“为”“事”“味”为名词的意动用法，“为无为，事无事，味无味”义即以无为为为，以无事为事，以无味为味。如果模仿“为无为，事无事，味无味”的“名词（意动用法）+无+名词”句型，“动词（意动用法）+不+动词”类型的“知不知”可以转换成“知（智）无知（智）”，义即以无知（智）为知（智）。

第七十一章章首的“知不知”中的“不知”从其意义来源上讲，是第七十章中的“无知”含义的延续，所以首句“知不知，上”当结合七十章文脉理解为“以（我奉行的道的宗旨）无知为知，最好”。

四、“知不知”为“正言若反”的表达形式

第七十一章章首出现的“知不知”，其内容则属于《老子》第七十八章论及的“正言若反”的表达形式。以下是通行的王弼本《老子》第七十八章的内容：

> 天下莫柔弱于水，而攻坚强者莫之能胜，以其无以易之。弱之胜强，柔之胜刚，天下莫不知，莫能行。是以圣人云：“受国之垢，是谓社稷主；受国不祥，是为天下王。”正言若反。（第七十八章）

有关“正言若反”的含义，高延第《老子证义》：“此语并发明上下篇玄言之旨。凡篇中所谓‘曲则全，枉则直，洼则盈，敝则新’，‘柔弱胜坚强’，‘不益生则久生’，‘无为则有为’，‘不争莫与争’，‘知不言，言不知’，‘损而益，益而损’，言相反而理相成，皆‘正言’也。”高说“正言”之义，得之。

“正言若反”，义即（老子认为是）正常的言论好像（与世俗价值）相反，这样老子便自我阐明了老子式“正言”的产生途径。老子是世俗价值的颠覆者，老子式的“正言”是在世俗价值的判断基础上加以否定而产生的。

《老子》书中在处理各种对立面时，在“正言若反”的原则指导下，呈

现出许多不同的语言表达形式，如第二十二章“曲则全，枉则直，洼则盈，敝则新”，第三十九章“故贵以贱为本，高以下为基”，第五十二章的“守柔曰强”。尤其是第四十一章“明道若昧，进道若退，夷道若颣，上德若谷，大白若辱，广德若不足，建德若偷，质真若渝，大方无隅，大器晚成，大音希声，大象无形”，第四十五章“大成若缺，其用不弊。大盈若冲，其用不穷。大直若屈，大巧若拙，大辩若讷”，以及第五十八章“是以圣人方而不割，廉而不刿，直而不肆，光而不耀”，均由四字格的排比句构成。

就“知不知”而言，在世俗的眼光里只能是“知知（义即以知为知）”或“不知不知（义即以不知为不知）”，因为“知”和“不知”是对立的。然而老子的“正言”与世俗价值相反，认为应是“知不知”。

五、《老子》第七十一章“知不知，上”之后诸句的文脉梳理

下面来逐句讨论通行的王弼本《老子》第七十一章首句“知不知，上”之后诸句的含义以及句与句之间的意义关系方式。

“不知知，病”，其中的“不知知”和上句中的“知不知”一样，都属于动宾结构。“不知知”中的“知”义承上句中的“知不知”的“知”，“不知知，病”义即（天下人）以（我奉行的道的宗旨无知的）知为不知，则是病。

“夫唯病病，是以不病”，“病病”为“名词（意动用法）+名词”类型的动宾结构，而且两个“名词”是同字关系。“病病”中的第二个“病”，义承上句中的“病”。“夫唯病病，是以不病”义即正因为是以（天下人的）病为病，所以不病。其中所谓的“（天下人的）病”即上句已论述的“（天下人）以（我奉行的道的宗旨无知的）知为不知”这样的病。

“圣人不病，以其病病，是以不病”，该句作为小结句，义即圣人不病，是因为圣人以（天下人的）病为病，所以不病。其中的“病病”和上句中的“病病”语义相同。

参考文献

北京大学出土文献研究所：《北京大学藏西汉竹书》（二），上海古籍出

版社 2012 年版。

高明：《帛书老子校注》，中华书局 1996 年版。

高延第：《老子证义》，清光绪十二年涌翠山房刊本。

国家文物局古文献研究室：《马王堆汉墓帛书》（一），文物出版社 1980 年版。

蒋锡昌：《老子校诂》，商务印书馆 1937 年版。

徐山：《〈老子〉含有“不”“无”否定词的句子价值取向》，《弘道》2008 年第 4 期。

（本文刊于《中国社会科学报》2015 年 7 月 7 日第 2 版哲学版，发表时略有删节）

（六）《老子》“故去彼取此”和“以此”辨正

［**摘要**］“故去彼取此”和“以此”两句在通行的王弼本《老子》中均出现过三次。其中指示代词“此”所代替的内容，本文指出不是学者认为的出现在“故去彼取此”和“以此”的上文，相反地，该“此”所代替的内容均出现在“故去彼取此”和“以此”的下文。致误的原因是不明《老子》的文脉走向特点，同时也造成了通行本《老子》分章中的一些文脉割裂现象。

“故去彼取此”一句在通行的王弼本《老子》中共出现过三次，分别在第十二章、第三十八章和第七十二章的章末。而“以此”为二字句，在《老子》中也出现过三次，分别在第二十一章、第五十四章和第五十七章。“故去彼取此”和“以此”两句中均含有指示代词“此”，本文要讨论的是：该“此”所代替的内容不是学者认为的出现在“故去彼取此”和“以此”的上文，相反地，该“此”所代替的内容均出现在“故去彼取此”和“以此”的下文。致误的原因是不明《老子》的文脉走向特点，同时也造成了通行本《老子》分章中的一些文脉割裂现象。

一、“故去彼取此”辨正

（1）五色令人目盲，五音令人耳聋，五味令人口爽，驰骋畋猎令人心发狂，难得之货令人行妨。是以圣人为腹不为目，故去彼取此。（第十二章）

（2）上德不德，是以有德；下德不失德，是以无德。上德无为而无以为，下德无为而有以为。上仁为之而无以为，上义为之而有以为，上礼为之而莫之应，则攘臂而扔之。故失道而后德，失德而后仁，失仁而后义，失义而后礼。夫礼者，忠信之薄而乱之首。前识者，道之华而愚之始。是

以大丈夫处其厚，不居其薄；处其实，不居其华。故去彼取此。（第三十八章）

（3）民不畏威，则大威至。无狎其所居，无厌其所生。夫唯不厌，是以不厌。是以圣人自知不自见，自爱不自贵。故去彼取此。（第七十二章）

对以上三章中的“故去彼取此”，河上公注均以为“去彼取此”中的“彼”“此”所替代的内容在上文，进而有取有舍。第十二章河上公注：“去彼目之妄视，取此腹之养性。”第三十八章河上公注：“去彼华薄，取此厚实。”第七十二章河上公注：“去彼自见自贵，取此自知自爱。”后来的学者大都也是这样理解的。

近人奚侗《老子集解》提出质疑，在第十二章后认为：“此云‘去彼取此’，意谓‘为腹不为目’也。然已明言‘圣人为腹不为目’矣，何必更著此句？……本书脱误，复出之处甚多，久亦不可理董矣。”（奚侗《老子集解》，上海古籍出版2007年版，第29页）在第三十八章后认为：“‘去彼取此’句，本经凡三见，以之结束上文，皆谊赘而词不完，第十二章已说之。”（同上，第100页）在第七十二章“故去彼取此”后认为：“此句谊赘。”（同上，第180页）观察“故去彼取此”的行文特点，上述《老子》三章均先是论点，接着用“是以”小结，强调在对立的价值取向里老子的取舍态度，并在“是以”句之后再出现“故去彼取此”。奚侗认为第十二章的“圣人为腹不为目”已表明了“去”和“取”，所以“故去彼取此”句如果再用来指上文则嫌“谊赘”，奚侗看出了问题所在，颇有见地。奚侗并从语感上认为“词不完”，但由于“故去彼取此”句均位于章末，遂有“脱误”之说。然而奚侗的“脱误”说仍不确。

我们认为，“故去彼取此”一句长期以来缺乏正解，是因为不明该句的文脉衔接功能而误解词义，而对于原本是连贯的文脉来说，《老子》的分章则固化了某些割裂式的理解。《老子》形成之初本不分章，西汉早期的马王堆3号墓出土的帛书《老子》乙本仍不分章。分章的出现是为了阅读的方便，如帛书《老子》甲本中为数不多的圆点符号，应含有分章的意味。北京大学所藏的西汉中期竹简本《老子》分七十七章（本文所讨论的数章内容在竹简本《老子》中也是分章的，且分章方法和通行本《老子》一致），而通行本《老子》则分八十一章。

《老子》全书的思想框架，是以“道”来统摄自然和社会的。《老子》在展开讨论全书主旨时，行文时自然会涉及若干论点。而论点片段的起讫确定则是后来分章时首先要研究分析的。明确论点而便于阅读是分章之利，但同时也应看到分章之弊，即章与章之间原来固有的文脉被忽略了，尤其是衔接两个论点（这两个论点通常会被分成前后两章）的句子的承上启下功能隐晦了。上面所讨论的“故去彼取此”就属于这样的情况。“故去彼取此”的行文性质属于一个论点已有结论并准备进入另一新的相关论点的承上启下句，其中“去彼”的“彼”即上文所论的且在“是以”句中已点明的内容，而“取此”的“此”所代替的内容则出现在下文即通行本下一章的第一句。

下面分别对《老子》“故去彼取此”出现过三次的语境重新进行梳理。先看第十二章的“故去彼取此”句之后的第十三章：

（4）宠辱若惊，贵大患若身。何谓宠辱若惊？宠为下，得之若惊，失之若惊，是谓宠辱若惊。何谓贵大患若身？吾所以有大患者，为吾有身，及吾无身，吾有何患？故贵以身为天下，若可寄天下；爱以身为天下，若可托天下。（第十三章）

第十二章的“故去彼取此”的“此”所代替的内容即第十三章首句的“宠辱若惊，贵大患若身”。其中“宠辱”和“贵大患”一样，都是动宾结构。该句的含义是面对负面的处境时仍应以正面的价值观待之。第十三章在首句的论点之后，又用了两个疑问句来展开讨论。结合第十二章、第十三章两章，可以看出两章均为一开始就提出论点，而且两个论点之间是相关联的，即“五色”等虽光鲜却是害人；相反的“辱”“大患”，善待它的人则可寄托天下。“故去彼取此”，前面已有“是以”，所以用“故”避复。“故”在此处作为推论标记，强调了“去彼取此”的内在逻辑关系。总之，“故去彼取此”作为承上启下句，起到了流畅地导入相关论点且突出对比上文和下文中的两个论点的作用。

再看第三十八章的“故去彼取此”句之后的第三十九章：

（5）昔之得一者：天得一以清，地得一以宁，神得一以灵，谷得一以盈，万物得一以生，侯王得一以为天下贞。其致之：天无以清将恐裂，地无以宁将恐发（废），神无以灵将恐歇，谷无以盈将恐竭，万物无以生将恐灭，侯王无以贵高将恐蹶。故贵以贱为本，高以下为基。是以侯王自谓孤、寡、不穀。……（第三十九章）

第三十八章的“故去彼取此”中的“彼”，指上文的“薄”“华”，而“此”指第三十九章的首句“昔之得一者……”。“得一”即“得道”之义。小结句“故贵以贱为本，高以下为基”，赋予“贱”“下”以正面含义，正和第三十八章的“薄”“华”构成对比。

最后来看第七十二章的“故去彼取此”句之后的第七十三章：

(6) 勇于敢则杀，勇于不敢则活。此两者，或利或害。天之所恶，孰知其故？是以圣人犹难之。天之道，不争而善胜，不言而善应，不召而自来，繟然而善谋。天网恢恢，疏而不失。（第七十三章）

第七十二章的“故去彼取此”中的“彼”，指上文的“民不畏威”，而“此”指第七十三章的首句中的“勇于敢则杀，勇于不敢则活”。其中“勇于敢则杀”义同第七十二章的首句“民不畏威，则大威至”。接着点明“勇于不敢则活”为“利”，并肯定了“天之道”“不争”的正面价值。显而易见，第七十二章“故去彼取此”句作为惯用句型，其功能凸显了该句前后两个论点的对比论述效果。

二、“以此”辨正

(7) 孔德之容，惟道是从。道之为物，惟恍惟惚。惚兮恍兮，其中有象；恍兮惚兮，其中有物。窈兮冥兮，其中有精；其精甚真，其中有信。自古及今，其名不去，以阅众甫。吾何以知众甫之状哉？以此。（第二十一章）

(8) 善建者不拔，善抱者不脱，子孙以祭祀不辍。修之于身，其德乃真；修之于家，其德乃余；修之于乡，其德乃长；修之于国，其德乃丰；修之于天下，其德乃普。故以身观身，以家观家，以乡观乡，以国观国，以天下观天下。吾何以知天下然哉？以此。（第五十四章）

(9) 以正治国，以奇用兵，以无事取天下。吾何以知其然哉？以此：

天下多忌讳，而民弥贫；民多利器，国家滋昏；人多伎巧，奇物滋起；法令滋彰，盗贼多有。故圣人云：“我无为而民自化，我好静而民自正，我无事而民自富，我无欲而民自朴。”（第五十七章）

第二十一章“以此”后王弼注：“此，上之所云也。言吾何以知万物之始于无哉？以此知之也。”第五十四章“以此”后王弼注：“此，上之所云也。言吾何以得知天下乎？察己以知之，不求于外也，所谓不出户以知天下者也。”第五十七章“以此”王弼未注。

“以此”在上述三章出现的位置可分两类情况：一种是在章末，如第二十一章和第五十四章，另一种则是在章内，后面还有其他论述，如第五十七章。对于第五十七章“以此”的章内位置，俞樾认为：自“以正治国”“至此数句，当属上章。如二十一章云：‘吾何以知众甫之然哉？以此。’五十四章云：‘吾何以知天下之然哉？以此。’并用‘以此’二字为章末结句，是其例矣。下文‘天下多忌讳，而民弥贫’，乃别为一章，今误合之。”（俞樾《老子平议》，中华书局 1954 年版，第 156 页）俞樾不仅认同王弼对第二十一章和第五十四章章末“以此”的“此”所代替的内容在上文的看法，而且认为第五十七章章内的“以此”的“此”也是同样的用法，进而提出第五十七章本来就是应在“以此”后分章的假设，这样“以此”在三章里的用法便获得一致的解释。

今人也有学者提出了不同看法。高亨《老子正诂》第二十一章“以此”后注：“此言吾何以知众甫之能成为众甫哉？以此道耳。但此句疑后人注语，以其不韵知之。”（高亨重订《老子正诂》，古籍出版社 1956 年版，第 54 页）第五十四章“以此”后注：“此句似后人注语，以其不韵知之。”（同上，第 115 页）第五十七章“以此”后注：“此言吾何以知‘以正治国，以奇用兵，以无事取天下’哉？以此耳。此指下文所云也。”（同上，第 120 页）高亨第二十一章“以此”的“此”解释为“此道”，所增的“道”出现在上文，然而高亨对“此”所指出现在上文的解释并不十分满意，遂有“此句疑后人注语”的另一说。而第五十四章“以此”的“此”，高亨在上文找不到所代替的内容，故怀疑是“后人注语”羼入。值得指出的是，高亨第五十七章“以此”的“指下文所云”的解释是可信的，当然高亨有此说，主要原因还是因为五十七章的“以此”出现在章内而非章末的位置。

我们认为，上述三章“以此”的上句句式是一样的，都是“吾何以知……哉”问句，且“知”后的宾语成分内容已在句前出现。“以此”作为对疑问句“吾何以知……哉”的回答，其答案在“以此”之后，即指示代词“此”所代替的内容在其下文。《老子》本不分章，分章以后在第二十一章和第五十四章这两章中“吾何以知……哉？以此”句型位处章末，结果该句型原有的承上启下功能被抹去了，造成了长期以来的误读。

下面来分析在三处出现的“以此”的文脉特点。先看第二十一章的“以此”句之后的第二十二章：

(10) 曲则全，枉则直，洼则盈，敝则新，少则得，多则惑。是以圣人抱一为天下式。不自见，故明；不自是，故彰；不自伐，故有功；不自矜，故长。夫唯不争，故天下莫能与之争。古之所谓“曲则全”者，岂虚言哉？诚全而归之。(第二十二章)

第二十一章王弼注：“众甫，物之始也。”第二十一章论及道“惟恍惟惚”，但又是“有象”“有物”“有精”“有信”，即老子描绘的道之状。道之名从古至今一直存在，且用来观察万物的起始。第二十一章的文脉沿着道之状、道与众甫的关系进而追问“众甫之状”而展开，而“吾何以知众甫之状哉？以此”的自问自答，其中的“此”所代替的即下文第二十二章的首句。作为新论点的首句，回答了“众甫之状”为“曲”“枉”“洼”“敝”“少”，但实质上唯有如此才能“全”“直”“盈”“新”“得”。其后的“古之所谓‘曲则全’者”，表明老子对“众甫之状”的描述是有所本的。联系第二十一章和第二十二章这前后两章，从话题“道→众甫→众甫之状”的推进可知两章的论点是相关的，而前者向后者的切换则是由“吾何以知众甫之状哉？以此”一问一答的过渡来完成的。

帛书《老子》甲本、乙本的章序和通行的王弼本《老子》有所不同，即在“以此”之后都是接通行本第二十四章的内容，再其后才是通行本第二十二章的内容。通行本第二十四章首句为：“企者不立，跨者不行，自见者不明，自是者不彰，自伐者无功，自矜者不长。”可见其涵义和承上启下句“以此”要回答的“众甫之状”不合，所以帛书《老子》甲本、乙本的

第二十四章的章序当为错简所致，而通行的王弼本《老子》第二十二章的章序则存其旧。

再看第五十四章“以此”之后的第五十五章：

(11) 含德之厚，比于赤子。蜂虿虺蛇不螫，猛兽不据，攫鸟不搏。骨弱筋柔而握固。未知牝牡之合而全作，精之至也。终日号而不嗄，和之至也。知和曰常，知常曰明。益生曰祥，心使气曰强。物壮则老，谓之不道，不道早已。(第五十五章)

第五十四章论及“善建”“善抱”道者，应“修之于身”“家”“乡”“国”“天下”，从自身修道开始，逐级提高至最高层次的修道于天下。小结句“故以身观身”，义即以自己的修道之身来观察他人之身（修道与否），其后四句亦应采取相同的增字为训法来理解。“以天下观天下”的结果是“知天下然”，而“吾何以知天下然哉？以此”的自问自答，“此”所代替的内容在下文即第五十五章的首句“含德之厚，比于赤子”。其中“含德之厚”义承第五十四章的“其德乃真”“余”“长”“丰”“普”，接着以“赤子”为喻，强调了“精之至”“和之至”的特征。而作为“赤子”的反衬，“益生”“心使气”“物壮”之类则是无益的。联系第五十四章和第五十五章这前后两章，话题沿着“从自身修道开始最后达到修道于天下→从以身观身开始最后达到以天下观天下→知天下然”的文脉推进，而“吾何以知天下然哉？以此”的过渡句，很自然地导入另一相关的新论点。

最后再来讨论高亨已正确理解的第五十七章的文脉特点。首句“以正治国，以奇用兵，以无事取天下”提出了论点，接着“吾何以知其然哉？以此”的“此”，引出下文非“以正”“以无事”去治理国家天下的种种不幸，从而从反面来论证论点，最后以“故圣人云”作小结。

通行的王弼本《老子》“吾何以知其然哉？以此”，在郭店楚简《老子》中作“吾何以知其然也？”而无“以此”二字（荆门市博物馆《郭店楚墓竹简》，文物出版社 1998 年版，第 113 页）；在帛书《老子》甲本中作“吾何［以知其然］也哉？”而无“以此”，乙本作“吾何以知其然也哉？”其后亦无“以此”二字；另外，朱谦之《老子校释》在讨论传世诸本有关此两句的情况时说：“严、彭、高翿、吴勉学本无‘以此’二字。”（第 231

页）高明《帛书老子校注》：“帛书甲、乙本与严遵等世传今本均无‘以此’二字，说明无‘以此’二字是符合《老子》书中通例的。……‘以此’二字非《老子》原本所有，乃由浅人妄增，当据帛书甲、乙本删去。”（第103页）

根据以上我们对通行的王弼本《老子》三处“以此”的分析，可知“吾何以知……哉？以此”为一问一答的惯用句型。郭店楚简《老子》、帛书《老子》甲本、乙本以及其他传世诸本无“以此”，表明最初的删者因无法在上文中找到诸如第二十一章和第五十四章章末的“以此”还可以在上文找到某种解释的代替内容，导致无法正确理解“以此”的句中作用而误删。高明《帛书老子校注》在对待“以此”有否的异文现象时解释不确，应理解为“以此”二字乃《老子》原本所有，浅人妄删之。

参考文献

古籍《老子道德经章句》，《老子道德经注》。
奚侗：《老子集解》，上海古籍出版社2007年版。
俞樾：《老子平议》，中华书局1954年版。
高亨：《重订〈老子正诂〉》，古籍出版社1956年版。
荆门市博物馆：《郭店楚墓竹简》，文物出版社1998年版。
朱谦之：《老子校释》，中华书局1984年版。
高明：《帛书老子校注》，中华书局1996年版。

（本文刊于《弘道》2016年第1期）

（七）《老子》“故大制不割”辨正

［**摘要**］通行的王弼本《老子》第二十八章“故大制不割”一句误读至今。“故大制不割”中的“制”，用的是“制”一词的本义，即截割木材义。“大制不割”的字面义即大手笔地截割木材（反而）是不割。“大制不割”四字格句型属于《老子》第七十八章论及的“正言若反”的表达形式。“故大制不割”作为第二十八章的小结句，其“大制”对应于前文的“朴散成器”之义，而“不割”则对应于前文的“圣人用之则为官长”之义，并且以“正言若反”的四字格形式表达了第二十八章朴散归朴的章旨。

一、问题的提出

“故大制不割”一句为《老子》第二十八章文，现将通行的王弼本《老子》第二十八章引录如下：

> 知其雄，守其雌，为天下溪。为天下溪，常德不离，复归于婴儿。知其白，守其黑，为天下式。为天下式，常德不忒，复归于无极。知其荣，守其辱，为天下谷。为天下谷，常德乃足，复归于朴。朴散则为器，圣人用之则为官长，故大制不割。（第二十八章）

章末的小结句“故大制不割”，河上公注：“圣人用之则以大道制御天下，无所伤割。治身则以大道制情欲，不害精神也。”王弼注：“‘大制’者，以天下之心为心，故无割也。”河上公释“故大制不割”的“制”为“制御”义，不确。王弼注亦未点明“大制”之义。“故大制不割”一句究竟义指什么，和上文有什么文脉关系，仍有进一步研究的必要，从而揭示该章的章旨所在。

二、《老子》第二十八章“故大制不割”之前诸句的文脉梳理

下面来逐句讨论通行的王弼本《老子》第二十八章“故大制不割”之前诸句的含义以及句与句之间的意义关系方式。

“朴散则为器”之前为“知其雄，守其雌”等三部分的排比句。所谓“知其雄，守其雌”，即对“雄—雌”对立体构成双方的态度是了解“雄”却驻守于“雌”。《老子》一书中充满着各种对立体，如“有—无”“雄—雌”“刚强—柔弱”“贵—贱”等，在这些成对的反义词里，世俗的眼光是肯定前者，同时常常忽略了后者。而老子却不然，在了解前者的同时，将重点落实在后者，并充分挖掘后者的主导作用。

“守其雌”“黑”“辱”，“为天下溪”“式”“谷”，即处于低下的姿态，并且拥有“常德”而“复归于婴儿”“无极”“朴”。所谓“复归于婴儿”状态，即以“守其雌”的方式回归《老子》第十章“专（抟）气致柔，能婴儿乎”的“专（抟）气致柔”。所谓“复归于无极”，即以“守其黑”的方式回归本源“道”的无终极状态，而“道”的“无极”状态犹如《老子》第二十五章所描绘的“有物混成，先天地生。寂兮寥兮，独立而不改，周行而不殆，可以为天地母。吾不知其名，字之曰道，强为之名曰大”。所谓“复归于朴”，即以“守其辱”的方式回归朴木未经加工雕琢的状态，犹如《老子》第十九章的“见素抱朴”。

“朴散则为器”，该句申说上句“复归于朴”的“朴”话题。《说文·木部》：“樸（朴），木素也。”段玉裁注：“素犹质也。以木为质，未雕饰，如瓦器之坯然。”《论衡·量知》：“无刀斧之断者谓之樸（朴）。”“朴散则为器”，义即原本是未加工成器的整木料被分散做成各种器物。

“圣人用之则为官长”，义即圣人使用这些器物并成为它们的长官。

三、“故大制不割”的异文情况

通行的王弼本《老子》第二十八章章末为“故大制不割”，而帛书《老子》甲本、乙本均作“夫大制无割”，下接对应于王弼本《老子》第二十九章的内容，且“夫大制无割”之后并无分章符号。北京大学所藏的西汉中

期竹简本《老子》作“大制无畍（割）”四字，在分章方面和王弼本《老子》有所不同，“大制无畍（割）”四字不是位于对应于王弼本《老子》第二十八章的章末，而是位于对应于王弼本《老子》第二十九章的章首，即“大制无畍（割）”四字之后为“将欲取天下而为之，吾见其不得已”。

从上述王弼本“故大制不割”的异文可以看到有两方面的问题需要讨论，一是原始本究竟应是“大制不割”还是“大制无割”？二是原始本究竟应是王弼本《老子》的“故”从而文脉承前文而来，还是像帛书《老子》甲本、乙本的“夫”从而和前文不一定有明显的文脉关系，或者是像北京大学所藏的西汉中期竹简本《老子》那样分章理解？

首先来看第一个问题。“大制不割”的“割”是动词，所以动词前的否定词应是否定副词“不”而不是动词“无”。《老子》第五十八章“是以圣人方而不割，廉而不刿，直而不肆，光而不耀”，其中亦为“不割”的偏正词组搭配。《老子》第四十一章“大方无隅”“大象无形”，因其中的“隅”“形”均为名词，所以前面的否定词为动词“无”。经过上述分析，通行的王弼本《老子》的“大制不割”当存其旧，而帛书《老子》甲本、乙本的“大制无割”以及北京大学所藏的西汉中期竹简本《老子》的“大制无畍（割）”，其中的“无”均为改动后所致。

而第二个问题，则需在下文对“大制不割”进行考辨之后再来回答。

四、“故大制不割”正解

《说文·刀部》：“制，裁也。从刀未。未，物成有滋味可裁断。一曰止也。”并收了“制”的古文，其古文形体为左边的“未”旁有三斜画，右边为“刀”。段玉裁注：“《衣部》曰：‘裁，製衣也。’‘製，裁衣也。’此‘裁’之本义。此云‘制，裁也’，‘裁’之引伸之义。古多假‘折’为‘制’。……”

裘锡圭《说字小记》在“说‘制’”一节中认为：“古文字的‘折’象以斤砍断树木，‘制’所象的应该是以刀截割木材。……《礼记·郊特牲》‘诏祝于室，坐尸于堂’句郑玄注，有‘主人亲制其肝’语，《正义》训‘制’为‘割’。……‘制’‘折’二字不但形义相近，而且上古音极为接近。……‘制’字左旁断为三截的形体较为原始，从‘未’的写法是由它变来的。”裘锡圭解释“制”的形、声、义三者均得之，当从，而“折”“制”两字上古音均为章母月部，且形体义和词义相近，两字当为同源词关系。

综上所述，“制”的早期形体左旁为断木状，其形体义是以刀截割木状，“制”的本义为截割木材，而“制”的裁衣义为引申义，后来形体上又分化出“製”字来承担“制”的裁衣义。

王弼本《老子》第二十八章“故大制不割”中的“制”，用的正是“制”一词的本义，即截割木材义，此“制”义承上文的“朴散”而来。另外“制”和“割”在“截割”义上又是同义词关系。“故大制不割”，其字面义即所以大手笔地截割木材（反而）是不割。

五、“大制不割”为“正言若反”的表达形式

作为《老子》第二十八章章末出现的“大制不割”，其四字格以及内容则属于《老子》第七十八章论及的“正言若反”的表达形式。以下是通行的王弼本《老子》第七十八章的内容：

> 天下莫柔弱于水，而攻坚强者莫之能胜，以其无以易之。弱之胜强，柔之胜刚，天下莫不知，莫能行。是以圣人云：“受国之垢，是谓社稷主；受国不祥，是为天下王。”正言若反。（第七十八章）

有关“正言若反”的含义，高延第《老子证义》：“此语并发明上下篇玄言之旨。凡篇中所谓‘曲则全，枉则直，洼则盈，敝则新’，‘柔弱胜坚强’，‘不益生则久生’，‘无为则有为’，‘不争莫与争’，‘知不言，言不知’，‘损而益，益而损’，言相反而理相成，皆‘正言’也。”高说“正言”之义，得之。

“正言若反”，义即（老子认为是）正常的言论好像（与世俗价值）相反，这样老子便自我阐明了老子式“正言”的产生途径。老子是世俗价值的颠覆者，老子式的“正言”是在世俗价值的判断基础上加以否定而产

生的。

《老子》书中在处理各种对立面时，在“正言若反”的原则指导下，呈现出许多不同的语言表达形式，如第二十二章“曲则全，枉则直，洼则盈，敝则新”，第三十九章“故贵以贱为本，高以下为基”，第五十二章的“守柔曰强”。尤其是第四十一章“明道若昧，进道若退，夷道若颣，上德若谷，大白若辱，广德若不足，建德若偷，质真若渝，大方无隅，大器晚成，大音希声，大象无形”，第四十五章“大成若缺，其用不弊。大盈若冲，其用不穷。大直若屈，大巧若拙，大辩若讷”，以及第五十八章“是以圣人方而不割，廉而不刿，直而不肆，光而不耀”，均由四字格的排比句构成。

就“大制不割”而言，在世俗的眼光里其“制”的本性是制而易割的，然而老子的“正言”与世俗价值相反，认为应是“大制不割”。

在“正言若反”的四字格中，和“大制不割”构成形式相仿的还有第四十一章的“大象无形”，其句型特点为“大+动词 1/名词 1+不/无+动词 2/名词 2”。“大制不割”属于“大+动词 1+不+动词 2”句型，其中的“动词 1（制）”和“动词 2（割）”两个词是同义词关系，而“大象无形”则属于“大+名词 1+无+名词 2”句型，其中的“名词 1（象）”和“名词 2（形）”两个词是同义词关系。

六、小结句“故大制不割”和上文的文脉关系

“故大制不割”之前“复归于朴”一句中的“朴”，义指未加工成器的整木料，而“朴散”也就是后文“大制不割”的“制”义，所以“朴散成器”即制（截割木材）而成器义。“圣人用之则为官长”，然而圣人又是如何使用并管理这些器物呢？其具体措施就是第二十八章一开始就论及的那些方法，即有所“知”有所“守”，从而回归“婴儿”“无极”“朴”的状态，而“故大制不割”的“不割”亦即强调了回归“朴”的状态。由此可见，“故大制不割”作为该章的小结句，其“大制”对应于前文的“朴散成器”之义，而“不割”则对应于前文的“圣人用之则为官长”之义，并用“正言若反”的四字格加以概括，显得简洁有力。简言之，“大制不割”是以“正言若反”的四字格形式表达了第二十八章朴散归朴的章旨。

最后来回答通行的王弼本《老子》第二十八章章末“故大制不割”的异文问题。帛书《老子》甲本、乙本均作“夫大制无割”，表明帛书《老子》甲本、乙本已不明“大制不割”的真正含义，看不出“故大制不割”的“故”是如何推论出来的，遂将原文的“故”改成“夫”，这样帛书《老子》甲本、乙本“夫大制无割”和前文原有的文脉关系被削弱了。另外，北京大学所藏的西汉中期竹简本《老子》作“大制无畍（割）”四字，同样反映了对本不分章的《老子》后来在理解原文本并进行分章时出现的困惑，遂将原文中的“故”删去，并将“大制无畍（割）”四字处理成出现在对应于王弼本《老子》的第二十九章的章首。然而，这样的处理致使“大制无畍（割）”一句不仅割裂了原来与前文紧密相连的文脉关系，同时“大制无畍（割）”在章首出现仍有突兀之感。

参考文献

北京大学出土文献研究所：《北京大学藏西汉竹书》（二），上海古籍出版社2012年版。

段玉裁：《说文解字注》，上海古籍出版社1981年版。

高明：《帛书老子校注》，中华书局1996年版。

裘锡圭：《说字小记》，《北京师范学院学报》1988年第2期。

郭锡良：《汉字古音手册》，北京大学出版社1986年版。

国家文物局古文献研究室：《马王堆汉墓帛书》（一），文物出版社1980年版。

黄晖：《论衡校释》，中华书局1990年版。

〔本文刊于《安徽大学学报（哲学社会科学版）》2017年第1期〕

（八）《老子》“宠辱若惊”辨正

[**摘要**]《老子》第十三章“宠辱若惊”一句误读至今，主要原因是不明第十二章章末的“故去彼取此”的文脉走向特点，原本第十二章和第十三章相连的文脉在通行本《老子》的分章中被割裂。“宠辱若惊”一句应理解为：（圣人要采取）看重屈辱（的态度），就像（圣人看重对人们的贪欲追求）感到心惊（那样）。第十三章章旨为老子论述了圣人应“宠辱”“贵大患”“贵以身为天下”。

一、问题的提出

“宠辱若惊”一句出现在通行的王弼本《老子》第十三章的章首：

> 宠辱若惊，贵大患若身。何谓宠辱若惊？宠为下，得之若惊，失之若惊，是谓宠辱若惊。何谓贵大患若身？吾所以有大患者，为吾有身，及吾无身，吾有何患？故贵以身为天下，若可寄天下；爱以身为天下，若可托天下。

有关“宠辱若惊”一句的理解，学者分歧颇大。元代吴澄《道德经吴澄注》：“宠，犹爱也。名位之尊，人以为荣，反观之则辱也，故知道者不爱，而爱之者于此而惊焉”。其中指出“宠辱若惊”中的“宠”为动词用法，颇有见地，但是该句的主语理解为人们，则该句仍义滞难通。近人奚侗《老子集解》在“宠辱若惊，贵大患若身”下注曰：“二句自是古语，而词意不相比，疑有误文。注家皆迂回其词以就之。”奚侗对已有的注解均不满意，然而“疑有误文”之说则不可信。马叙伦《老子校诂》：“刘师培曰：‘宠亦贵也’。其说是也。宠字与贵字对文，辱字与大患对文。王弼、河上注并以宠辱为对文，非是。”“宠辱”和下句的“贵大患”结构相同，都是动宾结构。

“宠辱若惊”的难解之处在于：即便循着“宠辱”为动宾结构的思路去寻求确解，“惊”一词的出现仍有突兀之感，且在第十三章的章内无从着落，同时“宠辱若惊”的主语指什么，也需要同时追问。由于“宠辱若惊”一句位于第十三章的章首，文义又含糊，这样就直接影响到第十三章文脉的梳理和章旨的整体把握。本文要讨论的是：“宠辱若惊”一句误读至今，主要原因是不明《老子》第十二章章末的“故去彼取此”的文脉走向特点，原本第十二章和第十三章相连的文脉在通行本《老子》的分章中被割裂，结果造成第十三章首句的“宠辱若惊”成为无根之谈，进而第十三章的章旨也不甚明朗。

二、《老子》第十三章应结合第十二章理解

《老子》形成之初本不分章，西汉早期的马王堆3号墓出土的帛书《老子》乙本仍不分章。分章的出现是为了阅读的方便，如帛书《老子》甲本中为数不多的圆点符号，应含有分章的意味。北京大学所藏的西汉中期竹简本《老子》分七十七章（本文所讨论的数章内容在竹简本《老子》中也是分章的，且分章方法和通行本《老子》一致），而通行本《老子》则分八十一章。正因为《老子》本不分章，所以在解读已分八十一章的通行本《老子》的时候，要注意上下两章之间可能存在的文脉线索。

值得指出的是，第十三章之前的第十二章的章末是“故去彼取此”。“故去彼取此”一句在《老子》中共出现过三次，分别在第十二章、第三十八章和第七十二章的章末。对以上三章中的“故去彼取此”，河上公注均认为“去彼取此”中的“彼”“此”所替代的内容在本章的上文，进而有取有舍。后来的学者大都也是这样理解的。

我们则认为，“故去彼取此”中的指示代词“此”所代替的内容，不是学者认为的出现在“故去彼取此”的上文，相反地，该“此”所代替的内容均出现在“故去彼取此”的下文。“故去彼取此”一句长期以来缺乏正解，是因为不明该句的文脉衔接功能而误解词义，而对于原本是连贯的文

脉来说，《老子》的分章则固化了某些割裂式的理解。“故去彼取此”的行文性质属于一个论点已有结论并准备进入另一新的相关论点的承上启下句，其中“去彼”的“彼”即上文所论的且在“是以”句中已点明的内容，而“取此”的“此”所代替的内容则出现在下文即通行本下一章的第一句。

以下是《老子》第十二章的内容：

> 五色令人目盲，五音令人耳聋，五味令人口爽，驰骋畋猎令人心发狂，难得之货令人行妨。是以圣人为腹不为目，故去彼取此。

第十二章河上公注：“去彼目之妄视，取此腹之养性。”该注中的“取此腹之养性”之说，非是，其结果“故去彼取此”的惯用句型原有的承上启下功能被抹去了，原本其后文脉相连的“宠辱若惊”一句则显得不知所云。“故去彼取此”中的“彼”即上文中的“五色”之类，而“此”之所指，当出现在下文。

三、“宠辱若惊”正解

首先来回答第十三章首句“宠辱若惊”的主语问题。第十二章小结句“是以圣人为腹不为目，故去彼取此”，其中“故去彼取此”，前面已有“是以”，所以用“故”避复。“故”在此处作为推论标记，强调了“去彼取此”的内在逻辑关系，而“故去彼取此”作为承上启下句，起到了流畅地导入相关论点且突出对比上文和下文中的两个论点的作用。“去彼”“取此”的主语均为“圣人”。“取此”之后紧接着的“宠辱若惊”一句，其主语仍是“圣人”。沿着“故去彼取此”的文脉，可知“宠辱若惊”一句当理解为（圣人要采取）“宠辱若惊”（的态度）。

“宠辱”为动宾结构，其中的“辱”即屈辱义，为前面第十二章人们所追求的“五色”“五音”“五味”“驰骋畋猎”“难得之货”之类自以为是光耀的东西的反面。然而为众人所不齿的“辱”，却是圣人看重的（宠辱）。《老子》第七十八章“受国之垢，是谓社稷主”，即“宠辱”之义。

驚（惊），《说文·马部》：“马骇也。”本义为马受到刺激而惊骇，引申义则为人受到刺激而心惊。由于“宠辱若惊”中的“辱”和“惊”同属表达情绪的词，所以两者可以类比，“宠辱若惊”义即“宠辱若宠惊”。所谓“宠辱若惊”的“惊”，正是圣人对前面第十二章中人们追求感官刺激和贪欲而变得“目盲”“耳聋”“口爽”“发狂”“行妨”感到心惊的高度概括。老子认为这种对人们的贪欲追求感到心惊自然是要重视的（宠惊），进而强化了十二章章末“去彼”的必要性。

综上所述，“宠辱若惊”一句联系上文的“取此”应理解为：（圣人要采取）看重屈辱（的态度），就像（圣人看重对人们的贪欲追求）感到心惊（那样）。言下之意，“宠辱”显得既自然又必要。行文至此，我们明白了“去彼取此”的具体取舍内容，从中清楚地看出老子心目中的“圣人”和一般人之间的根本对立之处。

四、王弼本《老子》第十三章“宠辱若惊”之后诸句的文脉梳理

“贵大患若身”，该句式仿上句“宠辱若惊”，其中“贵”与“宠”义近，“大患”与“辱”义近。“贵大患若身”，义为“贵大患若贵身”，即（圣人）看重祸患，就像（看重）自身（那样）。而“贵身”之说，则直接批评了十二章章末“去彼”的“彼”的内容属于非“贵身”之类。

“何谓宠辱若惊？宠为下，得之若惊，失之若惊，是谓宠辱若惊”，重点要解释什么叫“宠辱”。先解释什么叫“辱”：“宠为下”是用替换法来解释“宠辱”的“辱”义，即“辱”即“为下”之义。再解释什么叫“宠”：“得之”“失之”的“之”指“辱”，“得之若惊，失之若惊”即“得辱若惊，失辱若惊”。从“得辱”“失辱”的动宾结构中可知老子要解释的“宠辱”也是动宾结构。所谓“得辱”“失辱”，义指不管是得还是失即在任何情况下都要“宠”，重申“宠辱”的必要性。

“何谓贵大患若身？吾所以有大患者，为吾有身，及吾无身，吾有何患？”重点要解释为什么以“若身”作喻。在回答问题时强调了“身”“大患”两者的共存共现关系，“大患”就是自我存在的不可逃避的一部分，由此来论证“贵大患”论点的合理性。

“故贵以身为天下，若可寄天下；爱以身为天下，若可托天下。”“故”

是推论标记，而“贵以身为天下，若可寄天下”，则用了上文已论及的两个重要词“贵”“身”以及比喻义“若”的句型来构句，义即（圣人）看重把自身当作天下，就像（圣人看重）能够寄寓于天下（那样）。所谓“以身为天下”，即不汲汲于身外之利，进一步肯定了前面行文所包含的“贵大患若贵身”的“贵身”看法。而“爱以身为天下，若可托天下”一句则与上句句式一致，“爱”与“贵”义近，“托”与“寄”义近。

小结：在第十三章“宠辱若惊”等含有比喻义“若”的句型中，“若”前面的部分为老子提出的和众人价值观不同的观点，而“若”后面的部分则是以常人易懂的事理作喻。通观第十三章，其章旨为老子论述了圣人应“宠辱”“贵大患”“贵以身为天下”。

参考文献

古籍《老子道德经章句》，《老子道德经注》。

吴澄：《道德经吴澄注》，华东师范大学出版社2010年版。

奚侗：《老子集解》，上海古籍出版社2007年版。

马叙伦：《老子校诂》，中华书局1974年版。

裘锡圭：《“宠辱若惊”是“宠辱若荣”的误读》，《中华文史论丛》2013年第3期。

徐山：《〈老子〉“故去彼取此”和“以此”辨正》，《弘道》2016年第1期。

（本文刊于《光明日报》2017年3月25日第11版国学版）

（九）《老子》“报怨以德”与“和大怨”文脉梳理

[**摘要**]《老子》第六十三章开始的六句用“正言若反”的形式表达了对“无为”“无事”“无味”“小”“少”“怨”的重视。“报怨以德”作为高尚情怀，无论是从理念的角度还是从实践的角度，都是对“以怨报怨”恶性循环的否定。而第七十九章章首的“和大怨，必有余怨，安可以为善”，则进一步认为“报怨以德”还可以再上一个台阶，即“必也使无怨乎”，而无怨才更是大德所在。

“报怨以德”一句出现在通行的王弼本《老子》第六十三章，而“和大怨”一句则出现在第七十九章章首，两句均涉及如何对待“怨”的问题。本文要讨论的是：第六十三章“报怨以德”与第七十九章“和大怨”的确切含义是什么，各自的文脉是如何发展的，“报怨以德”与“和大怨”之间又有什么关联性，从而加深对老子有关“怨”话题的认识。

一、《老子》第六十三章“报怨以德”文脉梳理

“报怨以德”一句为《老子》第六十三章文，现将通行的王弼本《老子》第六十三章引录如下：

> 为无为，事无事，味无味。大小，多少，报怨以德。图难于其易，为大于其细。天下难事必作于易，天下大事必作于细。是以圣人终不为大，故能成其大。夫轻诺必寡信，多易必多难。是以圣人犹难之，故终无难矣。（第六十三章）

下面来讨论第六十三章诸句的含义以及句与句之间的意义关系方式。

“为无为，事无事，味无味”，王弼注：“以无为为居，以不言为教，以

恬淡为味，治之极也。”[1] “为无为，事无事，味无味”中的首字“为”“事”“味”为名词的意动用法，三个短句结构相同，都是动宾结构。“为无为，事无事，味无味”，义即以无为为为，以无事为事，以无味为味。

“为无为”诸句的内容属于《老子》第七十八章论及的“正言若反”的表达形式，以下是《老子》第七十八章的内容：

> 天下莫柔弱于水，而攻坚强者莫之能胜，以其无以易之。弱之胜强，柔之胜刚，天下莫不知，莫能行。是以圣人云：“受国之垢，是谓社稷主；受国不祥，是为天下王。”正言若反。(第七十八章)

有关“正言若反”的含义，高延第《老子证义》：“此语并发明上下篇玄言之旨。凡篇中所谓‘曲则全，枉则直，洼则盈，敝则新’，‘柔弱胜坚强’，‘不益生则久生’，‘无为则有为’，‘不争莫与争’，‘知不言，言不知’，‘损而益，益而损’，言相反而理相成，皆‘正言’也。”[2] 高说“正言”之义，得之。

“正言若反”，义即（老子认为是）正常的言论好像（与世俗价值）相反，这样老子便自我阐明了老子式“正言”的产生途径。老子是世俗价值的颠覆者，老子式的“正言”是在世俗价值的判断基础上加以否定而产生的。

《老子》书中在处理各种对立面时，在“正言若反”的原则指导下，呈现出许多不同的语言表达形式，如“曲则全，枉则直，洼则盈，敝则新”(第二十二章)，“故贵以贱为本，高以下为基”（第三十九章)，“守柔曰强”(第五十二章)。尤其是“明道若昧，进道若退，夷道若颣，上德若谷，大白若辱，广德若不足，建德若偷，质真若渝，大方无隅，大器晚成，大音希声，大象无形”(第四十一章)，“大成若缺，其用不弊。大盈若冲，其用不穷。大直若屈，大巧若拙，大辩若讷”（第四十五章)，以及“是以圣

---

① 楼宇烈：《老子道德经注校释》，中华书局 2008 年版。
② 转引自高明：《帛书老子校注》，中华书局 1996 年版。

人方而不割，廉而不刿，直而不肆，光而不耀”（第五十八章），均由四字格的排比句构成。

就“为无为”而言，在世俗的眼光里只能是“为有为”，因为“为”和“无为”是对立的。然而老子的“正言”与世俗价值相反，认为应是“为无为”。“为无为，事无事，味无味”三句，以“无为”为主旨所在，而“无事”“无味”则因类比而来。

“为无为，事无事，味无味”为动宾结构，其句型特点为“名词（意动用法）+无+名词”，其中的两个“名词”是同字关系。与该句型类似的还有第六十四章的“欲不欲”“学不学”，该句型同样也是动宾结构，其构成特点为“动词（意动用法）+不+动词”，其中的两个“动词”是同字关系。

“大小，多少”，高亨《老子正诂》：“大小者，大其小也，小而以为大也。多少者，多其少也，少而以为多也。视星星之火，谓将燎原；睹涓涓之泉，云将漂邑；即谨小慎微之意。”[①] 高亨将“大小，多少”两句理解为相同的动宾结构，即其中的“大”“多”为形容词的意动用法，甚是。

“大小，多少”两句的句型特点都是“形容词 1（意动用法）+形容词 2”，其中的两个“形容词”是反义词关系。《老子》一书中充满着各种对立体，如“有—无”“雄—雌”“刚强—柔弱”“贵—贱”等，在这些成对的反义词里，世俗的眼光是肯定前者，同时常常忽略了后者。而老子却不然，在了解前者的同时，将重点落实在后者，并充分挖掘后者的主导作用。

“大小”其实就是经由“大不大”转换而来的，而“大不大”则和前文的“为无为”的构成方式是一致的。“大小”“多少”的句型意图是为了强调作为“形容词 2”的“小”“少”的作用。

“报怨以德”，张松如《老子说解》：“莫若径取本谊，如高亨所说：‘大小者，大其小也，小而以为大也。多少者，多其少也，少而以为多也。’推而言之，则‘报怨以德’者，德其怨也，怨而以为德也。凡此皆取其相反相成之义，亦正合‘为无为，事无事，味无味’之旨也。”[②] 张说颇具见

---

① 高亨：《重订〈老子正诂〉》，古籍出版社 1956 年版。

② 张松如：《老子说解》，齐鲁书社 1987 年版。

地。“报怨以德”的深层结构和前文的“大小，多少”乃至“为无为”是一样的。就“德”而言，“怨”为“无德”。老子有“德无德”（义即以无德为德）的观点，如第三十八章：“上德不德，是以有德。”“德无德”与“为无为”的结构相同。“德无德”具体落实到“怨”上，则有“德怨”，并与“大小，多少”的结构相同。“德怨”即以怨为德义，而世俗的报德以德再用老子的以怨为德进行置换以后，于是就产生了“报怨以德”。“报怨以德”作为高尚情怀，无论是从理念的角度还是从实践的角度，都是对“以怨报怨”恶性循环的否定。

总而言之，《老子》第六十三章开始的六句用“正言若反”的形式表达了对“无为”“无事”“无味”“小”“少”“怨”的重视，“无为”“无事”“无味”三者以“无为”的“无”为核心，“小”“少”涉及的是物理性质，与前文的“无”相似，而属于道德范畴的“怨”，其语义来源为“无德”，仍和前文的“无”有类比关系。

“报怨以德”之后的诸句，主要围绕“难—易”“大—细”两对反义词进行讨论。老子对“难—易”和“大—细”关系所呈现的“正言若反”的观点，如果模仿第六十三章章首诸句使用的语言形式，则有“难不难”“大不大”以及“难易”“大细”的形式。

二、《老子》第七十九章“和大怨”文脉梳理

“和大怨”一句出现在《老子》第七十九章章首，以下是通行的王弼本《老子》第七十九章的内容：

> 和大怨，必有余怨，安可以为善？是以圣人执左契，而不责于人。有德司契，无德司彻。天道无亲，常与善人。（第七十九章）

章首的“和大怨，必有余怨”，河上公注：“杀人者死，伤人者刑，以相和报。任刑者失人情，必有余怨及于良人也。”[①] 王弼注：“不明理其契，

---

① 王卡点校：《老子道德经河上公章句》，中华书局 1993 年版。

以致大怨已至，而德以和之，其伤不复，故必有余怨也。”① “安可以为善”，帛书《老子》甲本作“焉可以为善”②，“安”“焉”词义相同，为“何”义，表示反诘。在“安可以为善”下河上公注：“言一人吁嗟，则失天心，安可以和怨为善也?”

“和大怨，必有余怨，安可以为善”，义即和解大怨，必然还有余怨，怎么能把（和怨）算作行善呢？第七十九章章首即言“和大怨”，然而具体用什么方式来“和大怨”呢？《老子》第七十九章章首没有明说。如果用以怨报怨的方式，则根本谈不上能够“和大怨”，所以结合第六十三章已有的“报怨以德”，可知第七十九章的“和大怨”实际上是以德“和大怨”。然而，即便是以德“和大怨”，仍“必有余怨”，即大怨难以彻底除净，所以老子有“安可以为善”的反问句，河上公“安可以和怨为善也”之注当从。

从六十三章“报怨以德”那里，可知“报怨以德”较之以怨报怨来说已进入了一个崭新的境界，然而到了第七十九章，老子自己又对“报怨以德”方式的“和大怨”提出质疑，即如此做法仍不算“为善”之举。

“是以圣人执左契，而不责于人”，该句帛书《老子》甲本作“是以圣［人执］右介（契），而不以责于人”，帛书《老子》乙本作“是以圣人执左芥（契），而不以责于人”③，北京大学所藏的西汉中期竹简本《老子》作“是以圣人执左契，而不以责于人”④。王弼本第七十九章“是以圣人执左契，而不责于人”应根据出土的简帛诸本校为“是以圣人执左契，而不以责于人”。

经过校定后的“是以圣人执左契，而不以责于人”，义即所以圣人握有契约存根，却不拿（它）来向人家讨债。王弼在“是以圣人执左契”下注曰：“左契，防怨之所由生也。”今人蒋锡昌《老子校诂》认为：“‘是以圣人执左契而不责于人’，言圣人执人所交左契而不索其报也。如此，则怨且

---

① 楼宇烈：《老子道德经注校释》，中华书局2008年版。

② 高明：《帛书老子校注》，中华书局1996年版。

③ 同注②。

④ 北京大学出土文献研究所：《北京大学藏西汉竹书》（二），上海古籍出版社2012年版。

无由生，复何和之有乎?"[①]“是以圣人执左契，而不以责于人”中的“是以”，是推论的语言标记。前文已论及“报怨以德”方式的“和大怨”，此时的“大怨”已存在，尽管设法去“和”，但仍属于补救性质，而釜底抽薪的措施则应首先做到无怨。人的“怨”的产生会涉及诸方面的情况，“是以圣人执左契，而不以责于人”则例举出契约中“怨”可能会产生以及如何做到无怨的情形，即“圣人执左契”而“责于人”就有可能引发负债人的“怨”，而“圣人执左契，而不以责于人”，有所施与而不求偿还，从而达到了无怨的境地，这样做才算得上是“为善”。《老子》最后一章八十一章中的“圣人不积，既以为人己愈有，既以与人己愈多”，其中“圣人”“为人”和“与人”的姿态和第七十九章“圣人执左契，而不以责于人”是一致的。

由“报怨以德”方式的“和大怨”推导出首先应从根本上做到无怨，这样的思维方式和《论语·颜渊》提及的孔子对待“讼”的态度是相仿的。《论语·颜渊》：“子曰：‘听讼，吾犹人也。必也使无讼乎!’”杨伯峻《论语译注》的译文为：“孔子说：‘审理诉讼，我同别人差不多。一定要使诉讼的事件完全消灭才好。"[②]老子“是以圣人执左契，而不以责于人”的意旨，如果要模仿“必也使无讼乎”句型的话，那么可作“必也使无怨乎”。

“有德司契，无德司彻”，其中的“彻”为周代的税法，该句义即有德的人掌管契约，无德的人掌管税收。“有德司契”义承上文，具体而言就是前文“圣人执左契，而不以责于人”的方法，这样的无怨“为善”才是“有德”；反之，无德的“司彻”者在收税时多有怨不善之举。所以“怨”的有无，在于“有德”和“无德”的区别：“有德”则无怨，“无德”则有怨。也就是说，要做到无怨，前提是成为“有德”之人。

“天道无亲，常与善人”，义即天道没有偏爱，常常帮助善人。前文“圣人执左契，而不以责于人。有德司契”，其中的“圣人”是“有德”

---

① 转引自高明：《帛书老子校注》，中华书局1996年版。
② 杨伯峻：《论语译注》，中华书局1980年版。

者，亦为“善人”。“善人”“不以责于人”实际上就是“常与”他人，这样的“为善”之举理应受到“天道”的肯定，即“天道”“常与善人”之义。

小结：《老子》第六十三章“报怨以德”一句是对“以怨报怨”恶性循环的否定，而第七十九章章首的“和大怨，必有余怨，安可以为善”，则进一步认为“报怨以德”还可以再上一个台阶，即“必也使无怨乎”，而无怨才更是大德所在。

（本文刊于《弘道》2017年第1期）

（十）《老子》训诂三则

[摘要] 本文分别考释《老子》一书中“始制有名”“鱼不可脱于渊”“以其无死地”三句的确切含义，认为“始制有名”中的“制”用的是“制”一词截割木材的本义，“始制有名”，义即［“常无名”的“道”］开始朴散成器，万物有名。“鱼不可脱于渊”一句，表明鱼在渊时的状态为柔弱，而正因为是“柔弱胜刚强”，所以弱者无需强。“以其无死地”一句，通过和“人之生，动之死地”的对比可以看出，“善摄生者”因为无“生生之厚”而能避死。

一、始制有名

“始制有名”一句为《老子》第三十二章文，现将通行的王弼本《老子》第三十二章引录如下：

> 道常无名，朴虽小，天下莫能臣也。侯王若能守之，万物将自宾。天地相合，以降甘露，民莫之令而自均。始制有名，名亦既有，夫亦将知止，知止所以不殆。譬道之在天下，犹川谷之于江海。（第三十二章）

其中的“始制有名”，河上公注：“始，道也。有名，万物也。道无名，能制于有名；无形，能制于有形也。”其中的“始”应为开始义，不过“始制有名”一句的主语则是章首的“道”，而“道无名能制于有名”的训释，增词为训，则不足信。王弼注：“始制，谓朴散始为官长之时也。始制官长，不可不立名分以定尊卑，故始制有名也。”王弼以第二十八章中的“朴散”义训释，得之。不过“始制有名”中的“制”的含义究竟是什么，仍有深究的必要。

“始制有名”一句所在的第三十二章和之前的第二十八章，在文义上两者有相连之处。以下是通行的王弼本《老子》第二十八章的内容：

> 知其雄，守其雌，为天下溪。为天下溪，常德不离，复归于婴儿。知其白，守其黑，为天下式。为天下式，常德不忒，复归于无极。知其荣，守其辱，为天下谷。为天下谷，常德乃足，复归于朴。朴散则为器，圣人用之则为官长，故大制不割。（第二十八章）

上述第二十八章中的“故大制不割”一句误读至今。我们认为，“故大制不割”中的“制”用的是“制”一词的本义，即截割木材义。“大制不割”的字面义即大手笔地截割木材（反而）是不割。“大制不割”四字格句型属于《老子》第七十八章论及的“正言若反”的表达形式，就“大制不割”而言，在世俗的眼光里其“制”的本性是制而易割的，然而老子的“正言”与世俗价值相反，认为应是“大制不割”。“故大制不割”作为第二十八章的小结句，其“大制”对应于前文的“朴散成器”（即原本是未加工成器的整木料被分散做成各种器物）之义，而“不割”则对应于前文的“圣人用之则为官长”（即圣人使用这些器物并成为它们的长官）之义，并且以“正言若反”的四字格形式表达了第二十八章朴散归朴的章旨。①

结合对二十八章章旨的重新认识，再来看第三十二章的“始制有名”一句，就不难理解其含义了。“始制有名”中的“制”和第二十八章中的“故大制不割”中的“制”的词义相同，用的都是“制”一词截割木材的本义。第三十二章章首“道常无名”，进而“始制有名”，其中从“无名”到“有名”的演化过程和《老子》第一章论及的“无，名天地之始；有，名万物之母”的旨趣是一致的。“始制有名”，义即（“常无名”的“道”）开始朴散成器，万物有名。

---

① 参见徐山《〈老子〉“故大制不割”辨正》，《安徽大学学报（哲学社会科学版）》2017年第1期。

二、鱼不可脱于渊

“鱼不可脱于渊”一句出自《老子》第三十六章文，通行的王弼本《老子》第三十六章如下：

> 将欲歙之，必固张之；将欲弱之，必固强之；将欲废之，必固兴之；将欲夺之，必固与之。是谓微明。柔弱胜刚强。鱼不可脱于渊，国之利器不可以示人。（第三十六章）

“鱼不可脱于渊”一句，河上公注：“鱼脱于渊，谓去刚得柔，不可复制也。”认为鱼在渊时的状态为“刚”，不确。苏辙《道德真经注》：“鱼之为物，非有爪牙之利足以胜物也，然方其托于深渊，虽强有力者，莫能执之。及其脱渊而陆，则蠢然一物耳，何能为哉？圣人居于柔弱，而刚强者莫能伤，非徒莫能伤也，又将以前制其后，此不亦天下之利器也哉？鱼惟脱于渊，然后人得制之。圣人惟处于柔弱而不厌，故终能服天下，此岂与众人共之者哉？”苏辙认为鱼在渊时的状态为柔弱，得之。

从《老子》第三十六章的文脉角度而言，章末的“鱼不可脱于渊，国之利器不可以示人”，是从弱和强两个不同角度分别申说前面的“柔弱胜刚强”的。老子贵柔，主张“弱者道之用”（第四十章）、“守柔曰强”（第五十二章），而老子式的“弱”即“守弱”的特点就是要避免向世俗的“强”转化，因为世俗的“强”，如老子所言，“强梁者不得其死”（第四十二章），“坚强者死之徒”（第七十六章）。换言之，老子式的“弱”，非弱也，实强也；而世俗的所谓“强”，非强也，实弱也。正因为如此，第三十六章章前有“将欲弱之，必固强之”之说，即天道将弱之（使之败），则必先使之强，因为当下逞强之物，自将转弱（自败）。

总之，正因为是“柔弱胜刚强”，所以弱者无需强（“鱼不可脱于渊”，即鱼在渊看似柔弱但可幸存，此时非要逞强而脱于渊，则自赴死地），而强者需弱之（“国之利器不可以示人”，即国之利器示人，虽示强但已涉凶义，故应隐藏而呈弱状）。

三、以其无死地

“以其无死地”一句出现在通行的王弼本《老子》第五十章章末：

> 出生入死。生之徒，十有三；死之徒，十有三；人之生，动之死地，亦十有三。夫何故？以其生生之厚。盖闻善摄生者，陆行不遇兕虎，入军不被甲兵。兕无所投其角，虎无所措其爪，兵无所容其刃。夫何故？以其无死地。（第五十章）

“以其无死地”一句，河上公注：“以其不犯十三之死地，言神明营护之，此物不敢害。”张松如《老子说解》则继续追问：“为什么会‘无死地’呢？老子没有进一步来说”，其后取《庄子·达生》篇中一段话来应答。[①] 要真正读懂《老子》第五十章章末的“以其无死地”，仍应通观第五十章的全章内容，把握该章的主旨所在。

章首的“出生入死”，点明了由生而死的人生大趋势，接着老子将活着的人分为四类。除去走向死亡的人以外（死之徒），还有三类人，这三类人的性质分别是：中性的“生之徒”、负面性质的“人之生，动之死地”以及正面性质的“善摄生者”。负面性质的“人之生，动之死地”，死是自找的，其原因即“生生之厚”（求生过度优厚），自以为是无害的求生动机，结局却是有害而死。而“善摄生者”正好和“人之生，动之死地”相反，“陆行不遇兕虎，入军不被甲兵”，即遇不到兕虎、甲兵，从而回避了死亡（与“人之生，动之死地”相比，则为动而不入死地）。“兕无所投其角，虎无所措其爪，兵无所容其刃”，从兕虎、甲兵角度来说，因遇不到“善摄生者”，所以就没有地方能实施其伤害手段。章末“以其无死地”一句，不仅回答了“善摄生者”为什么能生而避死，而且从全章脉络分析，通过和“人之生，动之死地”的对比可以看出，“人之生，动之死地”是因为“生生之厚”而死的，那么“善摄生者”从根本上说则是因为无“生生之厚”而能

---

① 张松如：《老子说解》，齐鲁书社 1987 年版。

避死。

《老子》第五十章的章旨是“善摄生者”深知“生生之厚”会导致死亡，所以在老子思想中强调要“俭”：“我有三宝，持而保之。一曰慈，二曰俭，三曰不敢为天下先。”（第六十七章）

参考文献

高明：《帛书老子校注》，中华书局1996年版。
苏辙：《道德真经注》，华东师范大学出版社2010年版。
朱谦之：《老子校释》，中华书局1984年版。

（本文刊于《光明日报》2018年7月28日第11版国学版）

（十一）《老子》“下知有之”辨正

[**摘要**]《老子》第十七章“下知有之”一句误读至今，主要原因是通行本分章后一些文脉被割裂所造成的。“下知有之”应理解为就连次等聪明的人都有道。《老子》第十七章章旨的揭示，应将阅读研究的视野上连至前一章第十六章并下连至后一章第十八章，再结合本章内部句与句之间的意义关系方式的文脉梳理。余论部分讨论了郭店楚简《老子》丙本合抄的对应于王弼本《老子》第十七章和第十八章两章的内容，之前并没有王弼本《老子》第十六章的内容，造成了完整文脉上的内容缺失，由此表明郭店楚简《老子》的性质是摘抄本。

一、问题的提出

“下知有之”一句为《老子》第十七章文，现将通行的王弼本《老子》第十七章（有校改）引录如下：

> 太上，下知有之；其次，亲而誉之；其次，畏之；其次，侮之。信不足，焉有不信。悠兮其贵言！功成事遂，百姓皆谓：“我自然。”（第十七章）

章首的“太上，下知有之”，河上公注：“‘太上’，谓太古无名之君也。‘下知有之’者，下知上有君而不臣事，质朴也。”王弼注：“‘太上’，谓大人也。大人在上，故曰‘太上’。大人在上，居无为之事，行不言之教，万物作焉而不为始，故下知有之而已，言从上也。”由于“太上”二字河上公释作“太古无名之君”，王弼认为是“大人”，所以其后“下知有之”中的代词“之”所指即“君”“大人”之类。然而观察《老子》第十七章，该章用的是“太上……其次……其次……其次……”句式，如果首句的“太上”理解为“君”“大人”，则后面的三个“其次”就讲不通。今人蒋锡昌对“太上”理解为“君”“大人”已有质疑，他在《老子校诂》中说：

“太上”者，古有此语，乃最上或最好之谊。《魏策》：“故为王计：太上，伐秦；其次，宾秦；其次，坚约而详讲与国，无相离也。”谓最好，伐秦也。襄二十四年《传》：“太上，有立德；其次，有立功；其次，有立言。”谓最上，有立德者也。……皆其证也。此文“太上”，亦谓最好，系就世道升降之程度而言，犹谓最好之世也。王注：“太上，谓大人也，大人在上，故曰太上。”河上注：“太上，谓太古无名之君也。”自此二注出，后世解老者，皆以太上为君，沿误至今，莫能是正，而《老子》之谊晦矣。“下”者，在下之人民，即《韩非》“此言太上之下民无说也”句中之“下民”也。……“之”为君之代名词，下三“之”字并同。“太上，下知有之”，谓最好之世，下民仅知有一君之名目而已。

蒋锡昌认为“太上……其次……其次……其次……”为惯用句式，其中的“太上”应理解为最好义，至确，当从。然而蒋锡昌又认为“下知有之”的“之”所代的名词为“君”，但是“下知有之”的上下文中并没有提及“君”之类，所以“之”为“君之代名词”之说仍不可信，“下知有之”中的“之”究竟指什么仍有进一步研究的必要，从而对《老子》第十七章的章旨重新加以认识。

二、“下知有之”正解

首先来看“下知有之”中“下知”的含义。蒋锡昌认为“‘下’者，在下之人民”，并把“知”理解为动词，不确。“下知有之”，郭店楚简《老子》丙本作“下智又（有）之”，而《韩非子·难三》亦引作“下智有之”。由此可见，“下知”的“知”为名词义，也就是说，“下知”应理解为偏正结构，即其中的“知”为名词，通“智”。所谓“下知”，即把智慧分成两等，上为“上知（智）”，下为“下知（智）”。“上知”一词见于《论语·阳货》：“子曰：‘唯上知与下愚不移。’”

“下知有之”中的代词“之”，一定要有相应的名词方能代替。由于“下知有之”前面的“太上”为最好义，所以“下知有之”中的代词“之”在《老子》第十七章中便显得无适当的名词可替代。其实，造成这样的阅读状态的根本原因是通行本《老子》分章以后，原来固有的文脉被割裂了。

《老子》形成之初本不分章，西汉早期的马王堆3号墓出土的帛书《老子》乙本仍不分章。分章的出现是为了阅读的方便，如帛书《老子》甲本中为数不多的圆点符号，应含有分章的意味。北京大学所藏的西汉中期竹简本《老子》分七十七章，而通行的王弼本《老子》则分八十一章。

由于“下知有之”的“之”在《老子》第十七章中没有着落，这样就有必要摆脱《老子》分章后所带来的束缚，把眼光投向“下知有之”的上一章第十六章。以下是王弼本《老子》第十六章的内容：

> 致虚极，守静笃。万物并作，吾以观复。夫物芸芸，各复归其根。归根曰静，是谓复命。复命曰常，知常曰明。不知常，妄作凶。知常容，容乃公，公乃王，王乃天，天乃道，道乃久，没身不殆。（第十六章）

第十六章强调了“致虚”“守静”和“知常”，最后的结论句由“知常”开始，逐层推进构成了“知常→容→公→王→天→道”的长链，这样最终的“道”才能“久”而“不殆”。由此可见，该章章旨通过层层推衍，点明了“虚”“静”乃“道”的本质。由于第十六章论述了“道”的“虚”“静”性质，而且章末最后一个名词就是“道”，所以紧接其后的第十七章首句“太上，下知有之”，其中的“之”所代替的名词当是前文出现的“道”。这样，“太上，下知有之”一句应理解为“最好的情形，则是就连次等聪明的人都有道”。

三、王弼本《老子》第十七章文脉的梳理

王弼本《老子》第十七章首句“太上，下知有之”的“之”恢复了和前文的文脉关系以后，该章后面出现的三个“其次”句，其主语蒙前省，均为“下知”，而且句中的三个“之”所替代的还是“道”。以下是《老子》第十七章的逐句讨论。

“太上，下知有之”，义即最好的情形，则是就连次等聪明的人都有道。言外之意，既然“下知”都已有道，那么上知者更是有道了。

“其次，亲而誉之”，义即次一等的情形，则是（“下知”虽然做不到有道，但能）亲近道、赞誉道。

“其次，畏之”，义即再次的情形，则是（“下知”不能亲近道、赞誉道，而是）畏惧道。

“其次，侮之”，义即最次的情形，则是（“下知”连畏惧道都做不到，而是）轻侮道。所谓最次的情形“下知”轻侮道之义，又见《老子》第四十一章：“下士闻道，大笑之。不笑不足以为道。”

以上“太上……其次……其次……其次……”句式，论述了“下知”对待“道”从最好到最次的四个不同等级的情形。

“信不足焉，有不信焉”，王念孙认为：“王弼本第十七章‘信不足焉，有不信焉’，河上公本无下‘焉’字。念孙案：无下‘焉’字者是也。‘信不足’为句，‘焉有不信’为句。焉，于是也。言信不足，于是有不信也。”王念孙之说至确。验之郭店楚简《老子》，作“信不足，安又（有）不信。”帛书《老子》甲本作“信不足，案有不信。”帛书《老子》乙本作“信不足，安有不信。”北京大学所藏的西汉中期竹简本《老子》亦作“信不足，安有不信。”其中的“安”或“案”，义同“焉”，都是连词，为“于是”义。王弼本第十七章“信不足焉，有不信焉”应根据出土的简帛诸本校为“信不足，焉有不信”，义即（对“道”的）信任不足，于是才有（对“道”的）不信任。此句是解释前文最次的情形轻侮道的原因。

“悠兮其贵言”，其中的“悠”，郭店楚简《老子》作“猷”，读作“猶（犹）”。帛书《老子》乙本作“猶（犹）”，北京大学所藏的西汉中期竹

简本《老子》亦作“猶（犹）”。“悠”当读为“犹”，义同王弼本《老子》第十五章“犹兮若畏四邻”中的“犹”。“犹兮若畏四邻”，河上公注：“其进退犹犹如拘制，若人犯法，畏四邻知之也。”王弼注：“四邻合攻中央之主，犹然不知所趣向者也。上德之人，其端兆不可睹，意趣不可见，亦犹此也。”“犹”为迟疑审慎之义。“悠兮其贵言”中的代词“其”作“其贵言”部分的主语，所代替的名词仍是“道”。“其贵言”即道之矜贵其言。“悠兮其贵言”，义即迟疑审慎啊，道不轻易出言。所谓“贵言”旨趣，又见《老子》第二十三章：“希言自然。”河上公注：“‘希言’者，是爱言也。爱言者，自然之道。”“悠兮其贵言”一句，进一步说明了最次的情形中“下知”对“道”产生“信不足”的原因所在，即“信不足”是因为误解了道“贵言”所致。从《老子》本不分章的角度去阅读理解道“贵言”，就不难看出第十七章的道“贵言”，即文前第十六章所阐发的“道”的“虚、静”性质的表征，亦即再之前第十四章首句“视之不见，名曰夷。听之不闻，名曰希。搏之不得，名曰微”所描述的“道”的虚无性质的表征。

“悠兮其贵言”一句从文脉发展来看，一方面点明了上文最次的情形“下知”对“道”产生“信不足”的原因，另一方面道“贵言”又遭到百姓的普遍漠视，导致下文“功成事遂，百姓皆谓：‘我自然’”的产生。

“功成事遂，百姓皆谓：‘我自然。’”其中的“我自然”，义即是我自己达到这样的（即非外力使之然）。按照老子的观点，“功成事遂”，理应“道”使之然，然而百姓则干脆漠视“道”的存在，而认为“我自然”。对比前文“下知”对待“道”有从最好到最次的四种不同情形，从“百姓皆谓”可知，百姓对待“道”其实只有一种态度。

第十七章章末似乎没有去进一步小结，然而结合其后紧接的第十八章一起阅读，第十七章的章旨则大明。以下是王弼本《老子》第十八章的内容：

> 大道废，有仁义；智慧出，有大伪；六亲不和，有孝慈；国家昏乱，有忠臣。（第十八章）

郭店楚简《老子》丙本1、2、3简有对应于王弼本《老子》第十七章和第十八章两章合抄的内容，值得指出的是，对应于王弼本《老子》第十七章和第十八章的两章是连抄的，之间并无任何符号分隔；另外王弼本“大道废”在郭店楚简《老子》丙本中为“古（故）大道登（废）”。王弼本“大道废”一句在帛书《老子》甲本、乙本则均作“故大道废”。北京大学所藏的西汉中期竹简本《老子》，对应于王弼本《老子》第十七章、第十八章以及第十九章的三章是不分章的，而王弼本“大道废”一句亦作“故大道废”。从上述情况可知，“故大道废”当存《老子》之旧，而王弼本《老子》“大道废”则已脱“故”一字，当补出“故”字。此外，由于“故大道废”的“故”为推论标识，表明“故大道废”之后的内容和前文即王弼本《老子》第十七章的内容关系紧密，所以从分章角度而言，郭店楚简《老子》和北京大学所藏的西汉中期竹简本《老子》在“故大道废”一句前不分章的处理是正确的。

第十八章首句为“（故）大道废”，而“大道废”正是前面第十七章所展现的最次的情形中“下知”对“道”的不信任感以及百姓对“道”的漠视态度的评价，同时第十八章又进一步具体描绘了“大道废”以后随之而来的病态的社会现象。

综上所述，王弼本《老子》第十七章的首句“太上，下知有之”的考辨，涉及“太上”“下知”“之”三个语言点问题，情况颇为复杂。该句误读至今，主要原因还是通行本分章后一些文脉被割裂所造成的。就《老子》第十七章章旨而言，因为《老子》本不分章，所以在梳理《老子》第十七章文脉的时候，不仅要扩大阅读研究的视野而上连至前一章，而且还有必要下连至后一章，再结合本章内部句与句之间意义关系方式的厘清，才能正确地把握该章的章旨。

四、余论

王弼本《老子》第十七章首句“太上，下知有之”的含义以及第十七章的章旨，正如上文所论，应将其上一章第十六章和下一章第十八章合起来才能有确解，以此可以回答和郭店楚简《老子》性质相关的问题。

郭店楚简《老子》的内容相当于今本的五分之二，由此产生了两种不同意见。第一种意见认为郭店楚简《老子》是八十一章本的摘抄本，因而郭店楚简《老子》的字数较之八十一章本的字数少了许多；第二种意见认为郭店楚简《老子》是原始本，字数就是那么多，后来的八十一章本是从郭店楚简《老子》发展扩充而来的，所以八十一章本的字数增多了。

观察郭店楚简《老子》，其丙本 1、2、3 简有对应于王弼本《老子》第十七章、第十八章合抄的内容，而其甲本 24 简有对应于王弼本《老子》第十六章从章首至“各复归其根”的前半章内容，而没有王弼本《老子》第十六章从“归根曰静”至章末“没身不殆”的后半章内容。甲本 24 简最后一字下有长方形墨钉作为符号标记，从长方形墨钉至简末留有 5、6 字的空白。

我们认为王弼本《老子》第十七章的首句“太上，下知有之”的“之”，如果离开了第十六章章末可代替的名词“道”，就显得语义突兀。换言之，原始本《老子》文脉相连的第十六章和第十七章是不能分割的，这两章的内容也不可以有部分缺少的。郭店楚简《老子》丙本合抄了对应于弼本《老子》第十七章、第十八章的内容，显示出王弼本《老子》第十七章、第十八章这两章文脉原本紧连的性质；而郭店楚简《老子》丙本合抄的内容之前并没有王弼本《老子》第十六章的内容，造成了完整文脉上的内容缺失，由此表明郭店楚简《老子》的性质是摘抄本。

参考文献

北京大学出土文献研究所：《北京大学藏西汉竹书》（二），上海古籍出版社 2012 年版。

陈鼓应主编：《道家文化研究》第十七辑（郭店楚简专号），生活·读书·新知三联书店 1999 年版。

高明：《帛书老子校注》，中华书局 1996 年版。

国家文物局古文献研究室：《马王堆汉墓帛书》（一），文物出版社 1980 年版。

蒋锡昌：《老子校诂》，商务印书馆 1937 年版。

荆门市博物馆：《郭店楚墓竹简》，文物出版社 1998 年版。
梁启雄：《韩子浅解》，中华书局 1960 年版。
彭裕商、吴毅强：《郭店楚简老子集释》，巴蜀书社 2011 年版。
王念孙：《读书杂志》，江苏古籍出版社 2000 年版。
朱谦之：《老子校释》，中华书局 1984 年版。

（本文刊于《周易研究》2019 年第 2 期）

（十二）《老子》“莫若啬”辨正

[**摘要**]《老子》第五十九章“莫若啬”一句学者理解有分歧，根本原因在于《老子》形成之初本不分章，通行的王弼本《老子》的分章造成了一些文脉割裂的现象。《老子》第五十九章章首的“治人事天，莫若啬”，其中的“啬”用的是“啬”一词的本义，即（收获后的）敛藏义，“啬”是第五十八章章末四句的高度概括，随后采用一系列顶真修辞手法展开论述，层层相扣，从而推导出章末的“是（复指上文论述的‘啬’）谓深根固柢，长生久视之道”的小结句。余论部分讨论了郭店楚简《老子》抄写对应王弼本《老子》第五十九章的内容，但是之前并没有王弼本《老子》第五十八章的内容，造成了完整文脉上的内容缺失，由此表明郭店楚简《老子》的性质是摘抄本。

一、问题的提出

“莫若啬”一句为《老子》第五十九章文，现将通行的王弼本《老子》第五十九章引录如下：

> 治人事天，莫若啬。夫唯啬，是谓早服；早服谓之重积德；重积德则无不克；无不克则莫知其极；莫知其极，可以有国；有国之母，可以长久；是谓深根固柢，长生久视之道。（第五十九章）

其中的“莫若啬”，河上公注：“啬，爱惜也。治国者当爱民财，不为奢泰。治身者当爱精气，不放逸。”王弼注：“‘莫若’，犹莫过也。‘啬’，农夫。农人之治田，务去其殊类，归于齐一也。全其自然，不急其荒病，除其所以荒病。上承天命，下绥百姓，莫过于此。”今人高亨《老子正诂》：

"啬本收藏之义，衍为爱而不用之义。此'啬'字谓收藏其神形而不用，以归于无为也。""莫若啬"三字，比较上述三种解释，高亨近之。然而细读《老子》第五十九章，此"啬"的观念在章首出现仍有突兀之感，该章关键字"啬"的内涵究竟是什么仍有进一步研究的必要，从而重新梳理《老子》第五十九章的文脉，揭示该章的章旨所在。

二、"啬"的词义系统

《说文·啬部》："啬，爱濇也。从来亩。来者亩而藏之，故田夫谓之啬夫。"段玉裁在"爱濇也"之下注曰："啬、濇叠韵。《广韵》引作'歰'。'歰'与'濇'皆不滑也。……"又在"从来亩。来者亩而藏之，故田夫谓之啬夫"之下注曰："说'从来亩'之意也。啬者，多入而少出，如田夫之务盖藏。故以来亩会意。……"甲骨文已见"啬"字，其形体为上"来"下"亩"且两部件相连的上下结构。"来"的本义为麦子。"亩"，《说文·亩部》："亩，谷所振入，宗庙粢盛，仓黄亩而取之，故谓之亩。""亩"的本义为粮仓。所以，"啬"字的甲骨文形体义为麦子入藏于粮仓。

徐灏《说文解字注笺》："'啬'即古'穑'字。《方言》《广雅》并云：'啬，积也。'盖啬之本义谓收获。……啬必从来者，《本草》曰麦为五谷之长。……收获即敛而藏之，故引申为爱啬之偁，因之又谓吝惜为啬。……"徐灏认为"啬"的本义为收获，引申为"爱啬""吝惜"义，均得之。结合"啬"字的甲骨文形体义，"啬"的本义可以进一步明确为收获敛藏。

由于"啬"为多义词，所以后来又分化出"穑"字来承担"啬"的本义。《说文·禾部》："穑，谷可收曰穑。从禾，啬声。"段玉裁注："《毛传》曰：'敛之曰穑。'许不云'敛之'云'可收'者，许主谓在野成熟；不言禾言'谷'者，晐百谷言之，不独谓禾也。古多叚'啬'为'穑'。"

三、《老子》第五十九章"莫若啬"应结合第五十八章理解

"莫若啬"出现在《老子》第五十九章的章首，其后并没有对"啬"究竟指什么展开论述，加之"啬"如前文所讨论的是一个多义词，这样就

造成了学者在理解文本时的分歧现象。我们认为，出现这样的问题，根本原因在于《老子》形成之初本不分章，通行的王弼本《老子》的分章造成了一些文脉割裂的现象。

《老子》形成之初本不分章，西汉早期的马王堆3号墓出土的帛书《老子》乙本仍不分章。分章的出现是为了阅读的方便，如帛书《老子》甲本中为数不多的圆点符号，应含有分章的意味。北京大学所藏的西汉中期竹简本《老子》分七十七章，而通行的王弼本《老子》则分八十一章。

为了正确把握“莫若啬”的含义以及第五十九章的文脉和章旨，《老子》第五十九章应和之前的第五十八章结合起来理解才能奏效。以下是通行的王弼本《老子》第五十八章：

> 其政闷闷，其民淳淳；其政察察，其民缺缺。祸兮福之所倚，福兮祸之所伏。孰知其极？其无正。正复为奇，善复为妖。人之迷，其日固久。是以圣人方而不割，廉而不刿，直而不肆，光而不耀。（第五十八章）

第五十八章章首“其政闷闷，其民淳淳”，王弼注：“言善治政者，无形无名无事，无政可举，闷闷然，卒至于大治，故曰‘其政闷闷’也。其民无所争竞，宽大淳淳，故曰‘其民淳淳’也。”该句义即其政无为，人民则淳朴。下一句“其政察察，其民缺缺”，则呈现截然相反的情形，义即其政（不是无为，而是）苛严，人民则（不是淳朴，而是）狡诈。“孰知其极”之问旨在说明“祸”“福”两者的转化是无终极的。

第五十八章章末“是以圣人方而不割，廉而不刿，直而不肆，光而不耀”四句，为该章的小结句。该四句在句型和旨趣方面都是一致的。就“方而不割”而言，“方”本为物理性质的，又引申为人的品质。“方”形有棱角，容易割伤人，就“方”的本性而言，是方而易割的，所以圣人要避免有可能发生的“割”的出现，以保证已有的“方”不向其反面转化。

“是以圣人方而不割，廉而不刿，直而不肆，光而不耀”，义即所以圣人方正但又不割伤人，有棱角但又不伤害人，直率但又不放肆，光亮但又不照耀。仔细阅读《老子》第五十九章之前的第五十八章的内容，尤其是第五十八章章末的四句小结句，可知两章的章旨联系紧密。

《老子》第五十九章一开始的“治人事天，莫若啬”，其中“治人”义承第五十八章一开始论述的“其政”，“事天”为事奉天之义，“莫若啬”义即什么都不如“啬”。作为最好的“啬”，正是上一章第五十八章章末四句旨趣的高度概括，其中的“不割”“不刿”“不肆”“不耀”的隐忍品质，其核心精神就是一个“啬”字。将“方而不割，廉而不刿，直而不肆，光而不耀”的圣人品质和“啬”一词的词义系统联系起来，就不难看出“莫若啬”的“啬”用的正是“啬”一词的本义，即（收获后的）敛藏义。

四、《老子》第五十九章“莫若啬”之后诸句的文脉梳理

下面来逐句讨论通行的王弼本《老子》第五十九章“莫若啬”之后诸句的含义以及句与句之间的意义关系方式。

“夫唯啬，是谓早服”，其中的“是谓”，郭店楚简《老子》乙本、帛书《老子》乙本和北京大学所藏的西汉中期竹简本《老子》均作“是以”。“夫唯……是以……”，义即“正是因为……所以……”，该句式在《老子》一书中多见，如第二章：“夫唯弗居，是以不去。”第七十章：“夫唯无知，是以不我知。”第七十一章：“夫唯病病，是以不病。”所以，王弼本《老子》第五十九章的“夫唯啬，是谓早服”中的“是谓”，应根据出土的简帛诸本校为“是以”。“早服”，郭店楚简《老子》乙本作“早備”，帛书《老子》乙本和北京大学所藏的西汉中期竹简本《老子》均作“蚤（早）服”。《说文》：“服，用也。”段玉裁注：“《关雎》笺曰：‘服，事也。’”此外，“服”“備”两字的上古音均为並（并）母职部。权衡“早服”和“早備”的两种异文在句中的含义，仍应以王弼本《老子》的“早服”为原始文本所在，而郭店楚简《老子》乙本“早備”的“備”则是本字“服”的假借字。“夫唯啬，是谓早服”，义即正是因为（是收获后）敛藏的“啬”，所以要及早去做。作为本义为农事性质的“啬”，理应及早地去从事，所以根据类比关系，由第五十八章章末旨趣概括出来的敛藏义的“啬”，自然也应“早服”。

“早服谓之重积德”，义即及早去做就是多积德。其中的“积”仍义承

上文“啬”的敛藏义。

“重积德则无不克”，义即多积德就无往而不胜。由于“啬”的敛藏性质，其内涵即第五十八章章末的“不割”“不刿”“不肆”“不耀”，但是通过“早服”“重积德”，功效却是“无不克”。

“无不克则莫知其极”，义即无往而不胜就没有人能知道取胜（力量）的终极。此句义在强调“无不克”的力量。

“莫知其极，可以有国”，义即没有人能知道取胜（力量）的终极，就可以拥有国家。“有国”义承本章章首的“治人”。

“有国之母，可以长久”，义即有了治国的根本，就可以长久。从“母”的上下文可知，根本义的“母”指的就是本章讨论的核心词“啬”。

“是谓深根固柢，长生久视之道”，作为主语的代词“是”，复指上文论述的“啬”。“深根固柢”四字，为并列的两个偏正词组构成，义承上句中的“母”的根本义。而“长生久视”四字，其构成和“深根固柢”四字一样，也是并列的两个偏正词组，其中的“久视”义同“长生”，即“久视”为“长生”具体的状态，言外之意，如果人不能长生而死，则双眼紧闭而不再有“视”的动作。“长生久视”四字，义承上句中的“长久”。“是谓深根固柢，长生久视之道”，义即“啬”就叫作深根固柢而又长生的方法。

综上所述，《老子》第五十九章章首的“治人事天，莫若啬”，其中的“啬”是第五十八章的章末四句的高度概括，随后的“莫若啬。夫唯啬，是谓早服；早服谓之重积德；重积德则无不克；无不克则莫知其极；莫知其极，可以有国；有国之母，可以长久”，采用一系列顶真修辞手法展开论述，层层相扣，从而推导出章末的“是谓深根固柢，长生久视之道”的小结句。

五、余论

王弼本《老子》第五十九章首句“治人事天，莫若啬”的含义，正如上文所论，应结合上一章第五十八章的内容才能有确解，以此可以回答和郭店楚简《老子》性质相关的问题。

郭店楚简《老子》的内容相当于今本的五分之二，由此产生了两种不同意见。第一种意见认为郭店楚简《老子》是八十一章本的摘抄本，因而郭店楚简《老子》的字数较之八十一章本的字数少了许多；第二种意见认为郭店楚简《老子》是原始本，字数就是那么多，后来的八十一章本是从郭店楚简《老子》发展扩充而来的，所以八十一章本的字数增多了。

观察郭店楚简《老子》，其乙本1、2、3简有对应于王弼本《老子》第五十九章的内容，乙本3简简首的七字“长生舊（久）视之道也”即王弼本《老子》第五十九章章末的内容。乙本3简在“长生舊（久）视之道也”之后有方形墨钉作为分章的符号标记，而在该方形墨钉之下则抄写了对应于王弼本《老子》第四十八章的内容。

我们认为王弼本《老子》第五十九章的首句中的“莫若啬”，如果脱离了第五十八章章末四句的文脉，就显得语义突兀。换言之，原始本《老子》文脉相连的第五十八章和第五十九章是不能分割的，这两章的内容也不可以有部分缺少的。郭店楚简《老子》乙本抄写对应王弼本《老子》第五十九章的内容，但是之前并没有王弼本《老子》第五十八章的内容，造成了完整文脉上的内容缺失，由此表明郭店楚简《老子》的性质是摘抄本。

参考文献

北京大学出土文献研究所：《北京大学藏西汉竹书》（二），上海古籍出版社2012年版。

陈鼓应主编：《道家文化研究》第十七辑（郭店楚简专号），生活·读书·新知三联书店1999年版。

丁福保：《说文解字诂林》，中华书局1988年版。

段玉裁：《说文解字注》，上海古籍出版社1981年版。

高亨：《重订〈老子正诂〉》，古籍出版社1956年版。

高明：《帛书老子校注》，中华书局1996年版。

国家文物局古文献研究室：《马王堆汉墓帛书》（一），文物出版社1980年版。

荆门市博物馆：《郭店楚墓竹简》，文物出版社1998年版。

彭裕商、吴毅强：《郭店楚简老子集释》，巴蜀书社2011年版。

（本文刊于《兰州学刊》2019年第8期）

（十三）《老子》“道可道，非常道”辨正

[**摘要**]《老子》首章首句“道可道，非常道”一句学者理解有分歧。本文从《老子》的成书背景出发，指出第一字的“道”是老子思想的“道”，即“道3”（以区别本义“道路”用法的“道1”和引申义“学说、思想体系”用法的“道2”）。首句直译为：（我老子思想）“道3”（如果是）可以言说的，就不是永恒常在的“道3”；转述为：（我老子思想）“道3”是永恒常在的“道3”，而且是不可以言说的。老子“道3”不可言说，主要是针对其虚空性质有感而发的。最后还逐句讨论《老子》首章“道可道，非常道”之后诸句的含义，并进行了句与句之间的文脉梳理，认为“无”的概念是解开“道3”内涵的门法所在。

一、问题的提出

“道可道，非常道”，作为《老子》首章首句，如何正确地去诠释，这对于《老子》首章的文脉发展和章旨确定乃至于全书结构的梳理都是至关重要的。

“道可道”，河上公注：“谓经术政教之道也。”“非常道”，河上公注：“非自然生长之道也。常道当以无为养神，无事安民，含光藏晖，灭迹匿端，不可称道。”即认为“常道”是“不可称道”的。王弼在“道可道，非常道。名可名，非常名”后注：“可道之道，可名之名，指事造形，非其常也。故不可道，不可名也。”王弼认为“可道之道”“非其常也”，而常道则是“不可道”的，即不可言说的。今人高亨《老子注译》：“老子说：道之可以讲说的，就不是永远存在的道，如儒家所谓‘道’便是，而我所谓

的‘道’（宇宙本体），是不可以讲说的，是永远存在的‘常道’。”① 高亨此说得之，不过仍有进一步阐述的必要。主要的问题为：全书首字的“道”，指向的是什么样的“道”？ “常道”的词义如何？为什么老子的“道”是不可以言说的？要回答这些互为关联的问题，首先从《老子》成书的背景说起。

二、《老子》成书的背景

《史记・老子韩非列传》：“老子者，楚苦县厉乡曲仁里人也，姓李氏，名耳，字聃，周守藏室之史也。孔子适周，将问礼于老子。……老子修道德，其学以自隐无名为务。居周久之，见周之衰，乃遂去。至关，关令尹喜曰：‘子将隐矣，强为我著书。’于是老子乃著书上下篇，言道德之意五千余言而去，莫知其所终。”从这段记载中可以看出，孔子问礼于老子，一方面表明老子年长于孔子，另一方面说明老子的思想确有吸引人之处。尹喜执意要老子为他写书，说明老子在出关之前并没有著书立说，尹喜认为老子人可以不留在周境，但老子的思想则一定要留下来。

《老子》一书的写作就是在这样的交易背景中完成的。老子既要完整地阐述自己的思想，同时必须尽可能在较短的时间内完稿以便出关，这样就形成了“五千余言”的精炼凝重的篇幅。

三、我老子思想：道

“道”一词的本义为用作名词的道路义。“道”一词到老子时代已是多义词，其名词性的词义沿着“途径、方法—学说、思想体系”的引申途径而演变。我们将本义用法的“道”标示为“道 1”，同时将引申义“学说、思想体系”用法的“道”标示为“道 2”。“道 2”的用法如：《论语・里仁》：“子曰：‘参乎！吾道一以贯之。’”又《论语・卫灵公》：“子曰：‘道不同，不相为谋。’”

老子将自己的思想仍用“道”一词来表示。当然，“老子思想—道”的

① 高亨：《老子注译》，河南人民出版社 1980 年版。

共存关系也并不是老子在写《老子》一书的时候才确立的，而是在老子写《老子》一书之前就确立了。《老子》第四十一章：“上士闻道，勤而行之；中士闻道，若存若亡；下士闻道，大笑之。不笑不足以为道。”这里如实反映了“上士”“中士”“下士”三类人对老子思想的“道”的看法。又《老子》第六十七章：“天下皆谓我道大，似不肖。”即天下人都说老子的“道”是广大的，却不像任何具体的东西。

尽管老子仍用“道”一词的形式，且以世人理解的“道 2”义用法为基础，由于老子的思想有其独特的一面，所以老子的“道”则赋予了“道”的词义系统新的含义，即创造了“道”一词的新的词义。《老子》一书的任务，就是要全面阐述老子思想的“道”。为了把老子的“道”和一般意义上的“道 2”义有效地区分开来，我们将作为老子思想的“道”标示为“道 3”。

老子自然非常明白尹喜要老子著书的意图，即通过著书来呈现老子的思想，这样“道 3”就理所当然地成为《老子》一书的主题所在。《老子》开篇第一字的“道”，正是老子思想的“道”，即“道 3”，这样“道可道，非常道”的第一字“道 3”直截了当地切入主题，作为“道 2”的理解可能性就排除了。

四、常道

通行的王弼本《老子》的“道可道，非常道”中的“常道”，在帛书甲本中作“恒道”。《说文》：“恒，常也。”即“恒”一词的本义为“恒常”义。通行的王弼本《老子》和帛书甲本“常”“恒”的异文情况，表明两个词在“恒常”义上是同义的。“常道”即恒常之道（永恒常在的道）。

再来看一下前人对“道可道，非常道”一句的不同理解。

唐代李荣《道德真经注》：“道者，虚极之理也。……圣人欲坦兹玄路，开以教门，借圆通之名，目虚极之理，以理可名，称之可道。故曰：吾不知其名，字之曰道。非常道者，非是人间常俗之道也。”① 李荣认为道是可

① 李荣：《道德真经注》，《道藏》第 14 册，文物出版社、上海书店、天津古籍出版社 1988 年版。

以言说的，但是这个道不是人间常俗之道。

另外，北宋司马光《道德真经论》："世俗之谈道者，皆曰道体微妙，不可名言。老子以为不然，曰道亦可言道耳，然非常人之所谓道也。"① 司马光也认为道是可以言说的，然而这个道不是常人之道。

李荣把"常道"的"常"理解为"常俗"，"常俗"为并列复词，为"平常"义，而"常"在《老子》一书以及直至老子时代的早期文献用语里均无"平常"义，所以李荣的见解不可取。司马光把"常道"的"常"理解为"常人"，然而"常"的词义系统里并无"常人"的用法，这种增字为训的方法亦不可信。

"道可道"的第一个"道"是"道 3"之义，在排除了"常道"的"常俗之道""常人之道"的理解可能性之后，这样"道可道"如果按照陈述句理解的话，"道可道，非常道"就成了"（我老子思想）'道 3'是可以言说的，但不是永恒常在的道"，这样的理解显然是说不通的，并不符合《老子》一书的旨趣。因此，"道可道"只能理解为没有假设关系连词语法标记的假设句，河上公、王弼就持这样的看法。

综上所述，"道可道，非常道"可理解为：

直译：（我老子思想）"道 3"（如果是）可以言说的，就不是永恒常在的"道 3"。

转述（1）：（我老子思想）"道 3"（事实上是）不可以言说的，是永恒常在的"道 3"。

转述（2）（我老子思想）"道 3"是永恒常在的"道 3"，而且是不可以言说的。

从转述（2）中可以看到，老子对自己的思想"道 3"进行了定位，"道 3"是永恒常在的。纵观《老子》全书，"常道"是对老子自己的思想"道 3"的客观性质的评价，而不是自负意义上的价值标签。与此同时，"道 3"的"常道"性质也映衬出一般意义上的"道 2"的非"常道"性质。

---

① 司马光：《道德真经论》，《道藏》第 12 册，文物出版社、上海书店、天津古籍出版社 1988 年版。

五、我老子思想“道”不可言说

作为一般意义上的“道 2”是可以言说的，而老子思想“道 3”则不可言说。

《老子》第十四章这样描述“道 3”：“视而不见，名曰夷；听之不闻，名曰希；搏之不得，名曰微。此三者不可致诘，故混而为一。其上不皦，其下不昧。绳绳不可名，复归于无物。是谓无状之状，无物之象，是谓惚恍。”其中的“不可致诘”，河上公注：“不可致诘者，夫无色无声无形，口不能言，书不能传，当受之以静，求之以神，不可诘问而得之也。”即“道 3”无色无声无形，所以不可言说。

又第二十一章：“道之为物，惟恍惟惚。惚兮恍兮，其中有象；恍兮惚兮，其中有物。窈兮冥兮，其中有精；其精甚真，其中有信。”“道 3”作为宇宙万物的本源，它是存在的“物”，然而其形象却是恍惚窈冥。老子的“道 3”“物—虚空”合而为一，而其中的虚空性质是难以用语言描述的。老子“道 3”不可言说，主要就是针对其虚空性质有感而发的。

老子是典型的隐君子，“以自隐无名为务”，出关更是彻底地隐遁。作为隐士来说，老子有足够的时间去内省，去发现自我，认识自我。而老子对“道 3”“物—虚空”合而为一认识的获得，当和老子的心理状态密切相关。

《老子》第十章：“涤除玄览，能无疵乎？”河上公注：“心居玄冥之处，览知万物，故谓之玄览也。”“玄览”为静观义。又第十六章：“致虚极，守静笃。”从中可见禅定状态，以内省内视法深入到自己的心灵深处。

由于老子的内省实践，最后势必就会进入虚空记忆的心理状态，这时的视觉心理感受就是虚空，就是无。老子对虚空记忆的体悟，构成了老子新的心理起点。[①] 作为永恒的虚空记忆是不可言状的，老子进而成功地携带虚空记忆的这种性质去构筑他自己的思想体系，并将虚空记忆这种“永恒的、不可言状的”同时又是“虚空、无”的性质投射到“道 3”上，从而

---

① 有关“虚空记忆”的详细讨论，参见《胎儿期记忆：人的精神文化原型的发现》第三章第二节“涅槃”，第四章第一节“老子”以及第四章第二节“庄子”，中国商业出版社 2017 年版。

以“道3”统摄自然、社会、个人的各个层面。

六、《老子》首章“道可道，非常道”之后诸句的文脉梳理

下面来逐句讨论通行的王弼本《老子》首章“道可道，非常道”之后诸句的含义以及句与句之间的意义关系方式。

“名可名，非常名”，句式仿首句“道可道，非常道”，从相同的句式这点上可知这两句文义紧扣。由于首句涉及了“道3”是否可以言说，而言说就会遇到所言说的对象的名这样的问题，所以接下来的第二句以“名”开始。联系首句句义，“名可名”的第一个“名”指的是我老子思想用“道3”命的名。“名可名，非常名”可理解为：

直译：（我老子思想用“道3”命的）名（如果是）可以命名的，就不是永恒常在的名。

转述（1）：（我老子思想用“道3”命的）名（事实上）是不可命名的，是永恒常在的名。

转述（2）：（我老子思想用“道3”命的）名是永恒常在的名，而且是不可命名的。

作为“常名”的“道3”这个名原本是不可命名的，有关这一点，《老子》第二十五章：“有物混成，先天地生。寂兮寥兮，独立而不改，周行而不殆，可以为天地母。吾不知其名，字之曰道，强为之名曰大。”“吾不知其名，字之曰道”，河上公注：“我不见道形容，不知当何以名之。见万物皆从道所生，故字之曰道。”

“无，名天地之始；有，名万物之母”，其中的两个“名”用法同上句中第二个“名”，均为动词，义即命名。该句接着上句的命名话题，而该句的主语“无”和前两句的主语“道”“名”一样，仍用单音节。“无”一词在老子时代，其用法主要是“没有”义的动词和“不”义的副词，而老子的这个“无”则是表示“没有”的虚空状态且用如名词的抽象概念。“无”是对“道3”性质的刻画，该句可理解为：（“道3”的）“无”（这个词），（用来）命名天地的初始；（“道3”的）“有”（这个词），（用来）命名万物的本原。这其中强调的不仅仅是“道3”是“无”这样的虚空性质，而

且“无”是本源性的、能产性的，从而展现了以“道3—无”为本源的两条演化路径：由“无”生“有”，以及由“道3”产生天地进而产生万物，这样的思想在第四十章“天下万物生于有，有生于无”一句中又再次得到清晰的表述。可以这样说，“无”的概念是解开“道3”内涵的门法所在。

老子“无—有”的概念，关注重点落在了“无”并加以充分肯定。在老子的这一原则指导下，《老子》书中对待诸多成对的反义词时的态度则呈同步现象，如“雄—雌”“刚强—柔弱”“贵—贱”等，世俗的眼光是肯定前者，同时却常常忽略了后者；而老子却不然，在了解前者的同时，将重点落实在后者，并充分挖掘后者的主导作用，如《老子》第二十八章：“知其雄，守其雌。”第五十二章：“守柔曰强。”第三十九章：“贵以贱为本，高以下为基。”老子的这些与世俗世界不同的独特之处，其精义老子总结为“正言若反”（第七十八章），义即（老子认为是）正常的言论好像（与世俗价值）相反。这样老子便自我阐明了老子式“正言”的产生途径，老子是世俗价值的颠覆者，老子式的“正言”是在世俗价值的判断基础上加以否定而产生的。

“故常无，欲以观其妙；常有，欲以观其徼”，该句首字“故”为推论标记，句义则承上句的“无—有”而论其作用。“常无”，义即永恒常在的“无”，其词组形式仿首句中的“常道”。首句由“道”而“常道”，“常道”是单音节“道3”的强化，本句中“常无”“常有”亦应作如是观。“常无”，尽管是“无”的状态，但有其作用，可以用来“观其妙”即观照“道3”的微妙。从虚空可用来“观其妙”这样的论说中，可以看到老子禅定内观的心理实践的痕迹。《说文》：“徼，循也。”“循，顺行也。”即“徼”的本义为顺着走。“欲以观其徼”的“徼”用的是该词的本义。“故常无，欲以观其妙；常有，欲以观其徼”一句可理解为：所以（“道3”的）永恒常在的“无”，将用来观照“道3”的微妙；（“道3”的）永恒常在的“有”，将用来观照“道3”有规律的运行。

“此两者同出而异名，同谓之玄”，“此两者”指的是上句所论及的“常无”和“常有”。《说文》：“玄，幽远也。”该句义为：这（“常无”和“常有”）两者，同出（于“道3”）而名称有异，都可以说是幽深的。其中的“玄”呼应了篇首“道3”不可言说的性质。

“玄之又玄，众妙之门”，“玄之又玄”，强调了“常无”和“常有”极其幽深。“众妙之门”的“众妙”，义接前面的“观其妙”，而“众妙”则是单音节词“妙”的词义强化方式，和前面“观其妙”的“妙”一样，“众妙”具体指的是“道3”的微妙。在《老子》首章中这种遣词手法多次使用，即单音节词首次出现之后，其后为了申说、强调，则在该单音节词前加上修饰成分构成双音节词组，如“道—常道”“名—常名”“无—常无”“有—常有”“妙—众妙”等，此外“玄”则以“玄之又玄”的形式来强调。结尾句“玄之又玄，众妙之门”可理解为：（“常无”和“常有”）极其幽深，是（“道3”的）一切微妙的门户。这样全章以从“道3（常道）”到“无（常无）”“有（常有）”的演化顺序展开论述，至全章结尾处又点明了从“常无”“常有”到“道3”的可回溯的门径。

参考文献

北京大学出土文献研究所：《北京大学藏西汉竹书》（二），上海古籍出版社2012年版。

段玉裁：《说文解字注》，上海古籍出版社1981年版。

高亨：《老子注译》，河南人民出版社1980年版。

高明：《帛书老子校注》，中华书局1996年版。

郭永秉：《关于〈老子〉第一章“道可道”、“名可名”两句的解释》，《出土文献与古文字研究》（第五辑）2013年版。

彭裕商、吴毅强：《郭店楚简老子集释》，巴蜀书社2011年版。

任继愈：《老子绎读》，北京图书馆出版社2006年版。

奚侗：《老子集解》，上海古籍出版社2007年版。

徐山：《胎儿期记忆：人的精神文化原型的发现》，中国商业出版社2017年版。

张松如：《老子说解》，齐鲁书社1987年版。

朱谦之：《老子校释》，中华书局1984年版。

（本文刊于《弘道》2019年第3期）

（十四）《老子》第二章"是以圣人处无为之事"文脉梳理

[**摘要**]《老子》第二章"是以圣人处无为之事"一句的文脉一直没有理清。从《老子》一书的结构来看，前三章应连读，构成开篇的第一个大段落。从第一章老子思想的"道"为起点，老子对事物对立面的认识完成了重心转移，落实在了"无""无为"上，形成了和世俗完全不同的、相反的价值体系。经由推论链推导出"是以圣人处无为之事"，并以"圣人处无为之事"的原则，分别在第二章和第三章论及对待万物时应顺应自然而不妄为以及应以无为治理社会。

一、问题的提出

"是以圣人处无为之事"的句子出于《老子》第二章。以下是通行的王弼本《老子》第二章（有校改）的内容：

> 天下皆知美之为美，斯恶已；皆知善之为善，斯不善已。故有无相生，难易相成，长短相形，高下相倾，音声相和，前后相随。是以圣人处无为之事，行不言之教；万物作焉而不辞，生而不有，为而不恃，功成而弗居。夫唯弗居，是以不去。（第二章）

有关"是以圣人处无为之事，行不言之教"的句子，今人高亨《老子正诂》认为："'是以'二字疑后人所加……本章此前八句为老子之相对论，此后八句为老子之政治论。文意截然不相联，本无'是以'二字，明矣。"[①]高亨看不出"是以"前后的文脉有何联系，故有此疑。陈鼓应《老子注译

① 高亨：《重订〈老子正诂〉》，古籍出版社1956年版。

及评介》亦认为："'是以'后面的文字，疑是错简"。[①] 郭店楚简《老子》甲本和帛书《老子》甲本乙本均有此章内容，诸句行文和王弼本《老子》相当，可见《老子》古本确实有"是以圣人……"句，这样学者认为第二章有错简的可能性便排除了。尽管如此，《老子》第二章"是以"句的文脉仍需进一步理清。本文主要的问题是：第二章开头的"天下皆知美之为美，斯恶已；皆知善之为善，斯不善已"的句子因何而起？在文脉的发展中有何作用？"故"后六句，关键点在哪里？"是以圣人处无为之事，行不言之教"是如何推导出来的？要回答这些问题，首先还要从《老子》首章的章旨入手。

二、《老子》第二章义承第一章

《老子》形成之初本不分章，西汉早期的马王堆 3 号墓出土的帛书《老子》乙本仍不分章。分章的出现是为了阅读的方便，如帛书《老子》甲本中为数不多的圆点符号，应含有分章的意味。北京大学所藏的西汉中期竹简本《老子》分七十七章，而通行的王弼本《老子》则分八十一章。

为了正确把握"是以圣人处无为之事"的含义以及第二章的文脉，《老子》第二章应和之前的第一章结合起来理解才能奏效。

"道可道，非常道"，作为《老子》首章首句，开篇第一字的"道"，正是老子思想的"道"，《老子》一书的任务，就是要全面阐述老子思想的"道"。[②] 下面来逐句讨论通行的王弼本《老子》首章诸句的含义：

"道可道，非常道"，义为（我老子思想）"道"（如果是）可以言说的，就不是永恒常在的"道"。亦即（我老子思想）"道"（事实上）是不可以言说的，是永恒常在的"道"。老子对自己的思想"道"的性质进行了定位，即不可言说、永恒常在，而老子"道"不可言说，主要是针对其虚空性质有感而发的。

"名可名，非常名"，义为（我老子思想用"道"命的）名（如果是）

① 陈鼓应：《老子注译及评介》，中华书局 1984 年版。
② 徐山：《〈老子〉"道可道，非常道"辨正》，《弘道》2019 年第 3 期。

可以命名的，就不是永恒常在的名。亦即（我老子思想用“道 3”命的）名（事实上）是不可命名的，是永恒常在的名。

“无，名天地之始；有，名万物之母”，义为（“道”的）“无”（这个词），（用来）命名天地的初始；（“道”的）“有”（这个词），（用来）命名万物的本原。这其中强调的不仅仅是“道”是“无”这样的虚空性质，而且“无”是本源性的、能产性的。可以这样说，“无”的概念是解开“道”内涵的门法所在。而老子“无—有”的概念，关注重点落在了“无”并加以充分肯定。

“故常无，欲以观其妙；常有，欲以观其徼”，义为所以（“道”的）永恒常在的“无”，将用来观照“道”的微妙；（“道”的）永恒常在的“有”，将用来观照“道”有规律的运行。

“此两者，同出而异名，同谓之玄”，义为这（“常无”和“常有”）两者，同出（于“道”）而名称有异，都可以说是幽深的。其中的“玄”呼应了篇首“道”不可言说的性质。

“玄之又玄，众妙之门”，义为（“常无”和“常有）极其幽深，是（“道”的）一切微妙的门户。

这样《老子》首章以从“道（常道）”到“无（常无）、有（常有）”的演化顺序展开论述，至全章结尾处又点明了从“常无”“常有”到“道”的可回溯的门径。

《老子》第二章在首章开篇论“道”解题的基础上，进而从“道”的性质中逻辑地推导出并阐明老子心目中理想的“圣人”应“处无为之事”。

三、《老子》第二章“是以圣人处无为之事”所包含的推论链

《老子》第二章中的“是以圣人处无为之事，行不言之教”的论点，显然和世俗观念大相径庭，因为在一般人看来，“事”就是有为的，不可能“处无为之事”；“教”要凭借语言的，不可能“行不言之教”。

《老子》第二章则用“天下皆知”“故有无相生”“是以圣人处无为之事，行不言之教”三个递进层次展开论述：

第一层次的“天下皆知美之为美，斯恶已；皆知善之为善，斯不善

已”，义为天下的人都知道美的事物为美，这说明已知（“美”的对立面）“恶”了；都知道善的东西为善，这说明已知（“善”的对立面）“不善”了。“美—恶”为一对反义词，而“善”的反义词亦作“恶”，如《老子》第二十章“善之于恶，相去若何?”由于“恶”一词在“美—恶”对举时已用过，为了避复，便不再以“善—恶”对举，而是直接在“善”前加上否定词“不”，这样“善—不善”便成为“善—恶”对立面的另一种表达形式。事物具有对立的两面性质，如“美—恶”，而且用否定形式亦成立，如“善—不善”，这些常识天下的人都知道，这种认识属于直观的现象层面上的，老子把这种认识水平列为第一层次或初级层次。

第二层次的“故有无相生，难易相成，长短相形，高下相倾，音声相和，前后相随”，其中“故”作为推论标记，首先论及的“有无相生”，义为“有—无”这一对对立面相互产生，其话题焦点“有—无”承前面第一章所论及的“无（常无）”“有（常有）”而来，其后又以排比句句式列出其他五种对立面“难—易”“长—短”“高—下”“音—声”“前—后”。“故”后六句，关键是第一句“有无相生”，对立面不仅仅是如同前面第一层次所说的具有相反相成的性质，而且还强调了对立面具有相互转化的性质。这种认识较之前面的第一层次又提高了一层。

第三层次的“是以圣人处无为之事，行不言之教”，义为“所以（老子理想中的得道之人）圣人用‘无为’去处事，用‘不言’去教导”。“是以”作为进一步的推论标记，首次提出《老子》一书有关“无为”的重要论点。基于前述第一层次的共识，可知事物皆有对立的两面性质，这样处事既可以是世俗通常以为的那样应该是有为的，也可以是老子认为的那样是无为的，即老子的“处无为之事”并非杜撰之词，而是本应存在的。再基于前述第二层次的“有无相生”的论点，由于“道—无”的“无”是本源性的、能产性的，所以老子在对待对立面时，摒弃了世俗观念中着重点在“有”同时又忽略“无”、更不知“无”的本源性的思维方式，实现了重心转移，即强调“有—无”对立面中的“无”，赋予“无”的正面价值地位。老子用“道—无”的理论框架来统摄“为”所包含的“有为—无为”的对立面，将“无为”视为行动的最高境界。“圣人处无为之事”的主张，实际上包含了对非圣人的那种所谓“有为”（强作妄为）的否定。

“行不言之教”，在行文句式上属于对偶句的第二句。《老子》从首章开始就反复运用对偶句，而要义通常直接出现在对偶句的第一句，第二句则起到申说的作用，所以“行不言之教”可以看作是“处无为之事”的具体化表述。在世俗的眼光里，“言”和“教”为共现关系。而老子从“道”的虚空性质出发，不仅“道”不可言说，而“道”本身亦无声无言。《老子》在第十四章这样描述“道”：“视之不见，名曰夷；听之不闻，名曰希；搏之不得，名曰微。”而第二十三章章首的“希言自然”，义承第二十二章“道”的话题，并将“不自见”“不自是”“不自伐”“不自矜”高度概括为“希言”，这样第二十三章章首的“希言”义指“道”的“希言”。[①]《老子》一书多处提到类似“希言”的观点，如第五章“多言数穷，不如守中”，又如第十七章“悠兮其贵言”。总之，“行不言之教”经由“道—无”理论模型的性质类比而来。

通过分析“是以圣人处无为之事，行不言之教”老子自洽的逻辑链推导过程，可知老子对事物对立面的认识完成了重心转移，落实在了“无”“无为”上，形成了和世俗完全不同的、相反的价值体系。老子在第七十八章将自己这种思想理论的特征总结为“正言若反”，义为（老子认为是）正常的言论好像（与世俗价值）相反，即老子式的“正言”是在世俗价值的判断基础上加以否定而产生的。[②]

四、第二章中“圣人”以无为对待万物

《老子》第二章从“万物作焉而不辞（‘不辞’，帛书乙本作‘弗始’，当从）”到章末，论及“圣人处无为之事”的原则在具体对待万物时应顺应自然而不妄为。

“万物作焉而弗始”，义为万物兴起而不创造它们。其中的“始”，义承前面首章中的“无，名天地之始”。由于“道—无”产生了天地和万物，万

---

① 徐山：《〈老子〉第二十三章“希言自然”文脉梳理》，《弘道》2015 年第 1 期。

② 参见徐山：《以无知为知——〈老子〉“知不知”辨正》（《中国社会科学报》2015 年 7 月 7 日）中“‘知不知’为‘正言若反’的表达形式”一节的内容。

物之始已由“道”所实现，所以圣人就无需对万物再有任何创始的想法，从而消除了以为人能创造万物、致使万物附属于人的自大念头。

“生而不有，为而不恃”，义为生养万物而不占有它们，对万物有所为而不依赖它们。万物独立于人而存在，圣人和万物的关系是平等的，不占有，不依赖。

“功成而弗居”，义为功成而不居功。这种“功”，指的是“圣人”以无为对待万物后取得的功业，前提是那些对待万物“始”“有”“恃”的不当想法均需消除。其实，万物由“道—无”而生，其“作焉”的自在自洽状态是后来圣人“功成”的根本保证，而“圣人”所应做的只是顺应万物的自然之性而已。

“夫唯弗居，是以不去”，义为正因为（圣人自己）不居功，所以他不离开功。圣人在主观上应以“不居功”的态度对待万物，其实这样的做法本身客观上就是有功。“是以不去”作为小结句，强调了圣人以无为而不是有为（妄为）对待万物后的实际效果。

五、第三章义承第二章：“圣人”以无为治理社会

《老子》第三章义承第二章，论及在“圣人处无为之事”的原则下，应以无为治理社会。以下是通行的王弼本《老子》第三章的内容：

> 不尚贤，使民不争；不贵难得之货，使民不为盗；不见可欲，使民心不乱。是以圣人之治，虚其心，实其腹，弱其志，强其骨，常使民无知无欲；使夫智者不敢为也；为无为，则无不治。（第三章）

“不尚贤”，河上公注：“贤，谓世俗之贤，辩口明文，离道行权，去质为文也。不尚者，不贵之以禄，不尊之以官也。”社会中人民“争”“为盗”“心乱”，由名利贪欲而起。为了从根本上解决这些问题，圣人应从造成问题的对象以及人本身两方面入手，即一方面对那些造成问题的“贤”“难得之货”“可欲”对象搁置而不倡导，另一方面使民“虚其心（河上公注：‘除嗜欲，去烦乱’）”“弱其志（河上公注：‘和柔谦让，不处权

也’）”。

“常使民无知无欲”，王弼注：“守其真也。”在老子“道—无”思想框架中，“知”“欲”导致了“有为”（妄为），而“无知”在《老子》一书中，则被赋予了老子式的正面价值。《老子》第七十一章章首：“知不知，上”，该句结合前面的第七十章的文脉，应理解为“以（我奉行的道的宗旨）无知为知，最好”。[①] 换言之，老子式的无为意义上的“无知”，非无知也，乃真知也；而世俗的有为意义上的所谓“知”，非知也，乃妄为之知也。

“使夫智者不敢为也”，因为“智者”较之于一般的百姓更会有“有为（妄为）”的可能，所以纵使“智者”有“有为”的可能，也要使“智者”不敢妄为。

“为无为，则无不治”，作为小结句，强调了社会需靠圣人的无为才会得到治理，同时也说明社会存在种种问题的症结与世俗的“有为（妄为）”有关。

六、小结

从《老子》一书的结构来看，前三章应连读，构成开篇的第一个大段落。第一章开门见山地论述老子思想的“道”，确立了核心概念“无”在老子思想框架中的地位。在第二章中首次论及的另一个核心概念“无为”，是从“道—无”为起点经由推论链推导出“是以圣人处无为之事”，如果缺了第二章开始的那些推论链，“无为”概念的推出就显得突兀。接下来又以“圣人处无为之事”的原则，分别在第二章和第三章论及对待万物时应顺应自然而不妄为以及应以无为治理社会。《老子》前三章为全书的总纲，基本问题皆已触及，而后从第四章起直至书末则以论道为主线多侧面地反复申述之。

---

① 徐山：《以无知为知——〈老子〉“知不知”辨正》，《中国社会科学报》2015年7月7日。

参考文献

北京大学出土文献研究所:《北京大学藏西汉竹书》(二),上海古籍出版社 2012 年版。

陈鼓应:《老子注译及评介》,中华书局 1984 年版。

段玉裁:《说文解字注》,上海古籍出版社 1981 年版。

高亨:《重订〈老子正诂〉》,古籍出版社 1956 年版。

高明:《帛书老子校注》,中华书局 1996 年版。

彭裕商、吴毅强:《郭店楚简老子集释》,巴蜀书社 2011 年版。

任继愈:《老子绎读》,北京图书馆出版社 2006 年版。

奚侗:《老子集解》,上海古籍出版社 2007 年版。

徐山:《〈老子〉第二十三章"希言自然"文脉梳理》,《弘道》2015 年第 1 期。

徐山:《以无知为知——〈老子〉"知不知"辨正》,《中国社会科学报》2015 年 7 月 7 日。

徐山:《胎儿期记忆:人的精神文化原型的发现》,中国商业出版社 2017 版。

徐山:《〈老子〉"道可道,非常道"辨正》,《弘道》2019 年第 3 期。

张松如:《老子说解》,齐鲁书社 1987 年版。

朱谦之:《老子校释》,中华书局 1984 年版。

(本文刊于《兰州学刊》2020 年第 12 期)

（十五）《老子》“其无正”辨正

[摘要]《老子》第五十八章“其无正”一句误读至今。本文对第五十八章句与句之间意义关系的文脉进行了梳理，认为《老子》第五十八章章首义承第五十七章的“正”“奇”话题，而“其无正”中的代词“其”和上句“孰知其极”中的“其”一样，所指代的内容仍为“祸兮福之所倚，福兮祸之所伏”。“其无正”的“正”为“正”“奇”的“正”义。“其无正”回答了“祸”“福”两者转化的原因，即“祸”“福”两者的转化是（因为）没有（正常义的）“正”。小结句“是以圣人方而不割”，针对由于“祸”“福”两者转化问题而出现的“人之迷”困境，成功地清除了“割”原有的倾向，切断了“方”向其反面转化的条件之链，因而得以真正守住“方”的良性状态而同时免去世俗常见的“祸”“福”循环周期之累。

一、问题的提出

“其无正”一句为《老子》第五十八章文，现将通行的王弼本《老子》第五十八章引录如下：

> 其政闷闷，其民淳淳；其政察察，其民缺缺。祸兮福之所倚，福兮祸之所伏。孰知其极？其无正。正复为奇，善复为妖。人之迷，其日固久。是以圣人方而不割，廉而不刿，直而不肆，光而不耀。（第五十八章）

其中的“孰知其极”，河上公注：“祸福更相生，谁能知其穷极时？”在“其无正”下，河上公注：“‘无’，不也。谓人君不正其身，其无国也。”王弼在“其无正”下注：“言谁知善治之极乎？唯无可正举，无可形名，闷闷然而天下大化，是其极也。”河上公注“孰知其极”，得其旨，但又认为“其无正”中的“其”指代“人君”，则不确。王弼将“孰知其极”解释为“谁知善治之极乎”，非是，其后对“其无正”理解为“唯无可正举，无可形名”，亦不得要领。今人朱谦之《老子校释》：“又案‘其无正’，‘正’读为‘定’，言其无定也。《玉篇》：‘正，长也，定也。’”朱谦之用破假借字的方法解释“其无正”的“正”，但紧接“其无正”之后又有“正复为奇”的“正”，前后两个“正”当为一义，故朱谦之仅以为前一“正”为假借字之说仍不可信。“其无正”一句究竟义指什么，仍有进一步研究的必要，从而重新梳理《老子》第五十八章的文脉，揭示该章的章旨所在。

二、《老子》第五十八章“其无正”之前诸句的文脉梳理

在讨论“其无正”的确切含义之前，首先来梳理王弼本《老子》第五十八章“其无正”之前诸句的文脉发展。

“其政闷闷，其民淳淳”，王弼注：“言善治政者，无形无名无事，无政可举，闷闷然，卒至于大治，故曰‘其政闷闷’也。其民无所争竞，宽大淳淳，故曰‘其民淳淳’也。”该句义即其政无为，人民则淳朴。

“其政察察，其民缺缺”，王弼注：“立刑名，明赏罚，以检奸伪，故曰‘其政察察’也。殊类分析，民怀争竞，故曰‘其民缺缺’。”该句义即其政（不是无为，而是）苛严，人民则（不是淳朴，而是）狡诈。

《老子》形成之初本不分章，西汉早期的马王堆3号墓出土的帛书《老子》乙本仍不分章。分章的出现是为了阅读的方便，如帛书《老子》甲本中为数不多的圆点符号，应含有分章的意味。北京大学所藏的西汉中期竹简本《老子》分七十七章，而通行的王弼本《老子》则分八十一章。

阅读《老子》第五十八章之前的第五十七章的内容，可知两章的章旨联系紧密。下面是王弼本《老子》第五十七章：

> 以正治国，以奇用兵，以无事取天下。吾何以知其然哉？以此：天下多忌讳，而民弥贫；民多利器，国家滋昏；人多伎巧，奇物滋起；法令滋彰，盗贼多有。故圣人云：“我无为而民自化，我好静而民自

正，我无事而民自富，我无欲而民自朴。”（第五十七章）

先看一下第五十七章的文脉特点。首句“以正治国，以奇用兵，以无事取天下”提出了论点，接着“吾何以知其然哉？以此”的“此”，引出下文非“以正”“以无事”去治理国家天下的种种不幸，从而从反面来论证论点，最后以“故圣人云”作小结。

《老子》第五十八章章首义承第五十七章，所谓“其政闷闷”，即第五十七章中的“以正治国”“我无为而民自化”之义。而第五十七章“以正治国，以奇用兵”，既表明“正”“奇”的对立性质，“正”即正常义，“奇”即不正，同时强调了“正”“奇”的应用范围，即治理国家应该用正常义的“正”亦即无为之道，不可以用“奇”的不正手段，而对付敌人则无需讲究“正”，因为用了不正的手段方能克敌制胜。

第五十八章“其政闷闷，其民淳淳；其政察察，其民缺缺”的行文采用了对比手法，联系上一章第五十七章“正”“奇”话题以及本章下文讨论的有关“祸”“福”话题，可知“其政闷闷，其民淳淳；其政察察，其民缺缺”的对比论述和“正”“奇”和“祸”“福”话题是有关联的。“其政闷闷”即“以正治国”，其结果“其民淳淳”则为“福”；而“其政察察”为“其政闷闷”之反，义为以不正治国，亦即以奇治国，其结果“其民缺缺”则为“祸”。第五十七章“以奇用兵”规定了“奇”只能用来对付敌人，所以如果以奇治国，必然导致“其民缺缺”之祸。

“祸兮福之所倚，福兮祸之所伏”，其中的“倚”为倚靠义，“伏”为倾靠义，“倚”“伏”两词的词义在表达“福”“祸”两者的紧邻关系上则是一致的。“祸兮福之所倚，福兮祸之所伏”，字面义为“祸是福所倚靠的，福是祸所倾靠的”。该句义承上句“其政闷闷，其民淳淳；其政察察，其民缺缺”，即“其政闷闷，其民淳淳”为“福”，而“其政察察，其民缺缺”为“祸”，不过该句作为推论，又将论述推向一个新层次，即在摆出“祸”“福”对立的事实基础上，揭示出“福”“祸”两者的紧邻转化关系。

“孰知其极”，其中的代词“其”所指代的内容为上句“祸兮福之所倚，福兮祸之所伏”。“孰知其极”，义即谁知道“祸”“福”两者转化的终极呢？从该疑问句中可知，上句“祸兮福之所倚，福兮祸之所伏”不是各自独立没有关联的两种转化，而是可以连续发生并构成一个循环周期的两种转化。因此，根据“孰知其极”，“祸兮福之所倚，福兮祸之所伏”实应理解为“祸会转化为福，而福又会转化为祸”。值得注意的是，从单一循环周期而言，“祸”“福”两者的转化从起点开始则有两种情形，即“祸—福—祸”与“福—祸—福”。对照上句论述的“祸”“福”循环周期，“祸兮福之所倚，福兮祸之所伏”的循环周期则属于“祸—福—祸”类型。总之，“孰知其极”之问旨在说明“祸”“福”的循环周期不只是单一的，而是多次直至理论上的无终极，即“祸”“福”两者的转化是无终极的。

三、“其无正”正解

上文逐句讨论了《老子》第五十八章“其无正”之前诸句的含义以及句与句之间的意义关系方式，这样“其无正”一句的理解就顺畅了。

“其无正”，该句帛书《老子》乙本作“（其）无正也”。“其无正”中的代词“其”和上句“孰知其极”中的“其”一样，所指代的内容仍为“祸兮福之所倚，福兮祸之所伏”。“其无正”的“正”和第五十七章中的“正”的含义相同，都是“正”“奇”的“正”义。“其无正”回答了“祸”“福”两者转化的原因，即“祸”“福”两者的转化是（因为）没有（正常义的）“正”，确切地说，正是由于“其政察察”，没有“以正治国”，才导致了福向祸的转化，即“其民缺缺”之祸的产生。

《老子》第五十八章行文至此，不仅提出了“祸兮福之所倚，福兮祸之所伏”的深刻哲理，更为重要的是，阐明了“其民”的祸福转化和“其政”所采取的正或奇的措施是密切对应的。“祸兮福之所倚，福兮祸之所伏”之后的“孰知其极”一句，点明了“祸”“福”两者转化的结果是无“极”，而“其无正”一句，则点明了“祸”“福”两者转化的原因是“无正”。

四、“其无正”之后诸句的文脉梳理

“正复为奇”，此句义承上文“其无正”的“无正”，进一步论述“正”“奇”的转化关系，义即（“祸”“福”两者转化的原因是“无正”，是

“奇”，正因为是“无正”，所以即便有了）“正”，又会转化为“奇”。“正复为奇”中的“复”为副词，为“又”“再”义，该句隐含了在循环周期中假设此前曾有由奇转化为正的过程，现在再由正转化为奇，故有“复”之说。由奇转化为正，应有“以正治国”的前提，而以“无正”治国，就只能是“正复为奇”这样的结果了。

“善复为妖”，此句是将上文“正复为奇”的结果具体化，义即（正因为是“无正”，所以即便有了）善，又会转化为邪恶。也就是说，在“祸”“福”循环周期里，由于“无正”的原因，“善（福）”只是徒有其名，而“妖（祸）”则始终相随。

“人之迷，其日固久”，义即人们（对上述“祸”“福”两者转化的无终极性、引发“祸”“福”两者转化的“无正”原因，以及由于“无正”而处在“奇”“妖”的不幸境地）的迷惑，时日本来就很长久了。

“是以圣人方而不割”，“是以”以下为小结句。上文“人之迷，其日固久”，已说明“祸”“福”两者的转化的确是一个棘手的问题，对于“圣人”而言，如何能在对立的“祸”“福”中择福避祸，并能守住已有的福，防止已有的福向祸转化，则是《老子》第五十八章章末所要总结的。“方”本为物理性质的，又引申为人的品质。“方”形有棱角，容易割伤人，所以就“方”的本性而言，是方而易割的。人的“方”的品质，本属“善”“福”之事，但是如果有可能发生的“割”真的奏效，这样的“方”实际上也就是名存实亡，而向“方”的反面转化，亦即原本的“善”“福”转化为“妖”“祸”。“是以圣人方而不割”，义即所以圣人方正但又不割伤人。这样，圣人既具有“方”的“善”“福”，同时又避免了“方”因为“割”而向其反面转化成“妖”“祸”的可能性。另外，《老子》第四十一章：“大方无隅”，王弼注：“方而不割，故无隅也。”其中的“隅”为棱角义。“大方无隅”和“方而不割”两者，其立意是相同的。

“廉而不刿”，该句和上句中的“方而不割”以及下文的两句“直而不肆，光而不耀”，在句型和旨趣方面都是一致的。“廉而不刿”中的“廉”，其本义为堂屋的边侧，其棱边如利刃，容易伤害人。《说文》：“刿，利伤也。”由此可见，廉而易割为“廉”的本性。“廉而不刿”，义即有棱角但又不伤害人。

"直而不肆"，其中的"肆"为放肆义。直而易肆为"直"的本性。"直而不肆"，义即直率但又不放肆。

"光而不耀"，其实光而易耀为"光"的本性。"光而不耀"，义即光亮但又不照耀。

《老子》第五十八章章末"是以圣人方而不割，廉而不刿，直而不肆，光而不耀"四句，针对由于"祸""福"两者转化问题而出现的"人之迷"困境，重申了在《老子》全书"道"的统摄下应采取的行动指南。就"圣人方而不割"而言，首先在"善""福"与"妖""祸"的对立价值中毫无疑问地抉择了方正的"方"。由于"方"有可能向其反面的不方正转化，而转化的条件就是"方"的方而易割本性中的"割"。对于"方"含有的"割"倘若处理不当，"方"就会走向其反面，而"圣人方而不割"则成功地清除了"割"原有的倾向，切断了"方"向其反面转化的条件之链，因而得以真正守住"方"的良性状态而同时免去世俗常见的"祸""福"循环周期之累。这样，我们从"方而不割"的"圣人"身上所看到的则是正直和隐忍。

总之，上述"圣人"的行动指南旨在强调"祸""福"两者的转化是有条件的，不会是无缘无故就发生的。择"福"之后，要防止"福"向"祸"的转化，则可以首先主动地除去转化的条件，以积极的姿态守"福"，从而告别无终极的"祸""福"循环模式。

参考文献

北京大学出土文献研究所：《北京大学藏西汉竹书》（二），上海古籍出版社 2012 年版。

高明：《帛书老子校注》，中华书局 1996 年版。

国家文物局古文献研究室：《马王堆汉墓帛书》（一），文物出版社 1980 年版。

徐山：《释"廉隅"》，《苏州大学学报》1988 年第 1 期。

朱谦之：《老子校释》，中华书局 1984 年版。

（本文刊于《东方哲学》第十五辑，2021 年）

（十六）《老子》“前识者”辨正

[摘要] 通行的王弼本《老子》第三十八章中“前识者”的“识”一直理解成认识义，不确，当理解为标识义，即今音读成 zhì。本文梳理了“识”的本义和引申途径以及语音演变脉络，分析了王弼本《老子》第三十八章的文脉走向特点，认为《老子》第三十七章和第三十八章应结合起来理解才能得到“前识者”的确诂。“前识者”是指在“道”“德”“仁”“义”“礼”递减的价值序列中前于“礼”所标识的对象，具体则是仁和义。余论部分讨论了两个相关问题，即帛书《老子》“德篇”在前，“道篇”在后的篇序是由原始本“道篇”在前，“德篇”在后的篇序颠倒而来；郭店楚简《老子》仅有王弼本《老子》第三十七章而无第三十八章内容，表明郭店楚简《老子》的性质是摘抄本。

一、问题的提出

“前识者”为《老子》第三十八章文，现将通行的王弼本《老子》第三十八章引录如下：

> 上德不德，是以有德；下德不失德，是以无德。上德无为而无以为，下德为之而有以为。上仁为之而无以为，上义为之而有以为，上礼为之而莫之应，则攘臂而扔之。故失道而后德，失德而后仁，失仁而后义，失义而后礼。夫礼者，忠信之薄而乱之首。前识者，道之华而愚之始。是以大丈夫处其厚，不居其薄；处其实，不居其华。故去彼取此。（第三十八章）

郭店楚简《老子》无通行本的此章内容。帛书《老子》甲本“前识者”三字残损，乙本“前识者”三字同王弼本。北京大学所藏的西汉中期竹简本《老子》“前识者”三字亦同王弼本。

有关“前识”的理解，《韩非子·解老》：“先物行，先理动，之谓前识。前识者，无缘而忘（通‘妄’）意度也。”河上公注云：“不知而言知为前识。”王弼注云：“前识者，前人而识也，即下德之伦也。竭其聪明以为前识，役其智力以营庶事，虽得其情，奸巧弥密，虽丰其誉，愈丧笃实。”上引三说，皆释“前识”的“识”为认识义，即今音读成 shí。迄今学者皆从之，将“前识”释为“先知”“先见”之类，然而，验之第三十八章上下文，上文论及“道”“德”“仁”“义”“礼”等而下之的排列，且抨击“礼”为“忠信之薄而乱之首”，下接“前识者”，“先知”“先见”之说有突兀之感。问题的症结在于“前识”的“识”为多义兼多音字，该字在《老子》第三十八章中当理解为标识义，即今音读成 zhì。

二、“识”的词义系统和语音演变

《说文·言部》：“識（识），常也。一曰知也。从言，戠声。”段玉裁“常也”下注：“‘常’当为‘意’字之误也。草书‘常’‘意’相似，六朝以草写书，迨草变真，讹误往往如此。意者，志也。志者，心所之也。意与志、志与识，古皆通用。心之所存谓之意，所谓知识者此也。《大学》‘诚其意’，即实其识也。”“一曰知也”下注：“《矢部》曰：‘知，识词也。’按凡知识、记识、标识，今人分入去二声，古无入去分别，三者实一义也。”“从言，戠声”下注：“赏職（职）切，一部。”① 段注“‘常’当为‘意’字之误也”，属臆断之词，不可信。此外，“识”的词义演变轨迹也没有梳理清楚。

今人杨树达《积微居小学述林·释识》：“識（识）训常，许君盖以为后世之旗幟（帜）字，然与从言之义不合，当以训知者为正义。今语通言知识，指人之学问经验而言，然知识之具，实由于记识。此识字

① 段玉裁：《说文解字注》，上海古籍出版社 1981 年版。

通读如志。……识字依事之先后分三义，最先为记识，一也；认识次之，二也；最后为知识，三也。记识认识皆动作也，知识则物名也。余谓识字当以记识为本义。……识字之本义明，然后识字之语源可得而言焉。按識（识）从戠声，戠声与其同音之字多含黏著之义。……盖黏著谓之樴，又谓之膱，黏土谓之埴，由具体推衍为抽象，事之黏著于心者谓之识，其义一也。”① 杨树达论及“识”字的本义和引申途径以及“识”字的语源，精当公允，可从。

“识”为多义词，也是多音字。《广韵·（職）职韵》：“識（识），《说文》云：‘常也。一曰知也。’赏（職）职切。”《广韵·志韵》：“識（识），标识。见《礼》。本音式”，“（職）职吏切。”其中的“本音式”，指出“识”的“赏（職）职切”入声读法为其本音所在。“識（识）”在《广韵》里为多音字，其各自的上古音为：书母（職）职部（知识义，即今音 shí）以及章母（職）职部（标识义，即今音 zhì）。② “识”在先秦文献里是多义词，为了区别词义则出现了异读。“识”的两种异读的上古音均为入声字，其中演变为今音 shí 的在《广韵》仍读入声，而演变为今音 zhì 的在《广韵》则读去声，这样从“识”的音义关系的演变结果而言，“识”的“记识”本义是和今音 zhì 结合在一起的。

三、王弼本《老子》第三十八章的文脉走向特点

再来分析“前识者”三字所在的《老子》第三十八章的文脉走向特点。章首的“上德不德”等四句，将“德”划分为“上德”“下德”两类，且“上德”的价值评判要高于“下德”。接下来依次揭示“上德”“下德”“上仁”“上义”“上礼”的特征，而“故失道而后德”等四句则点明“道”“德”“仁”“义”“礼”递减的价值序列。“夫礼者，忠信之薄而乱之首”，评论了前面提及的位处价值序列之末的“礼”，从而进一步指出“道”“德”“仁”“义”“礼”不仅仅是递减的价值序

---

① 杨树达：《积微居小学述林》，中华书局 1983 年版。

② 郭锡良：《汉字古音手册》，北京大学出版社 1986 年版。

列，同时其两极分别为正面和负面的价值指向。其后的“前识者，道之华而愚之始”，其句式和上句的“夫礼者，忠信之薄而乱之首”一致，作为主语的“前识者”和“夫礼者”都是名词性的“者”字结构，“前识者”的内容和“礼”应具有相关性。最后的“是以”作为小结句，强调了“大丈夫”的取舍态度。

上述第三十八章“故失道而后德”等四句所建立的价值序列是以“道”为起点的，然而该章的论述却是从“上德”“下德”的“德”开始的，其后揭示了“上德”“下德”“上仁”“上义”“上礼”的特征，这样价值序列中位于“德”之前的“道”的特征似乎缺失了。我们认为，出现这样的问题，根本原因在于《老子》形成之初本不分章，通行的王弼本《老子》的分章造成了一些文脉割裂的现象。

四、王弼本《老子》第三十七章和第三十八章应结合起来理解

为了正确把握第三十八章的文脉走向以及“前识者”的确切含义，《老子》第三十七章和第三十八章应结合起来理解才能奏效。以下是通行的王弼本《老子》第三十七章：

> 道常无为而无不为。侯王若能守之，万物将自化。化而欲作，吾将镇之以无名之朴。无名之朴，夫亦将无欲。不欲以静，天下将自定。（第三十七章）

第三十七章首句“道常无为而无不为”为论点所在，其后展开论述，要“守之”“无欲”，这样“天下将自定”。

结合第三十七章和第三十八章内容连贯的两章内容，我们可以完整地认识“道”“德”“仁”“义”“礼”价值序列中每一项内容的特征。为了醒目起见，第三十七章和第三十八章两章中有关“道”“上德”“下德”“上仁”“上义”“上礼”所标识出来的性质制成下面的表：

表一　王弼本《老子》第三十七章和第三十八章的有关内容

序号	标识的对象	标识的性质
1	道	无为而无不为
2	上德	无为而无以为
3	下德	为之而有以为
4	上仁	为之而无以为
5	上义	为之而有以为
6	上礼	为之而莫之应

为了区别起见，上述价值序列中六项所标识的性质理应是不一样的，然而王弼本《老子》第三十八章中“下德”和“上义”所标识的性质都是“为之而有以为”。有关“下德为之而有以为”一句，马其昶《老子故》认为：“‘无为’旧作‘为之’，误同‘上义’句。傅本又误同‘上仁’句。注家强为之说，皆非是，今为正之；德有上下，其无为一也。以其不失德，故虽无为之中，而仍有以为。”① 马氏改“下德为之而有以为”为“下德无为而有以为”，其说当从。另外，帛书《老子》甲本、乙本均无王弼本《老子》“下德为之而有以为”一句，而以“上德”“上仁”“上义”“上礼”的次第论述。帛书《老子》甲本、乙本“上德”“上仁”“上义”“上礼”看似整齐，但是由于《老子》第三十八章章首将“德”已划分为“上德”“下德”两类，其后仍应从“上德”“下德”的两个不同等级分别标识其性质，所以帛书《老子》甲本、乙本在“上德”“上仁”两句之间无王弼本《老子》“下德”一句，当是删者所为。以下是上面“表一”修正后的内容：

表二　王弼本《老子》第三十七章和修正过的第三十八章的有关内容

序号	标识的对象	标识的性质
1	道	无为而无不为
2	上德	无为而无以为

① 转引自朱谦之：《老子校释》，中华书局1984年版。

（续表）

序号	标识的对象	标识的性质
3	下德	无为而有以为
4	上仁	为之而无以为
5	上义	为之而有以为
6	上礼	为之而莫之应

五、“前识者”正解

经过上述的梳理工作，我们认为“前识者”字面上的含义就是“前面所标识的对象”。因为“前识者”的上文已提及“夫礼者”的“礼”，且“礼”在“道”“德”“仁”“义”“礼”价值序列中处于最后，所以“前识者”的“前”具体则是指价值序列中前于“礼”的内容。价值序列中前于“礼”的内容共有“道”“德”“仁”“义”诸项内容，根据“前识者，道之华而愚之始”的含义，可以首先在“前识者”的范围中排除“道”，这样“德”是否在“前识者”的范围内则是问题的关键所在。

从《老子》对“道”和“德”的关系的论述中，可以看出“道”和“德”两者均属正面价值，如第五十一章：“道生之，德畜之……是以万物莫不尊道而贵德。道之尊，德之贵，夫莫之命而常自然。故道生之，德畜之。……”此外，从前面的“表二”也可以清楚地看到，“道”“上德”“下德”这前三项所标识的性质中都含有“无为”，而“上仁”“上义”“上礼”这后三项所标识的性质中都含有“为之”，所谓“为之”即有为，“无为”之反。纵观《老子》全书，“无为”是“道”的核心，是老子推崇的正面价值。《老子》第三章：“为无为，则无不治。”第四十八章：“无为而无不为。取天下常以无事，及其有事，不足以取天下。”相反地，“为之”即有为，“无为”之反，则属于老子抨击的负面价值。第七十五章：“民之难治，以其上之有为，是以难治。”由于“道”“上德”“下德”皆有“无为”的基本特征，均属于老子推崇的正面价值，所以“道之华而愚之始”

的“前识者”，应再将“上德”“下德”两项排除在外。这样，“前识者”的“前”所指的价值序列中前于“礼”的内容，根据上下文义可以确定为属于负面价值的“仁”和“义”这两项。《老子》一书对属于负面价值的“仁”和“义”多有论述，第十八章：“大道废，有仁义；智慧出，有大伪；六亲不和，有孝慈；国家昏乱，有忠臣。”第十九章：“绝圣弃智，民利百倍；绝仁弃义，民复孝慈；绝巧弃利，盗贼无有。”

综上所述，“前识者，道之华而愚之始”义即“仁义者，道之华而愚之始”。比较前文“夫礼者，忠信之薄而乱之首”，由于“礼”位处价值序列最后，而“仁”和“义”在递减的价值序列中尚在“礼”之前，所以“仁义者”的“愚之始”负面效应在严重程度上不及“礼”的“乱之首”负面效应。

六、余论

在对第三十八章“前识者”的考辨过程中，我们还原了第三十七章和第三十八章结合起来阅读的文本状态。《老子》本不分章，也不分“道篇”和“德篇”的上下两篇。分章的出现是为了阅读的方便。河上公《老子道德经》和王弼本《老子》均分八十一章，且“道篇”（第一章至第三十七章）在前，“德篇”（第三十八章至第八十一章）在后。第三十七章和第三十八章之间不仅是分章点，而且还是分篇点。需要着重指出的是，虽然便于阅读是分章之利，但同时也应看到分章之弊，即章与章之间原来固有的文脉可能被忽略了。对于原本是连贯的文脉来说，《老子》的分章则固化了某些割裂式的理解，而第三十七章和第三十八章之间既是分章点又是分篇点的情况则加重了割裂的程度，致使“前识者”一直得不到确诂。

然而帛书《老子》甲本、乙本都是“德篇”在前，“道篇”在后的篇序，和河上公《老子道德经》和王弼本《老子》的篇序正好相反。两种不同的篇序究竟哪一种是最初的状态呢？前文在考辨“前识者”过程中还原了王弼本《老子》第三十七章和第三十八章应该合章的阅读方式，从中可知第三十七章和第三十八章这两章在未分章之前是前后紧连的，第三十七章和第三十八章的分章虽然并不合理，但分章以后两章内容仍前后相随，即便是第三十七章和第三十八章又成为“道篇”和“德篇”的分篇点，第三十七章和第三十八章至少在形式上仍保留了前后相随的痕迹。王弼本《老子》“道篇”在前，“德篇”在后的篇序当为《老子》一书的原始顺序。而帛书《老子》甲本、乙本以“德篇”在前，“道篇”在后，直接的后果则是原本文脉相连的内容分置于帛书的一头一尾。帛书《老子》篇序的演变过程可重构为：原始本《老子》→分章分篇（“道篇”在前，“德篇”在后）→篇序颠倒（“德篇”在前，“道篇”在后）。

王弼本《老子》第三十七章和第三十八章合起来才是意义完整的内容，以此可以回答和郭店楚简《老子》性质相关的问题。郭店楚简《老子》的内容相当于今本的五分之二，由此产生了两种不同意见。第一种意见认为郭店楚简《老子》是八十一章本的摘抄本，因而郭店楚简《老子》的字数较之八十一章本的字数少了许多；第二种意见认为郭店楚简《老子》是原始本，字数就是那么多，后来的八十一章本是从郭店楚简《老子》发展扩充而来的，所以八十一章本的字数增多了。观察郭店楚简《老子》，仅有王弼本《老子》第三十七章而无第三十八章的相关内容。郭店楚简《老子》甲本13、14简中有对应于王弼本《老子》第三十七章整章的内容，其中13简“道恒无为也”之前上接对应于王弼本《老子》第六十四章下半部分的内容，且“道恒无为也”的“道”之前并无分章标志；而14简“万物将自定”的“定”字下则有方形墨钉作为分章标志，在“定”字下方形墨钉之后则下接对应于王弼本《老子》第六十三章的内容。我们认为王弼本《老子》第三十七章和第三十八章合起来才是完整的内容，其写作旨趣在于论述“道”“德”“仁”“义”“礼”价值序列，然后有所取舍。换言之，原始本《老子》第三十七章和第三十八章应是一气呵成紧密相连的，这样，第三十八章如果不结合第三十七章去阅读，便无法理解“前识者”的含义；而仅有《老子》第三十七章而无其后的第三十八章内容，则无法理解第三十七章内容仅是老子精心构建“道”“德”“仁”“义”“礼”价值序列的第一步而已。郭店楚简《老子》仅有王弼本《老子》第三十七章而无第三十八章内容，表明郭店楚简《老子》的性质是摘抄本，仅摘取了论述“道”“德”“仁”“义”“礼”价值序列中有关“道”的部分，即王弼本《老子》第三十七章的内容。

（十七）《老子》“人之所畏，不可不畏”辨正

[摘要] 本之旨在对《老子》第二十章做文脉梳理。《老子》第二十章“人之所畏，不可不畏”一句的含义迄无确诂，其原因是本不分章的《老子》经分章后，原有的一些跨章文脉被割裂了。章首的“绝学无忧”应属于上章。第二十章“唯之与阿”，义承第十七章“太上，下知有之”等有关对待“道”的四种呈递减状态的话题。“人之所畏”中的“畏”就是第十七章“畏之”的“畏”，“人之所畏”“畏”的对象和第十七章“畏之”的“之”一样，指的是“道”。“人之所畏，不可不畏”，义为人们畏惧的道，（我也）不可以不畏惧。

一、问题的提出

“人之所畏，不可不畏”的句子出于《老子》第二十章。以下是通行的王弼本《老子》第二十章的内容：

> 绝学无忧。唯之与阿，相去几何？善之与恶，相去若何？人之所畏，不可不畏。荒兮，其未央哉！众人熙熙，如享太牢，如春登台。我独泊兮其未兆，如婴儿之未孩，儽儽兮若无所归。众人皆有余，而我独若遗。我愚人之心也哉！沌沌兮！俗人昭昭，我独昏昏。俗人察察，我独闷闷。澹兮其若海，飂兮若无止。众人皆有以，而我独顽似鄙。我独异于人，而贵食母。（第二十章）

有关“人之所畏，不可不畏”的含义，河上公注：“人谓道人也。人所畏者，畏不绝学之君也。不可不畏，近令色，杀仁贤。”其中将“人之所畏”的“人”理解为有道之人，不确。高亨《老子正诂》：“此句与上下文

不联，盖自为一章。”进而在第二十章章末认为：“本章文句颇多窜乱，无可谍正。”① 高亨认为“人之所畏，不可不畏”一句的上下文文脉难以理清。事实上，第二十章的通读存在着诸多难点。首先，章首的“绝学无忧”是否应属于上章？其次，“唯之与阿，相去几何？善之与恶，相去若何”和前文的文脉关系如何？再次，“人之所畏”究竟“畏”的是什么？“人之所畏，不可不畏”和上文的文脉有何联系？上述这些互为关联的问题仍需进一步研究，以期准确把握第二十章的章旨。

二、第二十章章首的“绝学无忧”应属第十九章

有关第二十章“绝学无忧”一句，诸多学者认为应属第十九章章末。以下是通行的王弼本《老子》第十九的内容：

> 绝圣弃智，民利百倍；绝仁弃义，民复孝慈；绝巧弃利，盗贼无有。此三者以为文不足，故令有所属：见素抱朴，少私寡欲。（第十九章）

高亨《老子正诂》举出“绝学无忧”一句应属第十九章的三方面理由：其一，“绝学无忧”和“见素抱朴，少私寡欲”句法相同；其二，“足”“属”“朴”“欲”“忧”为韵；其三，“见素抱朴，少私寡欲，绝学无忧”，文意一贯。② 高说甚是。

此外，“此三者以为文不足”，义为“绝圣弃智”“绝仁弃义”“绝巧弃利”三者作为行文还嫌不够，而“故令有所属”中的“属”当用其本义。《说文・尾部》：“属，连也。”即“属”的本义为连属、连接义。陆德明《经典释文・老子音义》：“属，之欲反。”即“故令有所属”中的“属”今音读作 zhǔ。“故令有所属”，义为所以使（此三者）有所连接，即接着说，把前面行文不够的地方再说全了。由于前文为“绝圣弃智”“绝仁弃义”

---

① 高亨：《重订〈老子正诂〉》，古籍出版社 1956 年版。
② 同注①。

“绝巧弃利”“三者”，所以接着“三者”而说的仍为三句，而所连接的“见素抱朴，少私寡欲，绝学无忧”三句，作为进一步的论说，也起到了对十九章小结的作用。

三、第二十章之前的文脉梳理

第二十章章首“绝学无忧”一句属于哪一章的问题即第十九章和第二十章之间的文脉关系，学者很早就注意到了，然而即便在第二十章章首“绝学无忧”属十九章的问题解决以后，由于第二十章“唯之与阿”在第十九章内找不到相关线索，所以“唯之与阿”的行文仍有突兀之感，无法确切理解其意。

《老子》形成之初本不分章，西汉早期的马王堆 3 号墓出土的帛书《老子》乙本仍不分章。分章的出现是为了阅读的方便，如帛书《老子》甲本中为数不多的圆点符号，应含有分章的意味。北京大学所藏的西汉中期竹简本《老子》分七十七章，而通行的王弼本《老子》则分八十一章。

由于《老子》分章的出现，原有的一些跨章文脉被割裂，致使阅读者的视野被窄化而局限在本章内。第二十章“唯之与阿”一句究竟针对什么话题而引发，要解决这一问题，应将目光从第十九章再前移去梳理老子的论说思路。

在《老子》一书中，论“道”是全书的主线。通观《老子》一书的结构，可以看到从第十四章起又再次直接论道，而从第十四章到第二十四章则构成一个大段落。第十四章说明“道纪”，第十五章承前章描写得道之士，与先前所论的道的性质保持一致。第十六章论及内省内视的虚空实践。

《老子》第十七章章首的“太上，下知有之”一句误读至今，情况颇为复杂，涉及“太上”“下知”“之”三个语言点问题。[①] 蒋锡昌认为第十七章中“太上……其次……其次……其次……”为惯用句式，其中的“太上”应理解为最好义[②]，至确，当从。“下知”应理解为偏正结构，即其中的

---

① 徐山：《〈老子〉“下知有之”辨正》，《周易研究》2019 年第 2 期。

② 引自高明《帛书老子校注》，中华书局 1996 年版。

“知”为名词，通“智”。所谓“下知”，即把智慧分成两等，上为“上知（智）”，下为“下知（智）”。“上知”一词见于《论语·阳货》：“子曰：‘唯上知与下愚不移。’”“太上，下知有之”中的“之”长期以来得不到确解，主要原因还是通行本分章后一些文脉被割裂所造成的。“下知有之”中的“之”所代替的名词当是前面第十六章中出现的“道”。这样，“太上，下知有之”一句应理解为“最好的情形，则是就连次等聪明的人都有道”。

第十七章接下来的“其次，亲而誉之”，义即次一等的情形，则是（“下知”虽然做不到有道，但能）亲近道、赞誉道。“其次，畏之”，义即再次的情形，则是（“下知”不能亲近道、赞誉道，而是）畏惧道。“其次，侮之”，义即最次的情形，则是（“下知”连畏惧道都做不到，而是）轻侮道。所谓最次的情形“下知”轻侮道之义，又见《老子》第四十一章：“下士闻道，大笑之。不笑不足以为道。”总之，第十七章用“太上……其次……其次……其次……”的句式，描写了“下知”中对待“道”的四种等而下之的递减状态。

第十八章首句“大道废”，正是前面第十七章所展现的最次的情形中“下知”对“道”的不信任感以及百姓对“道”的漠视态度的评价，同时第十八章又进一步具体描绘了“大道废”以后随之而来的病态的社会现象。

第十九章义承前面的第十八章中的“仁义”“智慧”等话题而继续论说之。

四、第二十章“唯之与阿”义承第十七章

再来讨论“唯之与阿，相去几何”的含义。《说文》：“唯，诺也。”“唯”的本义为应答声。刘师培曰：“阿当作诃。《说文》：‘诃，大言而怒也。’诃俗作呵。”① 刘说当从。阿，帛书甲本作“诃”，帛书乙本作“呵”。“唯”“阿”词义相反，所以“唯之与阿”的“唯”的确切含义为表示同意的应答声。“唯之与阿”，义即同意和怒斥。“相去几何”，义为相差多少，该句隐含的前提是“唯”“阿”两者是有差别的。

---

① 引自高明《帛书老子校注》，中华书局1996年版。

在上一节中，我们梳理了从第十四章起一直到第二十章“唯之与阿”之前这部分内容的话题主旨以及文脉推进的特点。第二十章“唯之与阿”，义承第十七章“太上，下知有之”等有关对待“道”的四种呈递减状态的话题，并将列在前面的“下知有之”“亲而誉之”这两种好的和较好的状态高度概括为“唯（同意）”，而将列在最后的“侮之”这种最次状态高度概括为“阿（即诃，怒斥）”。因此，“唯之与阿，相去几何”的确切含义则为（对“道”采取）同意和怒斥这样不同的对立态度，两者的差别究竟有多大？

“善之与恶”，句式仿“唯之与阿”，点明由“唯”“阿”的对立态度导致了“善”“恶”的不同价值评判。“善之与恶，相去若何”，义为（对“道”采取同意的态度所导致的）善和（对“道”采取怒斥的态度所导致的）恶，两者的差别究竟如何？

其实，有道（唯，同意）所体现的“善”以及侮道（阿，怒斥）所体现的“恶”，两者的对立情况在前面第十八章、第十九章中已展开相关的论述，第十八章论及“大道废”后产生的“恶”，而第十九章则论及应摒弃“大道废”产生的“恶”而归复大道的“善”。

总之，“唯之与阿”以及由此导致的“善之与恶”，其中的对立差别是显而易见的，第二十章用了两个反问句“相去几何”和“相去若何”，意在强调有道和废道所产生的截然不同的景象。

五、“人之所畏，不可不畏”正解

“人之所畏”，要理解这句含义的根本问题就在于人们究竟“畏”的是什么？由于在第二十章已出现的话题中并无线索可寻，所以学者长期以来一直感到困惑不解。

通过上一节对“唯之与阿，相去几何？善之与恶，相去若何”和之前的第十七章、第十八章、第十九章的文脉关系的梳理，我们搞清楚了第二十章“唯之与阿、善之与恶”所论述的对象是“道”。

由于“唯之与阿”已经用概括出来的对立词论述第十七章对待“道”的四种状态中的第一种、第二种以及第四种状态，这样剩下的第三种状态

“畏之”则由“人之所畏”继续论述。换言之，“人之所畏”中的“畏”就是第十七章“畏之”的“畏”，“人之所畏”中“畏”的对象和第十七章“畏之”的“之”一样，指的是“道”。“人之所畏，不可不畏”，义为人们畏惧的道，（我也）不可以不畏惧。

综上所述，第十七章依次展现了对待“道”的四种状态，经由第十八章废道之“恶”和第十九章有道之“善”的阐述，到接下来的第二十章，老子再对前面第十七章提出的对待“道”的四种状态一一加以评价。“唯之与阿，相去几何”，表明四种状态中第一、二种和第四种为“善”“恶”价值的对立；而第三种“畏之”状态老子亦认同，表明第三种“畏之”的性质虽然不属于“恶”，但又不像第一、二种的“善”那么特征鲜明，尽管如此，老子仍旧予以肯定。

六、“人之所畏，不可不畏”之后的文脉

第二十章从章首至“人之所畏，不可不畏”为该章的第一个层次，而从“荒兮，其未央哉”开始至章末为第二个层次。

“荒兮，其未央哉”，句中的“其”和第二十章前面第一个层次论述的对象一样，指代的是“道”，“荒兮，其未央哉”义为道广大啊，无边无际啊。

第二个层次的行文顺序为：先描写“道”，再详尽对比“众人”和“我”全然相反的容貌。从“澹兮其若海，飂兮若无止”至章末，作为小结部分，又再次描写“道”（“澹兮其若海，飂兮若无止”），并强调了“我独异于人，而贵食母”。“食母”义承前面的“婴儿”，“贵食母”义为重视“道”的滋养。当然，为何“我”老子“独异于人”，紧接的第二十一章首句“孔德之容，惟道是从”则回答了这个问题。因为“道之为物”，具有恍惚、窈冥的容貌，所以得道的有德之人则随从道的容貌而显得两者相仿。相反地，众人在道废之中远离了道，也就不可能具备道的品质，这样老子自然就和众人格格不入了。

玩味第二十章的前后两个层次，第一个层次末的“人之所畏，不可不畏”在“畏道”态度上，老子和人们有一致之处，但也仅此而已。从第二

层次开始，笔锋一转，在描写“道”之后突显老子和众人的不同之处，从而吐露出老子和众人迥异的真实心声。

参考文献

北京大学出土文献研究所：《北京大学藏西汉竹书》（二），上海古籍出版社 2012 年版。

陈鼓应：《老子注译及评介》，中华书局 1984 年版。

段玉裁：《说文解字注》，上海古籍出版社 1981 年版。

高亨：《重订〈老子正诂〉》，古籍出版社 1956 年版。

高明：《帛书老子校注》，中华书局 1996 年版。

彭裕商、吴毅强：《郭店楚简老子集释》，巴蜀书社 2011 年版。

任继愈：《老子绎读》，北京图书馆出版社 2006 年版。

奚侗：《老子集解》，上海古籍出版社 2007 年版。

徐山：《〈老子〉的分析》，《弘道》2007 年第 3 期。

徐山：《〈老子〉含有“不”“无”否定词的句子价值取向》，《弘道》2008 年第 4 期。

徐山：《〈老子〉“白—黑”颜色词的价值取向》，《弘道》2010 年第 1 期。

徐山：《〈老子〉第二十三章“希言自然”文脉梳理》，《弘道》2015 年第 1 期。

徐山：《以无知为知——〈老子〉“知不知”辨正》，《中国社会科学报》2015 年 7 月 7 日哲学版。

徐山：《〈老子〉“故去彼取此”和“以此”辨正》，《弘道》2016 年第 1 期。

徐山：《〈老子〉“故大制不割”辨正》，《安徽大学学报（哲学社会科学版）》2017 年第 1 期。

徐山：《〈老子〉“报怨以德”与“和大怨”文脉梳理》，《弘道》2017 年第 1 期。

徐山：《〈老子〉“宠辱若惊”辨正》，《光明日报》2017 年 3 月 25 日国学版。

徐山：《〈老子〉训诂三则》，《光明日报》2018 年 7 月 28 日国学版。

徐山：《〈老子〉“下知有之”辨正》，《周易研究》2019 年第 2 期。

徐山：《〈老子〉“莫若啬”辨正》，《兰州学刊》2019 年第 8 期。

徐山：《〈老子〉“道可道，非常道”辨正》，《弘道》2019 年第 3 期。

朱谦之：《老子校释》，中华书局 1984 年版。

（十八）《老子》四处“反”均为“相反”义考

[摘要] 在《老子》一书中“反”一词共出现过四次。本文逐一考辨了第二十五章“远曰反”、第四十章“反者道之动”、第六十五章“与物反矣”及第七十八章“正言若反”，认为其中的四处“反”均为“相反”义。位于顶真链末端的“远曰反”，即道“曰反”，义为道是“相反”的，其具体含义为我老子思想的“道”是（与世俗价值）相反的。“反者道之动”，义为（与世俗价值）“相反”是“道”的运动方式。“与物反矣”，义为玄德“与众人的世俗价值相反”。“正言若反”，义为（老子认为是）正常的言论好像（与世俗价值）相反。老子创造性地将道的核心价值高度概括为与世俗价值相反的“反”。

在《老子》一书中“反”一词共出现过四次，分别是第二十五章“远曰反”、第四十章“反者道之动”、第六十五章“与物反矣”及第七十八章“正言若反”。“反”一词在先秦文献里已是多义词，主要有“覆，翻转”、“回来，回去”（此义后来写作“返”）、“反面，相反”、“背叛，造反”及“反省”等义。①

对于《老子》书中的四处“反”的具体含义，学者的理解有不少分歧，主要表现为在“相反”义还是“返”义这两者之间的抉择。由于“反”一词所在的有关论述涉及老子思想构成层面的重要核心部分，所以仍有必要对《老子》书中的四处“反”做进一步的系统研究，以期准确地把握老子思想的独特一面。

第七十八章“正言若反”出现在书末的结语部分，其义显豁，所以本文对该句先进行讨论，其后再按第四十章“反者道之动”、第二十五章“远

① 王力主编：《王力古汉语字典》，中华书局 2000 年版。

曰反”、第六十五章“与物反矣”的顺序一一详辨。

一、“正言若反”辨正

“正言若反”一句为《老子》第七十八章文，现将通行的王弼本《老子》第七十八章引录如下：

> 天下莫柔弱于水，而攻坚强者莫之能胜，以其无以易之。弱之胜强，柔之胜刚，天下莫不知，莫能行。是以圣人云：“受国之垢，是谓社稷主；受国不祥，是为天下王。”正言若反。（第七十八章）

章末的“正言若反”，河上公注：“此乃正直之言，世人不知，以为反言。”河上公将“正言若反”的“正”理解为“正直”义，不确。高延第在《老子证义》中指出：“此语并发明上下篇玄言之旨。凡篇中所谓‘曲则全，枉则直，洼则盈，敝则新’，‘柔弱胜刚强’，‘不益生则久生’，‘无为则有为’，‘不争莫与争’，‘知不言，言不知’，‘损而益，益而损’，言相反而理相成，皆‘正言’也。”① 高说“正言”之义，得之。然而，“正言若反”一句的句义内涵究竟如何，仍需进一步的研究，从而重新梳理作为《老子》一书核心命题的产生机制，以及以“弱—强”对立关系为例的诸种语言表达形式。

在《老子》第七十八章章末的“正言若反”是该章的总结句，而章中“弱之胜强”的论点，则是在《老子》一书中反复强调的。所谓“正言”，即老子认为是正常的言论，如“弱之胜强”“受国之垢，是谓社稷主；受国不祥，是为天下王”，而“正言若反”的“反”，义即与世俗价值相反。以第七十八章论述的内容来说，老子认为“弱之胜强”，且自认为这种说法是“正言”，然而在世俗眼光里，在对待“弱—强”对立关系时则总认为是强胜弱；又比如圣人认为“受国之垢，是谓社稷主”，而世俗眼光则以为既然是“受国之垢”，就不能成为“社稷主”，或者以为既然是“社稷主”，就

① 高明：《帛书老子校注》，中华书局 1996 年版。

不要“受国之垢”。

“正言若反”，义即（老子认为是）正常的言论好像（与世俗价值）相反，这样老子便自我阐明了老子式“正言”的产生途径。老子是世俗价值的颠覆者，老子式的“正言”是在世俗价值的判断基础上加以否定而产生的。

《老子》一书中充满着各种对立面，如名词性质的“雄—雌”，动词性质的“有—无”、形容词性质的“刚强—柔弱”“贵—贱”等。在这些成对的反义词中，世俗的眼光是肯定前者，同时常常忽略了后者。而老子不然，在了解前者的同时，将重点落实在后者，并充分挖掘后者的主导作用。

老子在处理各种对立面时，在“正言若反”的原则指导下，呈现出许多不同的语言表达形式。为了全面认识老子有关对立关系的“正言”，以下先例举《老子》书中除了“弱—强”关系之外的其他对立关系的表达形式，然后再将这些表达形式转换成“弱—强”关系的表达形式，由此建立起一整套有关“弱—强”对立关系的老子式“正言”系统。

第二十二章“曲则全，枉则直，洼则盈，敝则新”，可转换为“弱—强”对立关系的老子式“正言”：“弱则强。”

第二十八章“知其雄，守其雌”，可转换为：“知其强，守其弱。”转换而来的“守其弱”的表达形式可与第五十二章的“守柔曰强”相对照，而“守柔曰强”亦可转换为：“守弱曰强。”

第三十九章“故贵以贱为本，高以下为基”，可转换为：“强以弱为本（为基）。”

第四十一章“大白若辱”，可转换为：“大强若弱。”

第六十三章“大小，多少”，义即以“小”为“大”，以“少”为“多”，可转换为：“强弱。”

“弱—强”对立关系的老子式“正言”系统经过梳理和重构，可以凸现老子在对待强胜弱的世俗价值时持有的相反立场即“弱之胜强”，并且从转换而来的“弱则强”、“知其强，守其弱”、“守弱曰强”、“强以弱为本（为基）”、“大强若弱”、“强弱”等语言表达形式中，不难看出“守弱曰强”正是老子“弱之胜强”的具体操作方法。换言之，老子式的“弱”即“守弱”的特点就是要避免向世俗的“强”转化，因为世俗的“强”，如老子所言，“强梁者不得其死”（第四十二章），“坚强者死之徒”（第七十六章）。

二、“反者道之动”辨正

“反者道之动”一句出现在《老子》第四十章章首，以下是通行的王弼本《老子》第四十章的内容：

> 反者道之动，弱者道之用。天下万物生于有，有生于无。（第四十章）

章首的“反者道之动”，河上公注：“反，本也。本者道所以动，动生万物，背之则亡也。”河上公释“反”为“本”义，不确。王弼注：“高以下为基，贵以贱为本，有以无为用，此其反也。动皆知其所无，则物通矣，故曰‘反者道之动’也。”王弼注近之。“反者道之动”的句义，其关键是确定“反”的词义。由于“反”出现在第四十章章首，针对什么而引出话题“反者”并不清楚，所以“反”的出现仍有突兀之感。我们认为，出现这样的问题，根本原因在于《老子》形成之初本不分章，通行的王弼本《老子》的分章造成了一些文脉割裂的现象。

《老子》形成之初本不分章，西汉早期的马王堆 3 号墓出土的帛书《老子》乙本仍不分章。分章的出现是为了阅读的方便，如帛书《老子》甲本中为数不多的圆点符号，应含有分章的意味。北京大学所藏的西汉中期竹简本《老子》分七十七章，而通行的王弼本《老子》则分八十一章。

为了正确把握“反者道之动”的含义，《老子》第四十章应和之前的第三十九章结合起来理解才能奏效。以下是通行的王弼本《老子》第三十九章：

> 昔之得一者：天得一以清，地得一以宁，神得一以灵，谷得一以盈，万物得一以生，侯王得一以为天下贞。其致之：天无以清将恐裂，地无以宁将恐发（废），神无以灵将恐歇，谷无以盈将恐竭，万物无以

生将恐灭，侯王无以贵高将恐蹶。故贵以贱为本，高以下为基。是以侯王自谓孤、寡、不穀。此非以贱为本邪？非乎？故致数舆无舆。不欲琭琭如玉，珞珞如石。（第三十九章）

第三十九章首句“昔之得一者”，其中“得一”即“得道”之义。前半章论述了“道”的作用。“故贵以贱为本，高以下为基”为小结句，其后的“故致数舆（誉）无舆（誉）”亦为小结句。

第四十章章首的“反者道之动”义承第三十九章的内容。作为话题的“反者”，正是上一章第三十九章中小结句旨趣的高度概括。就“贵—贱”“高—下”对立关系而言，按照世俗价值则应是以贵为本，以高为基，而老子认为“贵以贱为本，高以下为基”，恰恰与世俗价值相反。“致数舆（誉）”，义即追求诸多名誉，对此世俗价值觉得是很光彩的事，即“致数舆（誉）”而有誉，然而老子与世俗价值相反，认为“致数舆（誉）无舆（誉）”。

第三十九章论及“道”的作用，第四十章章首“反者道之动”则进而讨论“道”是如何运动的。“反者道之动”的“反”，其词义和上文已辨正的“正言若反”的“反”一样，都是相反义。

“反者道之动”，义即（与世俗价值）“相反”是“道”的运动方式。换言之，“道”的运动（与世俗价值）正相反，亦即“道”是以（与世俗价值）相反的方式运动的。

下面来逐句讨论通行的王弼本《老子》第四十章“反者道之动”之后诸句的含义，以及句与句之间的意义关系方式。

“弱者道之用”，该句式仿上句的“反者道之动”，义即“弱”是“道”的功用。在对待“弱—强”对立关系问题上，老子通过观察实践已从世俗价值重心的“强”转移到“弱”，在立足于“弱”的同时，又将“弱”上升到“道”的理论高度。

“天下万物生于有，有生于无”，此句的目的在于解释上句“弱者道之用”作为命题之所以成立的道理。《老子》第四十二章：“道生一，一生二，二生三，三生万物。万物负阴而抱阳，冲气以为和。”比较第四十章从无生有，再生万物，以及第四十二章道生一直至万物的论述，可知“道”本身就是“无”。而“无”和“弱”两者具有类比性，这样由于“无”是“道”的本源，而且老子又强调“无之以为用”（第十一章），所以通过类比，“弱”在《老子》全书以“道”来统摄自然和社会的思想框架中理论上被确立为“道”的功用。

三、“远曰反”辨正

“远曰反”一句出现在通行的王弼本《老子》第二十五章（有校改）：

> 有物混成，先天地生。寂兮寥兮，独立而不改，周行而不殆，可以为天下母。吾不知其名，字之曰道，强为之名曰大，大曰逝，逝曰远，远曰反。故道大，天大，地大，王亦大。域中有四大，而王居其一焉。人法地，地法天，天法道，道法自然。（第二十五章）

“远曰反”，河上公注：“言其远不越绝，乃复反在人身也。”其中的“复反”为返回义，即河上公释“反”为“返”。王弼注：“不随于所适，其体独立，故曰‘反’也。”王弼也是将“反”理解为“返”。近人奚侗《老子集解》：“既‘远’矣，于是复反其根。”① 高亨《重订〈老子正诂〉》在“强为之名曰大，大曰逝，逝曰远，远曰反”下注曰：“此十五字疑本作‘强为之容曰大，曰逝，曰远，曰反。’名容形近，且涉上文而讹。重大逝远三字，后人所益也。……‘强为之容曰大，曰逝，曰远，曰反’者，言道其体至大，其运周环也。”② 高亨认为原文不应重“大”“逝”“远”三字，重“大”“逝”“远”三字后文义不显，但是郭店楚简《老子》和帛书《老子》均重“大”“逝”“远”三字，所以高亨疑而无据。不过，原句理解为“曰大，曰逝，曰远，曰反”仍有可取之处。张松如《老子说解》提及公骥的观点“老庄学派，逻辑严谨，行文简赅，爱使用转递推衍

① 奚侗：《老子集解》，上海古籍出版社 2007 年版。
② 高亨：《重订〈老子正诂〉》，古籍出版社 1956 年版。

句法”，并举“强为之名曰大，大曰逝，逝曰远，远曰反”诸例，“犹如后世之‘顶针续麻’，概念辗转申明或递相外延”。[①] 所谓“顶针续麻”，即修辞学的“顶真”辞格。公骥的观点当从。《老子》书中“顶真”辞格多见，第二十五章除了“强为之名曰大，大曰逝，逝曰远，远曰反”之外，其章末的“人法地，地法天，天法道，道法自然”亦用“顶真”手法。

“顶真”辞格在《老子》中有两种类型。第一种为含有“曰”字的类型，如第十六章“夫物芸芸，各复归其根。归根曰静，是谓复命。复命曰常，知常曰明”，其中的“是谓复命”，为“静曰复命”之义。该顶真句的含义为“归根曰静，曰复命，曰常”。“曰”字类型具有解释描写被解释词的性质特点的功能，如“归根”的性质特点，则是从三个方面逐一去解释。而第二十五章“强为之名曰大，大曰逝，逝曰远，远曰反”亦此类型，其含义为道“曰大，曰逝，曰远，曰反”，即道具有四个方面的性质特点。

“顶真”辞格的第二种类型为用同一个非“曰”字去系联，比如同一个动词，如上述第二十五章章末的“人法地，地法天，天法道，道法自然”，其含义为“人法地，法天，法道，法自然”。还有第四十二章章首的“道生一，一生二，二生三，三生万物”，其含义为“道生一，生二，生三，生万物”。或用同一个起加强肯定作用的副词“乃”去系联，如第十六章“知常容，容乃公，公乃王，王乃天，天乃道，道乃久，没身不殆”。或用同一个表示因果相承关系的连词“则”去系联，如第五十九章“夫唯啬，是谓早服，早服谓之重积德。重积德则无不克，无不克则莫知其极。莫知其极，可以有国。有国之母，可以长久”，采用了一系列顶真修辞手法展开论述，层层相扣，从而推导出第五十九章章末的“是谓深根固柢，长生久视之道”的小结句。

“顶真”辞格的两种类型，其相同点都是采用递进的形式，其意旨重点则落在顶真链的末端。[②] 第二种非“曰”字类型中的“人法地，地法天，天法道，道法自然”，其结论则为“人法自然”。由于“自然”为“道”的属

---

① 张松如：《老子说解》，齐鲁书社 1987 年版。

② 邓联合：《从史官话语到哲学话语——〈老子〉文本两种常见句法的思想释义》，《江海学刊》2012 年第 6 期。

性，所以“人法自然”（“自然”为老子思想“道”的属性）也就包含了“人法道”（“道”为老子思想之名）。

而第一种“曰”字类型，由于“曰”为释义用语，所以“强为之名曰大，大曰逝，逝曰远，远曰反”理解为道“曰大，曰逝，曰远，曰反”之后，要注意这种类型的两个层面：其一，四个“曰”是从四个不同角度去解释描写“道”的性质特点的，“大”“逝”“远”“反”彼此之间并不构成因果逻辑关系，而且各自构成的道“曰大”、道“曰逝”、道“曰远”、道“曰反”的命题理由已在之前的文脉中涉及，否则这样的命题就有突兀之感。其二，位于顶真链末端的道“曰反”，该结论则是运用此顶真句式的意旨所在。

有关道“曰大”即道是“大”的。第十八章：“大道废，有仁义。”第三十四章：“大道泛兮，其可左右。”第六十七章：“天下皆谓我道大，似不肖。夫唯大，故似不肖。”

有关道“曰逝”即道是“逝”（运动）的。《说文》：“逝，往也。”此运动义即本章前面的“周行而不殆”的概括。

有关道“曰远”即道是“远”（深远）的。第一章：“故常无，欲以观其妙；常有，欲以观其徼。此两者，同出而异名，同谓之玄，玄之又玄，众妙之门。”《说文》：“玄，幽远也。”“常无”和“常有”两者，同出于“道”而名称有异，都可以说是幽远的。“玄之又玄”，强调了“常无”和“常有”极其幽远。第二十一章“道之为物，惟恍惟惚。惚兮恍兮，其中有象；恍兮惚兮，其中有物。窈兮冥兮，其中有精”，其中的“窈”，《说文》：“窈，深远也。”

最后有关道“曰反”即道是“反”的。有关“道是大的、道是运动的、道是深远的”这三个命题，其成立的理由在第二十五章“曰”字类型顶真句前已经分别论述过，进而用单音节词“大”“逝”“远”一一明确地概括出来。同样，道“曰反”的“反”究竟是指“相反”义还是“返”义，经过对第二十五章“曰”字类型顶真句前老子的所有论述进行核查之后，在对道的诸多描述中并没有发现有关“返”的说法。其实，道自身已是万物的本源，所以假定的“道是返回的”则无从说起，事实上只有由道产生的万物才需要返回道。

道“曰反”当为“相反”义，第二十五章有关“道是相反的”命题是承前面的第二十一章和二十二章中论述的主旨而来的。

> 孔德之容，惟道是从。道之为物，惟恍惟惚。惚兮恍兮，其中有象；恍兮惚兮，其中有物。窈兮冥兮，其中有精；其精甚真，其中有信。自古及今，其名不去，以阅众甫。吾何以知众甫之状哉？以此。（第二十一章）
>
> 曲则全，枉则直，洼则盈，敝则新，少则得，多则惑。是以圣人抱一为天下式。不自见，故明；不自是，故彰；不自伐，故有功；不自矜，故长。夫唯不争，故天下莫能与之争。古之所谓“曲则全”者，岂虚言哉？诚全而归之。（第二十二章）

第二十一章章末的“吾何以知……哉？以此”为《老子》书中一问一答的惯用句型，“以此”作为对疑问句“吾何以知……哉”的回答，其答案在“以此”之后，即指示代词“此”所代替的内容在其下文，而不是学者所认为的出现在“以此”的上文。[①]《老子》本不分章，分章以后在第二十一章中“吾何以知……哉？以此”句型位处章末，结果该句型原有的承上启下功能被抹去了，造成了长期以来的误读。第二十一章和第二十二章需跨章连读才能正确地加以理解。

第二十一章王弼注：“众甫，物之始也。”第二十一章论及道“惟恍惟惚”，但又是“有象”“有物”“有精”“有信”，即老子描绘的道之状。道之名从古至今一直存在，且用来观察万物的起始。第二十一章的文脉沿着道之状、道与众甫的关系进而追问“众甫之状”而展开，而“吾何以知众甫之状哉？以此”的自问自答，其中的“此”所代替的即下文第二十二章的首句。作为新论点的首句，回答了“众甫之状”为“曲”“枉”“洼”“敝”“少”，但实质上唯有如此，才能“全”“直”“盈”“新”“得”。其

① 徐山：《〈老子〉“故去彼取此”和“以此”辨正》，《弘道》2016年第1期。

后的“古之所谓‘曲则全’者，岂虚言哉”，表明老子对“众甫之状”的描述是有所本的。章末的“诚全而归之”，高亨在《重订〈老子正诂〉》中说“乃其实能全，而以全归之”①，并在《老子注译》中译为“是真能以保全的结果还给他的”②，高说可从。

在世俗的眼光里，“曲”则不全，在对待“曲—全”这一对立面时，世俗重视、肯定的是“全”。而“曲则全”的命题和世俗价值完全相反，“曲则全”将立足点放在被世人认为带有负面性质的“曲”（不全）上面。“曲则全”和老子式的“正言若反”是一致的。由于道生万物，所以万物起始时所携带的“曲则全”特性当来自作为本源的道，即道本身就具有“曲则全”的特性。

综上所述，第二十五章道“曰反”即道是“反”的，应理解为道是相反的，其具体含义为我老子思想的“道”是（与世俗价值）相反的。道“曰反”命题的理由已在之前的第二十一章和第二十二章中论及，所以“相反”义用法的“反”一词正是万物“曲则全”亦即道“曲则全”表述的高度概括。此外，道“曰反”处于顶真链的最后，由此可以看出道“曰大，曰逝，曰远，曰反”这四个命题中道“曰反”在老子心目中实际上是最为重要的。

四、“与物反矣”辨正

最后来讨论“与物反矣”一句，该句出现在通行的王弼本《老子》第六十五章：

> 古之善为道者，非以明民，将以愚之。民之难治，以其智多。故以智治国，国之贼；不以智治国，国之福。知此两者亦稽式。常知稽式，是谓玄德。玄德深矣，远矣，与物反矣，然后乃至大顺。（第六十五章）

---

① 高亨：《重订〈老子正诂〉》，古籍出版社1956年版。

② 高亨：《老子注译》，河南人民出版社1980年版。

“与物反矣”，河上公注：“玄德之人与万物反异，万物欲益己，玄德欲施与人也。”河上公释其中的“反”为相反义，得之。王弼注：“反其真也。”王弼训“反”为“返”义，不确。

第六十五章论及“愚—明”这一对立面以及相应的“愚民（不以智治国）—明民（以智治国）”的不同主张。第三章“常使民无知无欲”，王弼注：“守其真也。”在老子“道—无为”思想框架中，“知”“欲”导致了“有为”（妄为），而“无知”在《老子》一书中，则被赋予了老子式的正面价值。《老子》第七十一章章首“知不知，上”，该句结合前面的第七十章的文脉，应理解为“以（我奉行的道的宗旨）无知为知，最好”。[①] 换言之，老子式的无为意义上的“无知”，非无知也，乃真知也；而世俗的有为意义上的所谓“知”，非知也，乃妄为之知也。总之，老子在对待“愚—明”这一对立面时，其“愚”是老子式的“愚”，被老子赋予了正面价值，其“明”为世俗的“明”，是负面价值的。而经常认识老子式的“愚—明”关系的这一法则，就叫作“玄德”（玄妙的德）。

“玄德深矣，远矣，与物反矣”，从两个方面描写了“玄德”的性质特点。要充分认识“玄德”这两方面的性质特点，首先要把握在老子思想中“德”与“道”的关系，即“德”是“道”在万物中的体现，第五十一章：“道生之，德畜之，物形之，势成之。是以万物莫不尊道而贵德。”

比较第二十五章中有关道“曰大，曰逝，曰远，曰反”的四个命题，可知第六十五章“玄德深矣，远矣，与物反矣”对应了道“曰大，曰逝，曰远，曰反”中的最后两个命题道“曰远，曰反”，即“玄德是深远的，玄德是反的”。由于“玄德”是道在万物中的具体体现，所以“玄德是深远的，玄德是反的”这两个命题和第二十五章“道是深远的，道是反（相反）的”两个命题中的有关描写是一致的，换言之，“玄德是反的”命题中的“反”当为“相反”义。

再来看“与物反矣”中的“物”一词的含义。“物”在《老子》书中

---

① 徐山：《以无知为知——〈老子〉“知不知”辨正》，《中国社会科学报》2015 年 7 月 7 日第 2 版。

主要指自然中的万物，如第十六章："万物并作，吾以观复。夫物芸芸，各复归其根。"也可以具体指某事物，如第二十一章："道之为物，惟恍惟惚。惚兮恍兮，其中有象；恍兮惚兮，其中有物。"也可以指人，如第二十四章："余食赘行，物或恶之。"高亨《老子注译》："物，指人。"[①] 玩味"与物反矣"中"物"的词义，其中的"物"也是指人。任继愈《老子绎读》将"与物反矣"一句译为"与世俗经验相反啊"[②]，得之。具体而言，"与物反矣"中的"物"指的是世俗之人（亦即拥有世俗价值观的人），所以"与物反矣"即"与众人的世俗价值相反"之义。正是"玄德"遵循了"与众人的世俗价值相反"的原则，才得以达到"大顺"的境界。

五、结语

《老子》一书中的四处"反"，阐明了老子思想"道"与世俗价值相反的性质。

"反"一词在第二十五章"远曰反"中第一次出现，值得强调的是道"曰反"命题的思想渊源来自"古之所谓'曲则全'者"，而老子则创造性地将道的核心价值高度概括为与世俗价值相反的"反"。由于"反"的多义词性质，而"反"的概念和简洁的道"曰反"命题在《老子》书中又都是首次出现，这样导致了阅读者理解时的分歧。

第二十五章"远曰反"之后出现的第四十章"反者道之动"、第六十五章"与物反矣"及第七十八章"正言若反"，可以看到有关结论每次出现时都有相同的背景，即都有和第二十五章"远曰反"之前"曲则全"旨趣相同的表述作为推论理由，如"反者道之动"立足于之前的"贵以贱为本，高以下为基"，"与物反矣"建立在之前和世俗价值相反的"愚—明"这一对对立面的论述上，"正言若反"则是之前所强调的"弱之胜强"的总结。

《老子》四处"反"所在的四个命题，按其出现的前后顺序还可以观察到老子有关"反"的论述在不断深化的发展过程。第二十五章道"曰反"

---

① 高亨：《老子注译》，河南人民出版社 1980 年版。

② 任继愈：《老子绎读》，北京图书馆出版社 2006 年版。

命题最简单。第四十章“反者道之动”，实际上融合了前面第二十五章中有关道“曰逝（运动）”和道“曰反”两者的内容。第六十五章的“玄德深矣，远矣，与物反矣”，一方面分别对应了第二十五章中有关道“曰远（深远）”和道“曰反”两者的内容，另一方面“与物反矣”较之前面简单的道“曰反”命题来说，则点明了“玄德”是“反”的这个“反”究竟是和什么相反的问题，这样“玄德”和“物（世俗之人）”相反的清晰表述，反过来促使我们全面地把握之前道“曰反”简单命题的真正内涵。最后出现在第七十八章的“正言若反”，从《老子》的结构来看，第七十八章的行文到了全书收尾阶段，所以有必要对前述诸多论题的要点作明确的总结。“正言若反”中的“正言”（正常的言论），赋予了“弱之胜强”正面的价值标签，也是对前面已论及的道“曰反”、“反者道之动”、玄德“与物反矣”的有关“反”论的整体评价。总而言之，在《老子》全书结语部分出现的总结语“正言若反”，作为老子“道”的核心思想，不仅是由该章“弱之胜强”话题所体现的老子和世俗价值观相对立并在语言表达上展示的颠覆、否定姿态，也是全书从一开始老子就一以贯之的价值取向和思维原则。

（十九）《老子》结构分析

［摘要］《老子》一书的主旨是论“道”，论“道”作为全书的主线贯穿始终。《老子》一书本不分章，全书结构可以分析为九个段落，每个段落始于形而上的“道”的阐发，继而阐述形而下的各种问题，意尽之处则再次回归主线“道”，从而开启另一个新段落。《老子》前三章为全书的总纲，完成了三个核心概念“道”“无”“无为”的解题，并梳理了三者之间自洽的逻辑关系。《老子》最后五章为全书的结语。王弼本《老子》如果去掉那些分章而连读，那么无分章的文本顺序即存原本之旧，而帛书本已改动《老子》结构。郭店楚简《老子》对应于王弼本《老子》不能割裂的完整文脉，其内容则有部分缺少，由此表明郭店楚简《老子》的性质是摘抄本。

一、问题的提出

有关《老子》一书的结构问题，历来备受学者的关注。[①] 本文在前贤研究的基础上，结合自己多年来的研读心得，重点讨论这些问题：老子独创的思想理论在《老子》书中是如何表达的？《老子》的文脉走向有何特点？在分析《老子》一书的结构时要注意哪些问题？

二、《老子》一书的结构

《老子》形成之初本不分章，西汉早期的马王堆3号墓出土的帛书《老子》乙本仍不分章。分章的出现是为了阅读的方便，如帛书《老子》甲本中为数不多的圆点符号，应含有分章的意味。北京大学所藏的西汉中期竹

① 宁镇疆：《〈老子〉结构研究史平议》，收于《怀疑与解释：中国古代史新论》，学林出版社2007年版。

简本《老子》分七十七章，而通行的王弼本《老子》则分八十一章。

《老子》尽管本不分章，但其行文思路决定了全书结构有若干个段落的性质，而每个段落又由若干个层次所构成。从王弼本《老子》分章的角度看，其中的章大体上对应着段落中的层次，如果若干章即若干层次本属于同一个段落，那么对于原本属于同一个段落的诸章之间的文脉联系要格外注意。

老子将自己独创的思想理论称之为“道”，《老子》一书的主旨就是论“道”，论“道”作为全书的主线贯穿始终。《老子》前三章为全书的第一个段落，以逻辑链推导的方式依次提出老子“道”思想的三个核心概念“道”“无”“无为”，分别涉及道体、道动、道用三个方面。《老子》前三章为全书的总纲，基本问题皆已触及，而后从第四章起直至书末则以论道为主线多侧面地反复申述之。《老子》大致可分为九个段落，各段落的开始分别对应于王弼本《老子》的第一至三章、第四至十三章、第十四至二十四章、第二十五至三十一章、第三十二至三十三章、第三十四至五十章、第五十一至六十一章、第六十二至七十六章、第七十七至八十一章。新段落的话题标志是再次直接论道，段落内诸层次之间有话题相承的痕迹可寻。当然，上述有些段落的开始，其实仍和前面段落有义连之处，如第五十章、五十一章两章有话题“生”相连，第七十六章、七十七章两章有话题“上—下”与“高—下”相连。

三、《老子》前三章：全书的总纲

《老子》开篇第一字的“道”，正是老子思想的“道”，《老子》一书的任务，就是要全面阐述老子思想的“道”。[①]

“道可道，非常道”，义为（我老子思想）“道”（如果是）可以言说的，就不是永恒常在的“道”。亦即（我老子思想）“道”（事实上）是不可以言说的，是永恒常在的“道”。老子对自己的思想“道”的性质进行了定位，即不可言说、永恒常在，而老子“道”的不可言说，主要是针对其虚空性质有感而发的。

---

① 徐山：《〈老子〉“道可道，非常道”辨正》，《弘道》2019 年第 3 期。

“无，名天地之始；有，名万物之母”，义为（“道”的）“无”（这个词），（用来）命名天地的初始；（“道”的）“有”（这个词），（用来）命名万物的本原。这其中强调的不仅仅是“道”是“无”这样的虚空性质，而且“无”是本源性的、能产性的。可以这样说，“无”的概念是解开“道”内涵的门法所在。而老子“无—有”的概念，关注重点落在了“无”并加以充分肯定。

《老子》第二章在首章开篇论“道”解题的基础上，进而从“道”的性质中用“天下皆知”“故有无相生”“是以圣人处无为之事，行不言之教”三个递进环节逻辑地推导出并阐明老子心目中理想的“圣人”应“处无为之事”。①

《老子》第二章从“万物作焉而不辞（‘不辞’，帛书乙本作‘弗始’，当从）”到章末，论及“圣人处无为之事”的原则在具体对待万物时应顺应自然而不妄为。

而第三章义承第二章，论及在“圣人处无为之事”的原则下，应以无为治理社会，说明社会存在种种问题的症结与世俗的“有为（妄为）”有关。

在《老子》第一个段落里，完成了三个核心概念“道”“无”“无为”的解题，并梳理了三者之间自洽的逻辑关系。从第二个段落起，都是以论“道”起头，其后话题不出“无”“无为”的范围发展，从而不断深化“道”“无”“无为”的内涵。《老子》将道体、道动、道用三者糅合在一起并轮番滚动的论述形式，表明“道”的核心概念“道”“无”“无为”之间是不可分割的整体，“道”理论在老子严谨且自由的行文中回应了有关“自然—人”的根本问题。

四、《老子》最后五章：全书的结语

《老子》一书最后一次直接论“道”是在第七十七章，从第七十七章至

---

① 徐山：《〈老子〉第二章“是以圣人处无为之事”文脉梳理》，《兰州学刊》2020 年第 12 期。

第八十一章的最后五章，由于行文到了收尾阶段，所以对前述诸多论题的要点做了总结。

第七十七章论及“天之道”的平均化趋势，而现实中的“人之道”则贫者愈贫，富者愈富，而唯有道者、圣人能遵循“天之道”，以无为的原则改变“人之道”的现实状况。

第七十八章的“柔弱”话题，义承第七十七章中的“下者”“不足者”。老子认为“弱之胜强，柔之胜刚”是人所皆知的浅显道理，但没有人实行，进而认为理想的君主要做到“受国之垢”“受国不祥”。章末的“正言若反”，义为（老子认为是）正常的言论好像（与世俗价值）相反，即老子式的“正言”是在世俗价值的判断基础上加以否定而产生的。[①]“正言若反”四个字，不仅是由本章“柔弱”话题所体现的老子和世俗价值观相对立并在语言表达上展示的颠覆、否定姿态，也是全书从一开始老子就一以贯之的价值取向和思维原则。

第七十九章“和大怨”话题，义承第七十八章中的“垢”“不祥”。《老子》第六十三章有“报怨以德”一句，该句是对“以怨报怨”恶性循环的否定。第七十九章章首的“和大怨，必有余怨，安可以为善”，义为和解大怨，必然还有余怨，怎么能把（和怨）算作行善呢？而“圣人执左契，而不以（帛书甲本、乙本均有‘以’字，当从）责于人”，有所施与而不求偿还，从而达到了无怨的境地，这样做才算得上是“为善”。换言之，第六十三章提出的“报怨以德”，在第七十九章再上一个台阶，即“必也使无怨乎”，而无怨才更是大德所在。[②]

第八十章“小国寡民”话题，义承第七十九章的“圣人”。老子针对国大、民多、各种器械、远徙等引发的争利、交战的现实，描绘了老子随遇而安、淳朴不争的理想社会。

最后的第八十一章，仍义承前面的“圣人”。“信言不美”，义为真话不华美，且有暗示老子自我的用意，即我老子著此书，吾言乃信言，但不华

---

① 参见徐山《以无知为知——〈老子〉“知不知”辨正》（《中国社会科学报》2015 年 7 月 7 日）中“‘知不知’为‘正言若反’的表达形式”一节的内容。

② 徐山：《〈老子〉“报怨以德”与“和大怨”文脉梳理》，《弘道》2017 年第 1 期。

美。而有关“美”“善”的话题，有和第二章章首遥相呼应的作用。“圣人不积”，“为人”“与人”而不争。

五、《老子》分章之弊

《老子》在围绕全书“道”“无”“无为”的核心概念展开讨论时，行文时自然会涉及若干论点。而论点片段的起讫确定则是后来分章时首先要研究分析的。明确论点而便于阅读是分章之利，但同时也应看到分章之弊，即属于同一段落的章与章之间固有的文脉被忽略了，尤其是衔接两个论点（这两个论点通常会被分成前后两章）的句子的承上启下功能隐晦了，如“故去彼取此”（分别出现在王弼本《老子》第十二章、第三十八章和第七十二章的章末），以及和“故去彼取此”相仿的问题“吾何以知……哉？以此”中的“以此”（分别出现在第二十一章、第五十四章的章末），其中指示代词“此”所代替的内容，不是学者认为的出现在“故去彼取此”或“以此”的上文，相反地，该“此”所代替的内容均出现在“故去彼取此”或“以此”的下文。①

“故去彼取此”的行文性质属于一个论点已有结论并准备进入另一新的相关论点的承上启下句，其中“去彼”的“彼”即之前所论的且在“是以”句中已点明的内容，而“取此”的“此”所代替的内容则出现在下文即通行本下一章的第一句。

“吾何以知……哉？以此”中的“吾何以知……哉”为问句，且“知”后的宾语成分内容已在句前出现。“以此”作为对疑问句“吾何以知……哉”的回答，其答案在“以此”之后，即指示代词“此”所代替的内容在其下文。

《老子》本不分章，分章以后“故去彼取此”以及“吾何以知……哉？以此”句型均位处章末，结果这两种句型原有的承上启下功能被抹去了，造成了长期以来的误读。致误的原因是不明《老子》的文脉走向特点，同时也造成了通行本《老子》分章中的一些文脉割裂现象。

---

① 徐山：《〈老子〉“故去彼取此”和“以此”辨正》，《弘道》2016年第1期。

同一段落的文脉需跨章理解的问题，除了上述带有衔接标记的“故去彼取此”“吾何以知……哉？以此”以外，还有其他的一些情况。

《老子》第二十三章章首的“希言自然”，作为论点在章首出现有突兀之感，“希言自然”的含义应结合第二十二章理解。[①]“希言自然”义承第二十二章“道”的话题，并将“不自见”“不自是”“不自伐”“不自矜”高度概括为“希言”。“希言自然”，义即（“道”）少说话，本来就是这样的。“飘风不终朝，骤雨不终日”为首句论及的“道”“希言”在自然界的表现。“天地尚不能久，而况于人乎”，该反问句通过类比，说明连天地都是“希言”的，人更应该做到“希言”。王弼本第十七章亦有“信不足焉，有不信焉”的句子，应根据出土的简帛诸本校为“信不足，焉有不信”。“信不足，焉有不信”不仅回答了上句“失者”的原因，纵观全章文脉的发展，该句还呼应了章首的“希言自然”，也正是因为章首“道”的“希言”，才导致了对“道”的不信任。

此外，《老子》第七十一章章首的“知不知”应结合第七十章理解，“知不知”义承第七十章“无知”的话题。“知不知”义即以（我奉行的道的宗旨）无知为知，其内容属于《老子》第七十八章论及的“正言若反”的表达形式。[②]

总之，作为《老子》一书的结构特点，全书可以分析为若干个段落，每个段落始于形而上的“道”的阐发，继而阐述形而下的各种问题，意尽之处则再次回归主线“道”，从而开启另一个新段落。因此，依据《老子》的这种结构特点，要追问每个句子和上下句的句义关系，对每个论点自身的提出、展开论述、小结的过程进行梳理，同时还要注意话题的转移、衔接的方式，勾勒出老子的行文思路。这样，对于已经分章的《老子》而言，本章之内的文脉梳理和跨章文脉梳理就显得同等重要，而后者则是容易被忽视的。

---

① 徐山：《〈老子〉第二十三章“希言自然”文脉梳理》，《弘道》2015年第1期。

② 徐山：《以无知为知——〈老子〉“知不知”辨正》，《中国社会科学报》2015年7月7日。

六、帛书本结构非《老子》原本之旧

王弼本《老子》将原本分为八十一章，如果去掉那些分章而连读，那么无分章的文本顺序即存原本之旧。

和王弼本《老子》比较，帛书《老子》结构有几处差异。帛书乙本上篇有尾题“德”，下篇有尾题“道”。甲本、乙本都是“德”篇（对应于王弼本《老子》第三十八至八十一章内容）在前，“道”篇在后（对应于王弼本《老子》第一至三十七章内容）。

帛书《老子》结构的改动，说明改动者先将《老子》原本在后来分章的第三十七章和第三十八章的连接处分开，再将分开的前后两部分的次序颠倒。从文脉的角度分析，分章后第三十七章和第三十八章属于同一段落。第三十七章首句“道常无为而无不为”为论点所在，其后展开论述，要“守之”“无欲”，这样“天下将自定”。第三十八章则进一步论述“无为而无不为”，结合第三十七章和第三十八章内容连贯的两章内容，我们可以完整地认识“道”“德”“仁”“义”“礼”的价值递减序列中每一项内容的特征。换言之，第三十七章和第三十八章在文脉上一气呵成，是不容割裂的。①

王弼本《老子》“道篇”在前，“德篇”在后，第三十七章和第三十八章之间不仅是分章点，而且还是分篇点。王弼本《老子》“道篇”在前、“德篇”在后的篇序当为《老子》一书的原始顺序，第三十七章和第三十八章固然有分章之弊，但至少在形式上仍保留了前后相随的痕迹。而帛书《老子》篇序的错位处理，离开《老子》的原义则更远了。

帛书《老子》甲本、乙本除了上述的篇序差异，在章序上亦有三处差异，即王弼本第二十四章置于第二十一章、第二十二章之间，王弼本第四十章、第四十一章篇序颠倒，王弼本第八十章、第八十一章一起置于第六十六章、第六十七章之间。以下来分别讨论章序上的三处差异：

（1）王弼本第二十一章章末为“吾何以知……哉？以此”句型，“以

① 徐山：《〈老子〉“前识者”辨正》。

此”作为对疑问句“吾何以知……哉”的回答，其答案在“以此”之后，即指示代词“此”所代替的内容在其下文的第二十二章。而王弼本在“以此”之后分章，结果该句型原有的承上启下功能被抹去了，造成了长期以来的误读。

第二十一章的文脉沿着道之状、道与众甫的关系进而追问“众甫之状”而展开，而“吾何以知众甫之状哉？以此”的自问自答，其中的“此”所代替的即下文第二十二章的首句。作为新论点的首句，回答了“众甫之状”为“曲”“枉”“洼”“敝”“少”，但实质上唯有如此，才能“全”“直”“盈”“新”“得”。其后的“古之所谓‘曲则全’者”，表明老子对“众甫之状”的描述是有所本的。联系第二十一章和第二十二章这前后两章，从话题“道→众甫→众甫之状”的推进可知两章的论点是相关的，而前者向后者的切换则是由“吾何以知众甫之状哉？以此”一问一答的过渡来完成的。

王弼本第二十四章首句为：“企者不立，跨者不行，自见者不明，自是者不彰，自伐者无功，自矜者不长。”可见其涵义和承上启下句“以此”要回答的“众甫之状”不合，所以帛书《老子》第二十四章的章序当为错简所致，而王弼本《老子》第二十二章的章序则存其旧。①

（2）王弼本《老子》第四十章章首的“反者道之动”义承第三十九章的内容。作为话题的“反者”，正是上一章第三十九章中小结句旨趣的高度概括。就“贵—贱”“高—下”对立关系而言，按照世俗价值则应是以贵为本，以高为基，而老子认为“贵以贱为本，高以下为基”，恰恰与世俗价值相反。

第四十一章申述第四十章的“反者道之动”，而“下士闻道，大笑之”，“下士”嘲笑老子的“道”，是因为老子的“道”彻底颠覆了世俗观念。②

帛书《老子》颠倒了第四十章、第四十一章的篇序，这样《老子》段落内原有的文脉被破坏了。

---

① 徐山：《〈老子〉“故去彼取此”和“以此”辨正》，《弘道》2016年第1期。

② 徐山：《〈老子〉四处“反”均为“相反”义考》。

（3）王弼本《老子》第六十七章义承第六十六章的“下—后”的内容，进一步提出“我有三宝，持而保之：一曰慈，二曰俭，三曰不敢为天下先”。而第八十章“小国寡民”的理想社会，像帛书《老子》那样置于第六十六章之后，两者在文脉上并不衔接。第八十一章“圣人不积”“为人”“与人”而不争的内容，像帛书《老子》那样后面再接第六十七章，两者文脉上并无关联。

我们在前面讨论“《老子》最后五章：全书的结语”时，已经指出从第七十七章至第八十一章的最后五章诸章之间的发展文脉，其中第八十章的“小国寡民”的论述是《老子》全书的点睛之笔，是极有分量的收尾。帛书《老子》抽离出第八十章和第八十一章而前置，削弱了《老子》一书原有的收尾气势。

七、楚简本为摘录本的痕迹

郭店楚简《老子》的内容相当于今本的五分之二，由此产生了两种不同意见。第一种意见认为郭店楚简《老子》是八十一章本的摘抄本，因而郭店楚简《老子》的字数较之八十一章本的字数少了许多；第二种意见认为郭店楚简《老子》是原始本，字数就是那么多，后来的八十一章本是从郭店楚简《老子》发展扩充而来的，所以八十一章本的字数增多了。

从前述《老子》结构中我们知道，《老子》同一段落内的诸章有文脉联系，诸章之间应合起来才是完整的内容。以下讨论前文已经提及的三处需跨章理解的问题：

（1）《老子》开篇的前三章，作为全书的总纲，该段落的论点环环相扣，文脉一气呵成，而郭店楚简《老子》仅摘录了其中的部分内容即第二章而无前面的第一章和后面的第三章，从而失去了完整理解原文的阅读趣味。从郭店楚简《老子》摘录了该段落中间的第二章的情况来分析，郭店楚简《老子》摘录所依据的本子已经是分章的。

（2）王弼本《老子》第十二章章末为“故去彼取此”，该句的行文性质为承上启下句，即第十二章和第十三章这两章文脉紧连，需跨章理解。而郭店楚简《老子》仅有第十三章内容而无前面的第十二章，致使第十三章章首的“宠辱若惊”突兀难解。[1]

（3）王弼本《老子》第五十四章的章末为“吾何以知……哉？以此”，其中的指示代词“此”所代替的内容，出现在“以此”的下文即第五十五章。换言之，第五十四章和第五十五章这两章的文脉是不能割裂的。观察郭店楚简《老子》，甲本仅有王弼本《老子》第五十五章的内容而无前面的第五十四章，乙本仅有王弼本《老子》第五十四章的内容而无后面的第五十五章。

除了上述三处情况，还有《老子》第五十九章章首的“治人事天，莫若啬”，其中的“啬”用的是“啬”一词的本义，即（收获后的）敛藏义，“啬”是第五十八章章末四句的高度概括。随后采用一系列顶真修辞手法展开论述，层层相扣，从而推导出章末的“是（复指上文论述的‘啬’）谓深根固柢，长生久视之道”的小结句。[2] 王弼本《老子》第五十九章的首句中的“莫若啬”，如果脱离了第五十八章章末四句的文脉，就显得语义突兀。总之，原始本《老子》文脉相连的第五十八章和第五十九章是不能分割的，这两章的内容也不可以有部分缺少的。郭店楚简《老子》乙本抄写了对应于弼本《老子》第五十九章的内容，但是之前并没有王弼本《老子》第五十八章的内容，造成了完整文脉上的内容缺失。

另外，《老子》第十七章“下知有之”一句误读至今，主要原因是通行本分章后一些文脉被割裂所造成的。“下知有之”应理解为就连次等聪明的人都有道。《老子》第十七章章旨的揭示，应将阅读研究的视野上连至前一章第十六章并下连至后一章第十八章，再结合本章内部句与句之间的意义关系方式的文脉梳理。[3] 然而，郭店楚简《老子》丙本合抄的对应于王弼本《老子》第十七章和第十八章两章的内容，之前并没有王弼本《老子》第十六章的内容。这样，原本完整的文脉被切割了，舍弃了。

综上所述，郭店楚简《老子》的性质是摘抄本，而非《老子》的原始本形态。

---

① 徐山：《〈老子〉“宠辱若惊”辨正》，《光明日报》2017 年 3 月 25 日国学版。
② 徐山：《〈老子〉“莫若啬”辨正》，《兰州学刊》2019 年第 8 期。
③ 徐山：《〈老子〉“下知有之”辨正》，《周易研究》2019 年第 2 期。

参考文献

北京大学出土文献研究所：《北京大学藏西汉竹书》（二），上海古籍出版社2012年版。

陈鼓应：《老子注译及评介》，中华书局1984年版。

段玉裁：《说文解字注》，上海古籍出版社1981年版。

高亨：《重订〈老子正诂〉》，古籍出版社1956年版。

高明：《帛书老子校注》，中华书局1996年版。

彭裕商、吴毅强：《郭店楚简老子集释》，巴蜀书社2011年版。

任继愈：《老子绎读》，北京图书馆出版社2006年版。

奚侗：《老子集解》，上海古籍出版社2007年版。

徐山：《〈老子〉的分析》，《弘道》2007年第3期。

徐山：《〈老子〉含有"不""无"否定词的句子价值取向》，《弘道》2008年第4期。

徐山：《〈老子〉"白—黑"颜色词的价值取向》，《弘道》2010年第1期。

徐山：《〈老子〉第二十三章"希言自然"文脉梳理》，《弘道》2015年第1期。

徐山：《以无知为知——〈老子〉"知不知"辨正》，《中国社会科学报》2015年7月7日哲学版。

徐山：《〈老子〉"故去彼取此"和"以此"辨正》，《弘道》2016年第1期。

徐山：《〈老子〉"故大制不割"辨正》，《安徽大学学报（哲学社会科学版）》2017年第1期。

徐山：《〈老子〉"宠辱若惊"辨正》，《光明日报》2017年3月25日国学版。

徐山：《〈老子〉"报怨以德"与"和大怨"文脉梳理》，《弘道》2017年第1期。

徐山：《〈老子〉训诂三则》，《光明日报》2018年7月28日国学版。

徐山：《〈老子〉“下知有之”辨正》，《周易研究》2019年第2期。

徐山：《〈老子〉“莫若啬”辨正》，《兰州学刊》2019年第8期。

徐山：《〈老子〉“道可道，非常道”辨正》，《弘道》2019年第3期。

徐山：《〈老子〉第二章“是以圣人处无为之事”文脉梳理》，《兰州学刊》2020年第12期。

徐山：《〈老子〉“其无正”辨正》。

徐山：《〈老子〉“前识者”辨正》。

徐山：《〈老子〉“人之所畏，不可不畏”辨正》。

徐山：《〈老子〉四处“反”均为“相反”义考》。

徐山：《胎儿期记忆：人的精神文化原型的发现》，中国商业出版社2017年版。

张松如：《老子说解》，齐鲁书社1987年版。

朱谦之：《老子校释》，中华书局1984年版。

（本文刊于《弘道》2020年第3期）

附录

附录

《庄子》的分析

[**摘要**] 本文对《庄子·内篇》七篇逐篇逐节进行了分析。庄子用和胎儿期记忆密切相关的虚空记忆的特征指导个人、人际关系、人和自然的关系，以实现个人自由和社会和平的人类福祉。

《史记·老子韩非列传》这样评论庄子："其学无所不窥，然其要本归于老子之言。故其著书十余万言，大抵率寓言也。作《渔父》《盗跖》《胠箧》，以诋訿孔子之徒，以明老子之术。《畏累虚》《亢桑子》之属，皆空语无事实。然善属书离辞，指事类情，用剽剥儒、墨，虽当世宿学不能自解免也。其言洸洋自恣以适己，故自王公大人不能器之。"庄子把老子思想中的虚空记忆特征发挥得淋漓尽致，道家和儒家、墨家之间的对立在庄子那里尤为显著。由于庄子本人是虚空记忆的成功实践者，其精神状态自由放纵，不拘形迹，所以写出的文章风格也是汪洋恣肆，泼墨自成。

庄子的行文手段，正如《庄子·天下》篇中所概括的三言"卮言""重言""寓言"。有关"三言"问题，《寓言》篇中有详细论述。"寓言十九，重言十七，卮言日出，和以天倪。寓言十九，藉外论之。亲父不为其子媒。亲父誉之，不若非其父者也；非吾罪也，人之罪也。与己同则应，不与己同则反；同于己为是之，异于己为非之。重言十七，所以已言也，是为耆艾，年先矣，而无经纬本末以期年耆者，是非先也。人而无以先人，无人道也；人而无人道，是之谓陈人。卮言日出，和以天倪，因以曼衍，所以穷年。"①

所谓"寓言"，即庄子不直接称赞自己所言极是，所以借用他人的口吻。而借他人之名讲出的话中，如有不当，则"非吾罪也，人之罪也"。假

① 参见陈鼓应：《庄子今注今译》，中华书局1983年版。

托他人来议论，至少有两大长处，一是当别人所言和庄子自己的主张相同时，就可以应和，二是如果两者不同时，庄子则可以再借用另外的人来驳斥，从而巧妙地达到非庄子思想的目的。换言之，庄子自己的思想以及和自己相对立的被驳斥的思想都假托他人说的话即“寓言”来展开，其中的是是非非，剥去假托之名，是不难从中分离出来的。

所谓“重言”，即重要的言论。“重言”为年长的人（“耆艾”）所言。由于年长的人阅历广泛，所说的话分量是重的，其意义是重要的，这样便可以用来制止其他人的无意义的言论（“所以已言也”）。然而，如果年长的人无新见，没有过人之处，只能算是陈旧之人。庄子拉来历史上有名声的人，让他们说话，其中一部分是符合庄子思想的重要的话，而有一些则徒有“重”之名，即所言不重，这里不难看出庄子对历史人物如孔子的调侃味。

所谓“卮言”，前人诠释存在的问题最多。《说文》：“卮，圜器也。一名觛。”卮即酒樽义，“卮言”当和喝酒有关。卮言者，酒言也，即酒酣之言。其言也狂，其言也真。“卮言日出”，当为庄子不断地道出酒言之义，从中亦可看到庄子的嗜酒程度和酒对抵达虚空记忆的作用。“和以天倪”，用自然的分际调和是是非非。“因以曼衍，所以穷年”，即除去一切桎梏、面具，以自由活泼的真态去度过一生。

《庄子》一书分《内篇》《外篇》《杂篇》。而《内篇》七篇是庄子思想的核心部分。在分析《内篇》七篇时，既要注意每一相对段落的主旨，还要注意段与段以及篇与篇之间的思路衔接和文脉走向。另外，还要从“三言”手法中离析出庄子自己的意图，从而建构起庄子的思想框架来。值得指出的是，胎儿期记忆和与之密切相关的虚空记忆，则是本文分析《庄子·内篇》七篇时的全新切入点。[①]

---

① 人的精神起点始于胎儿期记忆，而且在个人历史和人类文化中均能看到胎儿期记忆所留下的强烈痕迹和影响，而虚空记忆则是和胎儿期记忆密切相关的心理活动过程。详见徐山《胎儿期记忆：人的精神文化原型的发现》，［韩国］新星出版社 2002 年版。

一、《逍遥游》

“北冥有鱼”一节。

鲲鱼化为鹏鸟后，“其翼若垂天之云”，乘风飞九万里去南海。蜩和学鸠嘲笑鹏鸟的壮举，然而只是“小知不及大知，小年不及大年”。斥鴳亦讥笑大鹏的志向，“此小大之辩（按：‘辩’即辨别义）也”。庄子通过鹏与蜩、学鸠、斥鴳的对比，褒前者贬后者已很清楚，而世俗之人“其自视也亦若此（按：‘此’指蜩、学鸠、斥鴳之类）矣”。“宋荣子犹然笑之。且举世而誉之而不加劝，举世而非之而不加沮，定乎内外之分，辩乎荣辱之境。”宋荣子较之世俗之人高出一筹，“虽然，犹有未树也”。“列子御风而行，泠然善也。……此虽免乎行，犹有所待者也。”列子已有飘飘成仙的模样，自然比宋荣子用两脚走路又高妙了一层，但终究要凭借风而有所依待，还没有达到完全无待的自由境界。原来，庄子用阶梯法逐级导出各级的形象特征，而最高级则是“乘天地之正，而御六气之辩，以游无穷者，彼且恶乎待哉！故曰圣人无己，神人无功，圣人无名”。在最高级的层面上，已无任何外力可依待。由此可见，篇首提到的可褒的鹏鸟，仍属于最高级之下层面的形象。从对应关系上说，列子和鹏鸟在同一级别上。换言之，庄子对鹏鸟的描写采取先扬后抑、先取后弃的手法，最后越过在常人心目中已是赫然的阶梯而步入最高级之中。无待的最高境界，其原型是虚空记忆。其中“无功”“无名”，不再有文化上的假定价值的束缚，而“无己”，则是彻底破除依赖的对象，即要破除的对象不仅是外，而且是内，是自己。

“尧让天下于许由”一节。

此节文义承上节末尾的“圣人无名”而来。尧想把天下让给许由，作为隐士的许由对此并不稀罕，表明庄子对官爵之类的轻蔑。其后“肩吾问于连叔”一段。肩吾对隐士接舆的言谈感到“大而无当，往而不返。吾惊怖其言，犹河汉而无极也。大有径庭，不近人情焉”。其中的“无当”“不返”，指思想并不以世俗生活为内容，和一般人所具的情感不一致（“不近人情”）。借助接舆形象，道出了庄子自己的特征。“藐姑射之山，有神人居焉，肌肤若冰雪，绰约若处子；不食五谷，吸风饮露；乘云气，御飞龙，而游乎四海之外。”“孰弊弊焉以天下为事！……孰肯分分然以物为事！”由隐士最终达到神人形象，乃庄子所心驰神往，任何天下外物的纷扰一概被排除了。

“惠子谓庄子”一节。

此节文义承上节的“大而无当”而申述之。惠子觉得葫芦大而无用，庄子以为他不善于使用大的东西，而大者自有其有用之处。葫芦可“以为大樽而浮乎江湖”，便可自由漂游，而“大樽”亦寓嗜酒之义。惠子认为庄子之言“大而无用，众所同去也”。庄子以狸狌喻小者，结果中机关而死。而大者如斄牛，看似不能捉鼠，却无伤无碍地活着。“今子有大树，患其无用，何不树之于无何有之乡，广莫之野，彷徨乎无为其侧，逍遥乎寝卧其下。不夭斤斧，物无害者，无所可用，安所困苦哉！”原来，大者似乎没什么用，正因如此，别人才不至于加害它，结果没有任何困苦，不仅躲避了死亡，且能逍遥游。庄子的大言，貌似无用，其真实含义却是驻守在虚空记忆即活着且又逍遥自在这一最终境界之中，因为在庄子看来，这对抗争死亡是最有用的，也是生命的真正内涵所在。

二、《齐物论》

“南郭子綦隐机而坐”一节。

“南郭子綦隐机而坐，仰天而嘘，荅焉似丧其耦。”此为静坐禅定之状。文中没有写明是否闭上双眼，但以“仰天”缓缓吐气而言，眼睛没有闭上。朝天空看，天上虚空之色，实和闭目后的无景无物尤其是虚空记忆相仿。正因为所见是无景无物，大脑没有外部的刺激，所以似乎丧失了自己通常能感受到的存在的客体（“似丧其耦”）。子綦在回答子游“形固可使如槁木，而心固可使如死灰乎”时，表白已达到“今者吾丧我”。这一境界是庄子思想的关键。所谓“吾丧我”，即庄子通过静坐禅定，以双眼见天空无景之状，从而排除生命中主要以眼睛获得的任何信息，并长期用双眼的虚空信息支配自己。这样，我便成了虚空，原来的情绪化的受外界影响的“我”不复存在，“我”丧失了。睁眼而达到的这一虚空境界和闭眼而最终抵达的虚空记忆，在精神效应上是一致的。在“人籁”“地籁”“天籁”这三籁中，“人籁”为竹箫之类，因籁不同，则吹出不同的乐声。“地籁”亦因籁的本身形状不同，所以风吹出了不同的声响。“人籁”“地籁”，外部的风为同一物，不同的声响只因籁的本身的不同。倘若外界无风，则“人籁”“地籁”皆徒有虚空之状而无声。也就是说，“人籁”“地籁”中的“籁”能否发出声响，不是由“籁”自己所能决定的，而受到外力的支配，这种情形就像《逍遥游》篇首论及的“有待”状态。而“天籁”，“吹万不同，而使其自已也，咸其自取，怒者其谁邪!”由于“天籁”是宇宙的终极虚空，所以不再有外部，不存在像“人籁”“地籁”的外在影响力。“天籁”也能发出不同的声响，而且还使不同的声响出于自身的状况，这些是自己所取得的，并不存在外在的鼓动力量（“怒者”）。其实庄子称道的“天籁”，为庄子静坐禅定后进入的虚空记忆状态的投射。虚空记忆作为心理上的终极虚空，是自足无待的，包容一切的。虚空记忆靠个人精神内在化途径而取得，整个过程无需外力的作用。庄子用自在自谐的“天籁”特征，回答了子游所担心的问题，即“形如槁木”只是外表（当然这也是必要的前提），但不可因此误导出“心如死灰”，因为这时的庄子之心已经完全沉浸在虚空记忆之中，享受着自我圆满的乐趣。

“大知闲闲”一节。

世俗之人在“知（智）”“言”上尽力，结果“其寐也魂交，其觉也形开，与接为构，日以心斗”。整个心态充满了恐慌，无安宁可言。这种“心斗”，庄子以为是“近死之心”，而人们“莫知其所萌”。在俗人那儿，各种“心斗”情绪和我是一体的，却始终见不到“真宰”“真君”的真实面目。这里的“真宰”“真君”，源于庄子抵达虚空记忆后旧我的消亡，填之以虚空特征的新我。世俗之人“终身役役而不见其成功，苶然疲役而不知其所归，可不哀邪！人谓之不死，奚益！其形化，其心与之然，可不谓大哀乎?”其中“不知其所归”指不知归于“真宰”“真君”。这种人貌似“不死”，在庄子眼里已经死亡，这里的“不死”实死的情况和上一节庄子被误解为“心死”实际上却活得天真烂漫的情况形成鲜明的对比。结果这种人形体日见衰老，其精神也日见死亡，这是最大的悲哀之处。

“夫随其成心而师之”一节。

世人各有自以为是的“成心”，这样各人皆为师，均有一套是非评判标准。而没有成心，便无是非。“夫言非吹也，言者有言，其所言者特未定也。”语言和只是发出声音的“吹”不同，它是音一义结合体，意义是语言的根本作用。由于众多“言者”对所谓的意义并没有一定的价值认同标准，即“所言者”的意义“未定”，这样语言成了一堆没有意义的声音，失去了语言的应有之旨。“道隐于小成，言隐于荣华。故有儒墨之是非，以是其所非而非其所是。欲是其所非而非其所是，则莫若以明。”所谓“以明”，就是用虚空记忆的空明特征去观照一切，从而消除所谓的是非之争。“彼是方生之说也”，指对立性质共存于矛盾体中，“虽然，方生方死，方死方生；方可方不可，方不可方可”，对立中的一方自身性质不定，对立的双方又在不断互为转化之中，“因是因非，因非因是”，自以为依顺着“是”，其实却是依顺着“非”，反之亦然。“是以圣人不由，而照之于天”，所以庄子不走是非之路，而是仰天目接虚空，并以虚空记忆特征去观照一切。“彼是莫得其偶，谓之道枢。枢始得其环中，以应无穷。是亦一无穷，非亦一无穷。故曰莫若以明。”道的枢纽就是取消彼是的对立，这正是虚空记忆的特征。“环中”，实为曼达拉，即用恒定的圆周接无穷的变化。既然是非无穷，还不如驻守虚空记忆的空明特征之中。

“以指喻指之非指”一节。

在辩论彼此、是非的问题上，公孙龙表现为指物论和白马论。而庄子则跳出辩论的主题，“以指喻指之非指，不若以非指喻指之非指也；以马喻马之非马，不若以非马喻马之非马也。”要说明“指”本身的是和非，用“指”本身去说明则不可能清楚，只有用“指”外之物去说明。有关“马”的问题亦复如此。同样，人世万物中的是非，用其本身去辩论不可能奏效，只有用超越的虚空记忆特征去观照。以同质的虚空记忆为本体去观照世界，则“天地一指也，万物一马也”，即不关心事物的彼此是非的对立，而以虚空之心涵盖一切，从而避免了纷争和由此而来的烦恼。“道通为一”，“凡物无成与毁，复通为一”，一切事物都是浑圆的整体，说“成”说“毁”，都是片面的，因为用“成”与“毁”去分割事物，源于人的支配欲，只能加剧人与物之间的紧张。“唯达者知通为一，为是不用而寓诸庸”，既然明白了事物通融为一，因而不从“成”“毁”的角度去考虑如何使用它，而是寄寓于平常的自然之中。“劳神明为一，而不知其同也”，辩者强行择其片面而自辩，并以己见求一致，竟不知本来就是同一的整体。“圣人和之以是非而休乎天钧，是之谓两行。”庄子用“和”的整体包涵之法，去顺应自然固有的均衡（不仅是静态均衡也包括动态均衡），使得物与我均以整体面貌互相融合而两者兼行。“天钧”的原型是浑一性质的虚空记忆。“是非之彰也，道之所以亏也。道之所以亏，爱之所以成。”浑圆一体的道，由于从中分割出是与非而遭损坏。而是非之端，出于人的主观的私爱偏好。“有成与亏，故昭氏之鼓琴也；无成与亏，故昭氏之不鼓琴也。”想完成什么，自有许多未完成之事，挂一而漏万；而什么都不干，便没有什么成与亏之类的问题。

“今且有言于此”一节。

从逆溯时间而言，宇宙的开始只是“未始有始”，再往前推，连宇宙“未始有始”的问题也“未始有始”，问题取消了。同理，宇宙初始是“无”，再往前推，则“无”的问题也被取消了。这种由逆推而导致的“始”“无”问题的取消，源于庄子抵达虚空记忆后产生的心理效应，因为虚空记忆为无任何对立状态，作为价值观的体现者，语言的任何描述均失效。“天下莫大于秋豪之末，而大山为小；莫寿于殇子，而彭祖为夭。天地与我并生，而万物与我为一。”庄子已被虚空记忆占据，虚空效应中的“我”以绝对时空的感受和“天地”“万物”融为一体，而大者为小、小者为大和夭者为寿、寿者为夭，实际上以虚空记忆为底本取消了“大小”“夭寿”的对立，取消了给特定的事物以确定的性质的任何企图。世人“辩也者，有不见也”，即执其一端，而失其另一端。“大道不称，大辩不言，大仁不仁，大廉不嗛，大勇不忮。”这里庄子强调了虚空记忆的浑圆特征，不可言状，无情感偏爱，无所谓价值取向上的退和争。庄子把虚空记忆称为“天府”“葆光”，指出心理感觉上的无限和光明。

“故昔者尧问于舜曰”一节。

尧“欲伐宗、脍、胥敖，南面而不释然”事，点出战争引起恐惧不安。“昔者十日并出，万物皆照，而况德之进乎日者乎！”日照万物，承上一节末的“葆光”，而虚空记忆的光明亦应普照万物，即放弃战争，才有心安。

其后“啮缺问乎王倪”一段。所谓“正处”“正味”“正色”，均无共同标准，所以庄子认为“仁义之端，是非之涂，樊然殽乱”，而所向往的“至人”形象，则“乘云气，骑日月，而游乎四海之外。死生无变于己，而况利害之端乎！”这种飘然外游、超越死生的精神实为飘然内游于虚空记忆而无生死的心灵效应。“瞿鹊子问乎长梧子”一段。“方其梦也，不知其梦也。梦之中又占其梦焉，觉而后知其梦也。且有大觉而后知其大梦也。而愚者自以为觉，窃窃然知之。”所谓“大觉”，即抵达虚空记忆后的大彻大悟，此时才能明白梦的底蕴。“忘年忘义，振于无竟（按：‘竟’通境），故寓诸无竟。”忘掉生死年岁，忘掉仁义之类，在无限的虚空记忆中遨游，因此便可以寄寓其中。

“罔两问景”一节。

影子“行”“止”“坐”“起”的变化，实因光源或所照物体在移动，影子看似没有独特的操行，但它能随动而动，随变而变。庄子指出自我和外物就如同影子和物体、光源一样应融为一体，一旦自我进入这种状态，有关外物如何，自我和外物的关系，以及自我何以有变化之类的问题便都成了多余。其后“昔者庄周梦为蝴蝶”一段。庄子在梦中愉快地自由飞舞，源于他白天思绪中对逍遥自由的境界的强烈追求，实际上已倒退至胎儿期记忆中胎盘记忆的飘浮感。“不知周之梦为蝴蝶与，蝴蝶之梦为周与？周与蝴蝶，则必有分矣。此之谓物化。”虽然庄子和蝴蝶有所分别，庄子通过梦而悟出彼此界限不明，且在不断转化之中。既然是“物化”，便应顺应“物化”。

三、《养生主》

“吾生也有涯”一节。

“吾生也有涯，而知也无涯。以有涯随无涯，殆已；已而为知者，殆而已矣。”以有限追逐无限，心智必疲惫。欲除疲惫，则应放弃欲望膨胀的心智活动。“为善无近名，为恶无近刑。”“名”是赘物，当然“刑”也要避免，这时自我行动的“善—恶”区域是自由的，无任何特殊的文化标记。“缘督以为经可以保身，可以全年，可以养亲，可以尽年。”所谓“缘督”

的“督”，即身后之中脉，而“缘督”即顺此中脉，当为导引、气功之类的呼吸养生法，表明庄子是此类功夫的实践者，并以此调养身心。

“庖丁为文惠君解牛”一节。

庖丁说：“始臣之解牛之时，所见无非全牛者。三年之后，未尝见全牛也。”开始解牛时把牛当作一个整体，其后知道牛的骨骼构造，便寻其缝隙，避开折刀之骨，结果“游刃有余，刀刃若新发于硎”，文惠君听了以后“得养生焉”。宰牛和养生有何联系？庄子把社会结构关系中的法规之类比作牛的骨骼构造，首先必须熟悉这些东西，然后才能避而不伤，寻找夹缝中的自由空间，即实中有虚，以虚避实，以虚击实之法，表明庄子在政治社会中的立身养身之道。

“公文轩见右师而惊”一节。

右师一足形残，“天之生是使独也，人之貌有与也”。人的形貌，即便是形残，都是天所赋予的。其后“泽雉十步一啄”一段。野鸡“十步一啄，百步一饮”，觅食不易，但并不祈求被养在笼里。“神虽王，不善也。”神态虽像君王一般，却不是好事。庄子在自由和樊笼两者之间，选择的是前者。“老聃死”一段。老子死了，吊唁者哭诉，是“遁天倍情，忘其所受，古者谓之遁天之刑”，死亡的安排是自然的刑罚，而自然的一切是不可也不应逃避的。“适来，夫子时也；适去，夫子顺也。”个体生命的诞生不是自己所决定的，而死亡亦属必然，所以在生和死的问题上自己只有顺应一法。“安时而处顺，哀乐不能入也，古者谓是帝之悬解。”个体生命的执行者顺应了包括死亡在内的生命的自然变化，便无哀无乐，这就叫“帝之悬解”。换言之，原始文化中把死亡看作是“天刑”“帝之悬”，而当死则死，泰然处之，其本身即意味着解脱。正因如此，面对死亡而大哭的吊唁者，企图逃避自然的法则，萌念不死的妄想，这是逆天道而行。“指穷于为薪，火传也，不知其尽也。”个体生命是死了，即薪尽之喻，而种族生命通过子孙繁衍而得以继续，即“火传”之喻，整个句子为死有不死义，从而又归于深深的永恒生命之河。

四、《人间世》

“颜回见仲尼”一节。

“名也者，相轧也；知也者，争之器也。二者凶器，非所以尽行也。”名和智实为“凶器”，因为二者服务于人的争斗之心。“而强以仁义绳墨之言衒暴人之前者，是以人恶育其美也，命之曰菑（按：‘菑’通灾）人。菑人者，人必反菑之，若殆为人菑夫！”在“暴人”面前强说仁义，“暴人”便以为是在害他，而所谓的害人者必遭报复，说明和暴人极难相处。即便“端而虚，勉而一”，“内直而外曲，成而上比”，即“与天为徒”“与人为徒”“与古为徒”，也仍然达不到感化暴人的目的。从常人“祭祀之斋”中，庄子拈出“心斋”一语。“若一志，无听之以耳而听之以心，无听之以心而听之以气！耳止于听，心止于符。气也者，虚而待物者也。唯道集虚。虚者，心斋也。”即以气守一，其目的不仅是吐纳之功，更是达到“唯道集虚”，达到虚空记忆的境界。这时的耳、心的功能只是与外界的信息接触而已，各种信息接触都无法动摇虚空记忆。“若能入游其樊而无感其名，入则鸣，不入则止。”即能入游虚空记忆之中而无法名状，能进入其中固然得意，暂时不能进入就停止。“无门无毒，一宅而寓于不得已，则几矣。”虚空记忆为封闭状态（“无门”），又绝无毒害，在浑一的心宅中寄身而任其不停地延续下去。“闻以有翼飞者矣，未闻以无翼飞者也；闻以有知知者矣，未闻以无知知者也。”在虚空记忆中，人虽“无翼”，却有自由翱翔感；虽处虚无状态，却能涵盖一切感受。“瞻彼阕者，虚室生白，吉祥止止。”观照虚空记忆的空境，能看见光明，吉祥居住其中。“夫且不止，是之谓坐驰。”虚空记忆状态继续着，这样人虽静坐，但精神在运动之中。

“叶公子高将使于齐”一节。

做臣子的在事奉君主时，“事若不成，则必有人道之患；事若成，则必有阴阳之患”。对于这种两难境地，庄子认为应“知其不可奈何而安之若命”。

“颜阖将傅卫灵公太子”一节。

该节又提出一个难以共事的君主形象，“其德天杀。与之为无方，则危吾国；与之为有方，则危吾身”。庄子以为做臣子的与之相处时应“就不欲入，和不欲出”，即亲近君主但不想融入，调和但又不出卖自己。如果臣子把自己的才能看得太高，就有“螳臂当车”的危险。“虎之与人异类而媚养己者，顺也”，臣子伴君如伴虎，只有顺着老虎的性子，方能免遭伤害。

“匠石之齐”一节。

栎社树为求天年，装出无所可用的“不材”之状，同时又寄身于神圣之地。既不像材木那样“以其能苦其生者也，故不终其天年而中道夭”，又不至于“不材”而被砍伐，如此保全了性命，便是大用。此节道出庄子在人世间立身的艰难感。

“南伯子綦游乎商之丘”一节。

此节旨义和上一节相同。“不材之木也，以至于此其大也。嗟乎神人，以此不材！”而“未终其天年，而中道之夭于斧斤，此材之患也”。即“神人”以“不材”的面貌出现，以避夭折。

“支离疏者”一节。

“夫支离其形者，犹足以养其身，终其天年，又况支离其德者乎！”形残之人因无用之形而免去劳役，受到救济，结果“终其天年”。有德之人亦应以无用之德的面貌出现，方能避开祸害。

“孔子适楚”一节。

“方今之时，仅免刑焉。”点出当时社会中人民的痛苦挣扎。“山木自寇也，膏木自煎也。桂可食，故伐之；漆可用，故割之。人皆知有用之用，而莫知无用之用也。”无用的用处就是“免刑”，在当时的社会制度下，有用的便是相残而自残。为了维护生命的应有意义，庄子认为唯以无用之状，方能避开残害。

五、《德充符》

“鲁有兀者王骀”一节。

“固有不言之教，无形而心成之者”，兀者破除了教化需凭借的语言这一指令工具，在“无形”的虚空记忆状态中求得感悟。“审乎无假而不与物迁，命物之化而守其宗也。”在虚空记忆中已明白不依待任何什么东西，不受外界变迁的影响，顺应事物的变化，又驻守虚空记忆的状态。“物视其所一而不见其所丧，视丧其足犹遗土也。”万物是相同的，从这个观点出发，就看不到丧失了什么，因为此形彼形多形少形都是一回事。“人莫鉴于流水，而鉴于止水，唯止能止众止。”这个“止水”，正是虚空记忆。它平静不动，由此观照自我的一切运动，则异常清晰。如镜的“止水”有止息欲望的功能，更能吸引住冀求心灵平静的人。“夫保始之征，不惧之实。”所谓“保始”，即守住构成心灵新起点的虚空记忆，从而没有丝毫的恐惧心理。

“申徒嘉，兀者也”一节。

“游于羿之彀中。中央者，中地也；然而不中者，命也。”身处危险难逃的刑网般的“彀中”，侥幸不死，实属命大。“今子与我游于形骸之内，而子索我于形骸之外，不亦过乎！”兀者的精神并不残缺，以为形残便类推出德不全便错了。

“鲁有兀者叔山无趾”一节。

“吾唯不知务而轻用吾身，吾是以亡足。今吾来也，犹有尊足者存焉，吾是以务全之也。”形虽残，但比脚更尊贵的精神则务必保全。“使彼以死生为一条，以可不可为一贯者，解其桎梏”，庄子借老子告诫孔子事，认为应生死、可不可同一，挣脱名的“桎梏”。

“鲁哀公问于仲尼”一节。

丑人哀骀它“才全而德不形也”。“使之和豫通而不失于兑，使日夜无郤而与物为春，是接而生时于心者也。是之谓才全。”内心始终愉悦如春，并以此心与外界相接相移。“平者，水停之盛也。其可以为法也，内保之而外不荡也。德者，成和之修也。德不形者，物不能离也。”水的静止状态，实指虚空记忆。取法于虚空记忆并驻守其中，外界无法摇晃它。德不显形，这样，万物便包涵于其中而不离去。

“闉跂支离无脤说卫灵公”一节。

“德有所长，而形有所忘。人不忘其所忘，而忘其所不忘，此谓诚忘。”健全的德和残缺的形，后者该忘而不忘，前者不该忘而忘，便是真正的遗忘。“有人之形，无人之情。有人之形，故群于人；无人之情，故是非不得于身。眇乎小哉，所以属于人也！謷乎大哉，独成其天！”当虚空记忆占据心灵后，含有心灵的形体躯壳只不过是一种尚可与人群居的标志。虚空记忆本身无任何感情色彩，人原有的是非之类不再能侵蚀它。一个人是渺小形体和伟大德心的结合体，形体无论是形全或形残（只是形残常被人误解，以为其德必残），只是伟大的德心的不得已的外包装。

“惠子谓庄子”一节。

庄子对“人而无情”的观点做了进一步的阐述。“吾所谓无情者，言人之不以好恶内伤其身，常因自然而不益而生也。”虚空记忆就是“无情”，在“无情”之中享受了平和，所以不愿再遭受世俗的好恶是非的伤害，而是顺应自然，对生命不再外加什么。

六、《大宗师》

“知天之所为”一节。

庄子详细描述了“真人”的形象。“古之真人，不逆寡，不雄成，不谟士。”“其寝不梦，其觉无忧，其食不甘，其息深深。真人之息以踵，众人之息以喉。”“不知说生，不知恶死。”“若然者，其心忘，其容寂。”“悗乎忘其言也。”“天与人不相胜也，是之谓真人。”“真人”用脚跟呼吸，所谓“导引”之类。无梦无忧，忘掉一切，生和死当然也在忘之列，连思维的中介“语言”也忘掉，斩断一切可能引起恐惧、情绪化、是非感的通途，达到天人合一的互存不争的境界。

“死生，命也”一节。

人们“以天为父，而身犹爱之”，“以有君为愈乎己，而身犹死之”，那么对待独立的道，更应如此。“泉涸，鱼相与处于陆，相呴以湿，相濡以沫，不如相忘于江湖。与其誉尧而非桀也，不如两忘而化其道。”自由之水干涸，众生挤在一起而活得太累，倒不如原先在自由之中彼此“相忘”却又无碍。是此非彼，“不如两忘”，而归于虚空记忆特征之中。“藏小大有宜，犹有所遁。若夫藏天下于天下而不得所遁，是恒物之大情也。……故圣人将游于物之所不得遁而皆存。”着眼于“小”“大”之分，藏小于大，虽藏犹失；而着眼于“整体”“无限”，藏天下于天下，藏而不失。所谓

“游于物之所不得遁”，即驻守在永恒无限而无亡失的虚空记忆之中。

“夫道，有情有信”一节。

庄子对“虚空记忆”的体悟转换成“道”的基本属性。“夫道，有情有信，无为无形；可传而不可受，可得而不可见；自本自根，自古以固存；神鬼神地，生天生地。”虚空记忆对个人来说，是真实的，尽管它是无形的虚空。一旦个人抵达虚空记忆后，便把它当成人的精神根本，同时又把它当作宇宙进化的起源。

“南伯子葵问乎女偊”一节。

道的学习，就是驻守虚空记忆。随着时间的推移，便能“外天下”“外物”“外生”，即忘掉世俗感受到的一切，“而后能朝彻”，即朝见到通彻洞明之象，“而后能见独”，即见到独立无待的特征，“而后能无古今”，进入永恒的时间感中，“而后能入于不死不生”，即连自己的生命时间的标记也忘却。“其名为撄宁。撄宁也者，撄而后成者也。”首先因为世俗中的扰乱（“撄”），才有了走向虚空记忆的强有力的动机，才可能最终驻守在虚空记忆的安宁之中。从女偊闻道的学术源流来看，庄子按照倒退式记忆的方式推寻自己的精神之源，即以当时的“副墨”（即文字义）的文化精神为倒退起点，历经“洛诵”（即语言义）、“瞻明”（即目见义）、“聂许”（即耳听义）、“需役”（即实践义）、“于讴”（即歌咏义）这些出世以后的精神活动，接着倒退至胎儿期记忆的门槛“玄冥”（即幽暗义），穿过门槛进入胎儿期记忆的胎盘记忆“参寥”（即空旷义），此时再逆推，即翻过胎儿期记忆，自己的人生记忆之源已经抵达。此后经过技术性的实践活动，便能进入虚空记忆。庄子把虚空记忆即“道”的原型称为“疑始”，即从胎儿期记忆的角度而言，虚空记忆不是人的生命的发生之始、记忆之始，然而一旦进入虚空记忆，人的精神底座焕然一新，并把虚空记忆当作精神新起点。

“子祀、子舆、子犁、子来四人相与语”一节。

“夫大块载我以形，劳我以生，佚我以老，息我以死。故善吾生者，乃所以善吾死也。……今一以天地为大炉，以造化为大冶，恶乎往而不可哉!”自然中的自我生命，先有形体，而后辛劳一生，到老方有安闲，而真正的休息只有死亡之时。自然对生死的安排，善生善死。在天地的大化熔炉中，化到哪儿就是哪儿，是生是死，以及死后还会转化成什么，均无妨。

“子桑户、孟子反、子琴张三人相与语”一节。

“鱼相造乎水，人相造乎道。相造乎水者，穿池而养给；相造乎道者，无事而生定。故曰，鱼相忘乎江湖，人相忘乎道术。”自由便是既无事又生命得以安定，彼此自由自适而相忘。“畸人者，畸于人而侔于天。故曰，天之小人，人之君子；天之君子，人之小人也。”人的矫作文化和自然相背离，所以被矫作文化视作奇异的，却是和自然一致的。

“颜回问仲尼”一节。

“孟孙才，其母死，哭泣无涕，中心不戚，居丧不哀”，是因为他“不知所以生，不知所以死；不知孰先，不知孰后”。“彼有骇形而无损心”，行为外表虽然令人惊骇，但其心不损。“不识今之言者，其觉者乎，其梦者乎？造适不及笑，献笑不及排，安排而去化，乃入于寥天一。”世人醒着，却犹如梦中，而孟孙才看似古怪如梦，却是大醒。达到适意但无需达到笑的地步，就是笑了出来也无需达到推移而失真的地步，安顿推移之心，离开变化之情，就可进入虚空记忆之中。

“意而子见许由”一节。

“吾师乎！吾师乎！齑万物而不为义，泽及万世而不为仁，长于上古而不为老，覆载天地刻雕众形而不为巧。此所游已。”庄子以“道”为师，实以虚空记忆为师。虚空记忆具有包容化孕一切、永恒平和的性质，而无任何世俗所执着的“义”“仁”“寿”“巧”之类。

“颜回曰”一节。

“堕肢体，黜聪明，离形去知，同于大通，此谓坐忘。”“同则无好也，化则无常也。”“坐忘”即禅定后达到的“忘”的境界，也是庄子思想的实践基础。在和虚空记忆同一的过程中，世俗的好恶是非的偏执均被遗忘，和升华的精神相对立的形体以及旧我的世俗精神中的聪明智慧之类，都显得无任何功用而予以搁置。

“子舆与子桑友”一节。

“吾思夫使我至此极者而弗得也。父母岂欲吾贫哉？天无私覆，地无私载，天地岂私贫我哉？求其为之者而不得也。然而至此极者，命也夫!”父母、天地乃至于“道”都不会偏偏把贫困等不幸集中于一人，然而事实上真是贫困不堪，这就是“命”。这种命运，非自我力量所能抗拒，也不应该归罪于“道”。“命”有所谓的顺和逆之分，不管如何，唯有接受它，正视它。

七、《应帝王》

“齧缺问于王倪”一节。

“有虞氏不及泰氏。”有虞氏用仁去要结人心，但从未离开物的紧张力，结果君主和人民之间的紧张关系并不能消除。而泰氏睡去醒来都安泰，别人说他是牛或者是马都无妨，这样从未进入物的紧张力之中。庄子以为治国者当取法于泰氏。

“肩吾见狂接舆”一节。

“君人者以己出经式义度。”“是欺德也。”“夫圣人之治也，治外乎？正而后行，确乎能其事者而已矣。”君主自出己见以为天下法，这是欺骗人。一来己见并不是标准，二来法度搞得人人紧张。所以圣人并不用所谓的“经式义度”从外面去约束人，而是端正自己，各尽其能。

“天根游于殷阳”一节。

“游心于淡，合气于漠，顺物自然而无容私焉，而天下治矣。”欲使天下安宁，首先必须自身有安宁的心境。庄子认为应以个人体悟到的虚空记忆的淡漠无私的特征去治理天下。

“阳子居见老聃”一节。

“明王之治：功盖天下而似不自己，化贷万物而民弗恃；有莫举名，使物自喜；立乎不测，而游于无有者也。”明王有功却不居功，化育万物并使人民处于独立自由之中，自己保持着虚空记忆的“不测”“无有”的特征。

“郑有神巫曰季咸”一节。

壶子面对占卜如神的李咸，“示之以地文，萌乎不震不止。是殆见吾杜德机也”；又“示之以天壤，名实不入，而机发于踵。是殆见吾善者机也”；

又“示之以太冲莫胜。是殆见吾衡气机也”；又“示之以未始出吾宗”。上述四个过程，正是逐渐进入虚空记忆的过程。首先形不动而心不止，显示出杜绝所谓的德相的机兆。其次用脚跟呼吸导引，显示出和善的机兆。进而已入“太冲”无朕的虚空记忆，呈现出气平的机兆。最后持守在虚空记忆的大宗师之中不曾离开。“于事无与亲，雕琢复朴，块然独以其形立。纷而封哉，一以是终。”万物同一，无所偏爱，抛弃雕琢，归复真朴，在纷扰的世界中，独立圆融。

“无为名尸”一节。

“体尽无穷而游无朕；尽其所受乎天而无见得，亦虚而已。至人之用心如镜，不将不迎，应而不藏，故能胜物而不伤。”体悟无穷尽无朕兆的虚空记忆，接受它却不表现其得，自我也就达到了虚空。虚空记忆犹如明镜，万物来来往往均在观照之中，应和外物而无所藏匿，这样便能统摄外物而不被外物所伤害。

“南海之帝为倏”一节。

中央之帝“浑沌”以不开窍的纯朴自然而活，庄子认为这是帝王的应有之相。非要人为地去开窍，则失去浑沌，这样开了窍的帝王似活实死。

总之，庄子采取“踵息”“缘督”“导引”[1]的气功[2]修炼，加之“坐忘”“心斋”的心身调节，使自己进入虚空记忆之中。虚空记忆本身就是“无”，对世俗而言就是“忘”，无任何对立，无是非、生死、心斗之类。虚空记忆就是“无待”，不依赖任何外物的绝对自由境界。虚空记忆就是“无情”，无任何情感困扰折磨。坐忘的过程，形体的作用趋于无限小，而虚空记忆的新境界则无限大，形体和精神相比，形体变得不重要了。同时，要达到虚空记忆，必须以形体上如同“槁木”一般为前提，从而引出形残德全的必然结合，并且作为人生的最高表现形式。庄子返向自身的直接动力，当是人世间的种种不幸，尤其是官僚政治的难处。庄子用虚空记忆特征去

---

① 见《外篇·刻意》。

② 见《外篇·达生》。

指导个人、人际关系、人和自然的关系，以实现个人自由、社会和平的人类福祉。

〔本文曾在“中国文学史百年研究（1904—2004）国际研讨会，2004年11月，苏州”上宣读。其中第一篇和第二篇的内容以“关于《逍遥游》与《齐物论》的分析”为题发表在《弘道》2006年第3期上〕